Une soirée entre filles

Des mêmes auteurs
aux Éditions J'ai lu

FREYA NORTH
La petite reine, *J'ai lu* 6186

JENNY COLGAN
Le mariage d'Amanda ! *J'ai lu* 5840

PATRICIA SCANLAN
Le temps des promesses, *J'ai lu* 5571
Mauvaises ondes, *Librio* 457

ADELE PARKS
Amour double, *J'ai lu* 6158

LINDA JAIVIN
Mange-moi, *J'ai lu* 5724
Les envahisseuses, *J'ai lu* 6283

F. North, J. Colgan, F. Walker, T. de Montaigne,
M. Keyes, L. Jewell, I. Wolff, R. Corradin, J. Owen,
W. Holden, J. Adams, G. Hauptmann, P. Scanlan,
P. Samson, A. Parks, É. Stone, H. Lederer, V. Routledge,
A. Maxted, L. Jaivin, C. Manby, D. Waugh, A. Jenkins

Une soirée entre filles

J'AI LU

Sommaire

L'A.G.

Freya North

Freya NORTH

---

vit à Londres et est diplômée d'histoire, elle a travaillé pour différents musées et galeries avant de commencer à écrire et de vivre de sa plume. Elle est l'auteur de six livres, tous best-sellers en Angleterre. Sont parus en France : La Petite Reine (*Florent Massot Présente, 2000 ; J'ai lu, 2002) et* Un buste de rêve (*Florent Massot Présente, 2002).*

Traduit de l'anglais par Marie Blaison.

— Madame, votre nez vous démange-t-il ?

Finty McKenzie éloigna la paume de sa main du bout de son nez, sur lequel elle s'était acharnée en testant tous les types de pressions, de mouvements de rotation et de secousses possibles, et leva les yeux. Elle essaya de localiser d'où provenait cette voix américaine et rauque et tomba sur un vieux monsieur en costume à carreaux écossais.

— Votre nez vous gratte, c'est ça ? continua-t-il sans avoir l'air d'attendre une réponse. Mon petit, vous ne savez donc pas ? Ça veut dire que vous allez embrasser un idiot !

Le point d'exclamation rebondit du sol au plafond du bar de cet hôtel chic, mais ce fut le mot « idiot » qui résonna. Le « i » avait jailli du fond de sa gorge comme un cri d'horreur alors que le « o » avait pris le temps de traîner sur sa langue très rugueuse. Le vieil Américain gloussa de façon extravagante (parce qu'il savait de quoi il parlait), Finty éclata de rire (parce qu'elle ne voyait vraiment pas de quoi il parlait), mais Brett, son voisin de table, qui partageait son lit depuis trois mois, n'eut pas la moindre réaction.

Pour prouver ce qui était avancé (mais prouver quoi à qui ?), Finty embrassa tendrement Brett devant l'Américain. Ce dernier partit d'un immense éclat de rire, à tel point qu'une quinte de toux le força à quitter le bar.

— Quel personnage ! s'amusa Finty.

— Bute-moi si je deviens comme ça un jour, dit Brett en pesant bien ses mots.

Immédiatement, Finty fut prise d'une réaction violente, celle-là même qu'elle appelait « [son] moment ». Ça ne lui était jamais arrivé avant sa rencontre avec Brett. De temps en temps, ce qu'il disait ou faisait l'effrayait tellement que c'était comme si de l'acide coulait à flots dans ses veines. Cette horreur tétanisante provenait autant du dégoût qu'elle éprouvait pour elle-même, qui sortait avec un homme pareil, que du crime qu'il commettait. Malgré cela, elle était toujours là. Ce n'étaient que des moments. Et elle n'était pas certaine de leur provenance : venaient-ils du cœur ou de la tête ? Et qui devait gouverner quoi ? Ce n'étaient que des moments. Ne cherchait-elle pas seulement n'importe quel prétexte pour envoyer leur histoire au tapis ? Elle se reprochait d'essayer de saboter quelque chose qui, au fond, avait tout pour bien marcher. Plus de tolérance, c'était ce qu'il fallait. Mais de sa part à elle ou de sa part à lui ? Elle avait excusé l'allusion raciste à peine voilée qu'il avait faite un jour, en se disant que ce n'était qu'une aberration passagère. Et il plaisantait, bien sûr, quand il lui avait demandé de faire son lit le lendemain matin de leur première nuit d'amour. Et puis si, une fois, il l'avait laissée en rade à Soho au beau milieu de la nuit, c'était parce qu'il avait la migraine. De toute façon, ça s'était bien terminé. Elle avait réussi à trouver un taxi presque immédiatement, après avoir arpenté deux ou trois rues. D'ailleurs, Brett avait téléphoné le lendemain pour lui expliquer qu'il souffrait de migraines. Que ces maux de tête lui faisaient faire des choses étranges. Du genre abandonner les gens en pleine ville à pas d'heure. Bien sûr, bien sûr. C'est oublié.

— Ce Brett me colle la migraine, dit Sally en scrutant le contenu du four et en se demandant si c'était à cause de la porte légèrement fumée que les splendides soufflés au fromage de chez Marks & Spencer avaient l'air dorés ou si c'était parce qu'ils étaient prêts.

— Ça fait combien de temps, déjà ?

— Environ trois mois, je crois, fit Chloé distraitement, en se balançant contre le radiateur comme si, dès que ses fesses l'avaient touché, elle oubliait qu'il était brûlant.

Sally la regarda.

— Je parlais des soufflés au fromage, lui dit-elle avec une gentillesse outrée, haussant les sourcils à l'intention de Polly et fixant Chloé avec un regard de pitié exagérée.

— Ah, les soufflés, répondit Chloé, pleine de condescendance à l'idée que Sally plaçait *les soufflés* au fromage plus haut que Finty et Brett dans la grande hiérarchie de l'univers. Presque huit minutes.

— Mais ils ont l'air prêts, protesta Sally, salivant et gargouillant.

Pour tout déjeuner, elle avait avalé des chips et une petite salade de chou cru qui n'avaient pas suffi à la caler.

— Laisse-les encore quatre minutes, conseilla Polly qui brandissait la boîte vide pour donner plus de poids à son propos.

Elle essaya vainement d'écarter Sally du four en ouvrant un sachet de chips aux légumes faits main.

— Voilà. Et puis on va boire un verre en attendant. Si ça traîne, c'est à cause de mon putain de four.

C'était au tour de Polly d'accueillir l'Assemblée Générale. Cependant, ses responsabilités d'hôtesse étaient minimes. Il fallait seulement s'assurer que les produits de luxe tout préparés étaient bien au four, que le tire-bouchon résisterait quoi qu'il arrive et que les colocataires amoureux avaient bien été fichus dehors. L'Assemblée Générale était une institution mensuelle, fondée d'un commun accord trois ans auparavant à un moment où les quatre filles s'étaient fait plaquer, étaient déprimées et assez désespérées pour essayer le vaudou. Elles s'étaient réunies car elles avaient besoin d'enrichir leur dictionnaire de jurons, de boire beaucoup de vodka et d'exécuter un rituel de purification que Chloé avait trouvé dans un livre. Il s'agissait de faire brûler un bouquet de sauge en récitant des incantations. Le serment prononcé et la fumée qui s'était dégagée de la sauge les avaient fait rire bêtement. Elles furent rapidement ivres de spiritisme autant que de spiritueux et retrouvèrent un sens de la justice personnelle et une vision du monde cohérente. Là où, au début de la soirée, leurs cœurs les avaient fait souffrir, c'étaient maintenant leurs côtes qui, à force de rire, leur faisaient mal. Elles décrétèrent qu'un tonique si revigorant ne devait pas être réservé aux épisodes de crise mais devait être administré tous les mois. Se casser la voix à Richmond chez Polly ou danser dans une boîte de Dean Street jusqu'à ce que le propriétaire les jette dehors; se geler dans le jardin de Chloé ou discuter avec animation dans un restaurant Conran ; renifler parmi la masse sanglotante au ciné à Leicester Square Odeon ou se bourrer la gueule en silence chez Sally. Où qu'elles se trouvent, le bonheur d'être ensemble pouvait donner un sens à leur mois. Qu'elles soient chez une d'entre elles ou à l'extérieur, elles vivaient cette soirée intensément, s'embrassaient à n'en plus finir quand venait l'heure de se séparer et attendaient avec impatience la prochaine A.G.

— Je crois que je planifie ma vie et que je fais ce que j'ai à faire sans crainte car je sais que j'ai nos Rassemblements pour réfléchir avec vous à tout ça, avait dit un jour Polly devant ses amies qui l'avaient approuvée de la tête.

C'était pourquoi l'absence de Finty était si incompréhensible. C'était presque insultant. Enfin, quelle importance…

— J'aime pas… dit Chloé en plissant le nez.

— Alors je prendrai ta part, dit Sally en soufflant pour expulser l'air chaud de sa bouche et en regardant le délice au fromage de Chloé.

— … *Brett*, dit Chloé. Je n'aime pas *Brett*.

— Mais tu ne l'as vu qu'une fois, protesta Polly.

— Comme toi, rétorqua Chloé. Et il t'a plu ?

Polly s'inclina en regardant Chloé avec un petit sourire.

— Non.

— Idem, ajouta Sally qui s'était déjà brûlé le palais mais ne voulait surtout pas le dire.

Elle prit même un deuxième soufflé.

— Je n'aime pas ce qu'il lui fait.

— Tu veux dire qu'il est en train de l'éloigner de nous ? lui demanda Polly qui craignait que ce soit bien le cas.

— Non, répondit Polly. Ce n'est pas ça. C'est plus grave : j'ai l'impression qu'il lui bousille toute sa confiance en elle. C'est pour ça qu'elle lui obéit au doigt et à l'œil.

— Et qu'on passe après lui, ajouta Polly.

— Oui, mais je ne peux pas croire que c'est parce qu'elle le trouve plus intéressant que nous, ni qu'elle profite de nous, précisa Sally.

— Je ne crois pas qu'il soit bien méchant, dit Chloé. Il ne tardera pas à être éliminé du championnat de Finty. Je crois qu'elle réagira assez tôt. Quand l'attrait de la nouveauté sexuelle sera passé.

Les trois femmes se turent.

— Mais, pour ma part, continua Sally, je n'arrive pas à imaginer qu'il soit performant au lit au point de faire oublier à Finty sa personnalité discutable, ni de devenir plus important qu'une A.G.

Les trois femmes se turent.

Était-ce parce qu'elles se préoccupaient du bien-être de leur amie ? Ou bien parce qu'elles regrettaient que leur alliance se révèle moins sacrée qu'elle n'en avait eu l'air jusque-là. Était-ce la fin d'une époque ? Si elles admettaient que c'était bien le cas, ce type était-il aussi inoffensif qu'elles le pensaient ?

— Selon moi, dit Sally en accompagnant ses paroles de grands gestes pour s'empêcher de succomber à un quatrième soufflé, la place de Finty, c'est avec nous, pas avec lui. Je trouve que le fait qu'elle ne soit pas là est le signe d'une amitié qui se délite. Ça n'arrive qu'une fois par mois. C'est son devoir d'être parmi nous. Est-ce que c'est déjà arrivé à l'une de nous trois de manquer une A.G. ?

— Ben oui, et même à toi, pauvre gourde ! la cajola Polly. Quand tu commençais à voir Richard. Juste avant qu'il ne te séduise avec ses talents de cuisinier.

— Effectivement, répondit patiemment Sally, mais il m'a bel et bien séduite. Et je l'ai épousé, en plus.

Elle étudia le contenu du frigo de Polly et en sortit du guacamole allégé.

— Regardez-moi maintenant : je fiche mon mari dehors une fois par mois. Il aurait de bonnes raisons de divorcer !

— Pitié ! s'exclama Chloé. Ne laissez pas Finty épouser Brett !

Les filles mimèrent alors une séance de vomissements collectifs puis, non sans quelque sentiment de culpabilité, se mirent à glousser. Après tout, Finty était peut-être vraiment amoureuse de Brett. Après tout, c'était peut-être un chic type qui ne se sentait pas à l'aise en société. Il avait peut-être des manières brutales, plutôt que pas de manières du tout comme elles l'avaient suspecté. Il traînerait dans le coin peut-être encore des mois, voire des années. Il resterait une source inépuisable de cancans, aussi longtemps que Finty l'ignorerait. Soudain, avec les chips de légumes et le guacamole, les trois femmes se firent également passer un sourire trempé dans une légère couche de suspicion et de malaise. L'idée que, peut-être, leurs propres moitiés avaient été soumises à un jugement si sévère leur traversa l'esprit. Et elles l'étaient peut-être encore. Non. Impossible. Richard était de si bonne compagnie. William était un homme très sensible. Max les avait toujours fait rire. Et la différence fondamentale, c'était que ces trois hommes étaient vraiment sur la même longueur d'onde que leurs conjointes et leurs amies. Brett, en revanche, s'était raidi quand Finty l'avait embrassé devant elles et il avait eu un haut-le-corps quand Sally avait eu un renvoi, quand Polly avait poussé un juron et quand Chloé lui avait posé la main sur le genou pour lui souhaiter la bienvenue et pour le mettre à l'aise.

— Où est-ce qu'il l'a emmenée, d'abord ? demanda Chloé qui débouchait une bouteille de sémillon en levant le pouce pour montrer que les frites au four que Polly leur avait fait tester étaient de son goût. Qu'est-ce qu'il a pu lui proposer de plus alléchant que des frites au four, des assaisonnements allégés et notre délicieuse compagnie ?

Elle essaya de contenir un renvoi. Mais Sally lui répondit par un rot qui fit trembler la charpente.

Des cacahuètes. Finty haïssait les cacahuètes. Elle en détestait le goût et ne pouvait pas en supporter l'odeur. Et maintenant, Brett empestait la cacahuète. Mais ce qu'il leur faisait était plus répugnant encore. Il les saisissait par petites poignées en faisant tourner ses doigts dans la coupelle, avec le même mouvement que les mains des poupées mannequins Action Man. Puis il faisait rebondir son butin dans sa paume comme s'il cherchait de l'or, avant de venir coller sa main tout entière devant sa bouche. Et le pantalon maintenant. Il s'essuyait les doigts sur son pantalon, le tartinant de sel, avant de recommencer avec ses mains Action Man dans la coupelle.

C'est fou ! C'est incroyable ! Je veux des amuse-gueules Marks & Spencer.

— Et pourquoi pas des sashimis ? proposa Brett. Il y a un restau japonais tout près d'ici. On y va pour nos repas d'affaires. Ils me connaissent.

Mais Finty ne supportait que ce qui était très cuit. À la nausée dont étaient responsables les cacahuètes s'ajouta alors celle causée par l'idée de manger quelque chose de cru.

— Arrête de te gratter le nez, dit Brett dont l'irritation était perceptible à la façon dont il faisait tourner ses glaçons dans son verre. Mouche-toi plutôt un bon coup, pour l'amour du ciel.

Les toilettes des femmes. Le refuge. Un lieu de paix et de camaraderie. Des produits pour les cheveux, du parfum et des bonbons à la menthe étalés à côté des lavabos. Une dame de service distribuant des essuie-mains en papier et un sourire de travail cachant des yeux tristes (le travail, là encore). Finty s'enferme et reste assise un moment. Son nez la démange mais il n'y a rien du tout à moucher. Elle tire la chasse même s'il n'y a rien du tout à évacuer. D'un geste automatique, elle se lave les mains et regarde son reflet dans la glace. S'il y a de la tristesse dans les yeux de cette dame pipi, le regard de Finty est terriblement morne. Il ne devrait pas, pourtant. Elle devrait être en train de passer un moment exquis. Elle est invitée au restaurant. Elle va boire du vin, elle va dîner (même s'il faudra surtout boire les paroles de Brett et avaler des trucs non comestibles). Et puis ça devrait se finir au lit. Cette perspective devrait lui permettre de tenir. Mais ça ne l'empêchera pas de fermer les yeux et de penser très fort à Brad Pitt.

— Vous avez une jupe magnifique ! s'émerveille une inconnue.

— Merci, répond Finty tout sourire.

— Et votre copain n'est pas mal non plus, ajoute l'amie de l'inconnue, mais il ne serait pas un peu trop porté sur les cacahuètes ?

— Il y a de ça, répond Finty en se demandant pourquoi sa voix se teinte d'un soupçon d'affection, presque comme si elle se montrait possessive.

Puis, soudain, ses propres amies lui manquent désespérément.

Il faut absolument que je les appelle. Juste pour leur dire « chalut ».

L'entrée menant au bar est également le hall de l'hôtel et, bien que les batteries de son téléphone soient pleines, elle opte pour la cabine téléphonique située en plein milieu du passage.

— Chalut ?

C'est Polly qui lui répond, avec une voix laissant entendre que celui qui ose la déranger le soir où elle a réuni ses alter ego commet un outrage irréparable.

— Coucou ! dit Finty avec un entrain remarquable.

— Finty !

Polly hurle et le téléphone passe aux mains de Sally, puis de Chloé, avant qu'elles essaient d'écouter et de discuter toutes les trois en même temps. Finty parle de cacahuètes, de son nez et d'un vieil homme en costume à carreaux. Mais les trois filles sont trop saoules pour lui dire qu'elle devrait être là avec elles, en train d'entamer la troisième bouteille de vin – breuvage rebaptisé « vino-chéri » –, avec l'estomac rempli de délicieuses petites cochonneries.

— Il faut que j'y aille, dit Finty toute joviale, on discutera demain. Amusez-vous bien !

— C'est ce qu'on fait, chantent-elles, c'est ce qu'on fait !

Finty raccrocha le combiné et appuya un moment sa tête contre la cabine avant de se ressaisir.

— Mademoiselle ! (C'était le vieil Américain.) Votre nez vous démange-t-il toujours ?

Finty sourit et fit non de la tête.

— Alors vous avez compris et vous l'avez liquidé !

Finty sourit et fit non de la tête.

— Un steak ! déclara-t-il, je sors manger un steak. De bœuf ou de cheval, peu importe, mais il me faut un steak. Pourquoi ne vous joindriez-vous pas à moi ?

Finty sourit et fit non de la tête.

— C'est pourtant plus consistant que les cacahuètes !

En lui faisant un clin d'œil et en lui donnant un coup de coude, il demanda au portier de lui appeler un taxi. Se sentant soutenue, Finty retourna au bar.

— Il est huit heures et demie et elle a déjà téléphoné, fait remarquer Chloé.

— Je me demande bien comment ça se fait ? s'interroge Sally.

— Heuuu, réfléchit Polly en proposant d'autre vin et d'autres frites.

— Tu aurais du ketchup ? demande Sally.

Polly secoue la tête en s'excusant.
— Est-ce que Finty a dit où elle était ? demande Chloé.
Polly secoue la tête. Elles ont toutes les trois oublié de lui demander. Impardonnables !

En s'approchant de Brett, qui était visiblement en train de se nettoyer les dents avec la langue, Finty fut heureuse de constater que la coupelle aux cacahuètes avait disparu. Mais elle revint, remplie, aussitôt qu'elle se fut assise. Brett fit un clin d'œil à la serveuse, puis un autre à sa petite amie. Sa main Action Man se dirigea vers les cacahuètes. Finty détourna les yeux de peur de le frapper et, avec un sourire figé, promena son regard dans le bar. Elle se concentra sur les sons qui lui parvenaient aux oreilles. Une discussion animée. De la musique. Des éclats de rire. Des bruits de verre et de porcelaine qui s'entrechoquaient. Brett grignotant ses cacahuètes, essuyant ses doigts pleins de sel sur les jambes de son pantalon. Sans le vouloir, elle poussa un lourd soupir, mais le silence qui s'était installé entre elle et Brett était plus lourd encore. Chacune leur tour, Sally, Chloé et Polly s'étaient émerveillées devant Finty sur la beauté du silence qui s'installait parfois entre amants. Chloé avait appelé ça « le comble de la communication ». Pour Polly, c'était une « preuve de compatibilité ». Sally avait déclaré que c'était une « garantie de réussite ». Mais pour Finty, c'était aussi inconfortable que le sourire forcé qu'elle affichait.
Il ne s'agit même pas d'un silence pesant – plein de non-dits, de blessures secrètes ou de problèmes ressassés –, réalisa Finty. *C'est seulement qu'on n'a quasiment rien à se dire. Il ne va pas tarder à me demander si je veux un autre verre ou si je préfère aller manger. Après ça, la baise et dodo.*
— Un autre verre, demanda Brett, ou bien tu préfères qu'on aille manger ?
— Quelle est ta couleur préférée ? lui demanda Finty en se tournant vers lui.
Elle faisait un effort et avait vraiment envie de savoir.
— Quoi ? répondit Brett qui n'avait vraiment rien compris à cette question.
Il regarda Finty de travers et fit un clin d'œil à la serveuse qui s'approcha avec son carnet de commande et son air interrogateur.

— Et les films ! essaya Finty. Quel est ton film préféré ?

— Tu veux un autre gin tonic ? lui demanda Brett chez qui la perplexité avait cédé la place à l'irritation.

— Connais pas, celui-là ! dit Finty avec légèreté, en faisant un signe de tête à la serveuse pour confirmer la commande.

— Je vais pisser, dit Brett d'un ton las qui laissait entendre que c'était une activité bien plus intéressante que de répondre au questionnaire de Finty.

— Et les disques que tu emmènerais sur une île déserte ? l'implora-t-elle en vain alors qu'il se levait pour partir.

Et moi alors ? se demanda-t-elle, ravie de découvrir qu'elle n'arrivait pas à sélectionner un nombre raisonnable de morceaux. Puis elle réalisa soudain qu'elle préférerait largement être sur une île déserte sans musique plutôt qu'avec Brett, même s'il mettait un juke-box universel à sa disposition. Elle jeta un coup d'œil autour d'elle. Un couple, d'environ son âge, était assis non loin d'elle. Rien d'autre ne semblait exister pour eux. Ils ne se touchaient même pas, ils étaient juste captivés l'un par l'autre. Ils semblaient avoir envie l'un de l'autre et être très amoureux. Près d'eux s'était installé un petit groupe de quatre femmes. Une autre Assemblée Générale, une sortie entre filles, dont les participantes n'arrêtaient pas soit de murmurer, soit de glousser, soit de s'écrier « J'y crois pas ! ». La conversation se faisait naturellement, les rires et les interjections n'étaient pas forcés et tout le monde semblait s'amuser. Finty ne voulait pas être sur une île déserte, elle ne voulait pas être à West End. Elle voulait, plus que tout au monde, être à Richmond. La serveuse revint avec des verres pleins. Finty regarda sa montre. Il était neuf heures et demie passées.

— Est-ce qu'on pourrait avoir d'autres cacahuètes ? demanda Finty. Une coupelle bien remplie, s'il vous plaît ?

— Non ! dit Polly en éclatant de rire.

— J'y crois pas ! s'écria Sally qui cachait son visage dans ses mains.

— C'est vrai, pourtant ! confirma Chloé. Et je vais vous dire autre chose : au début, c'était bizarre, et puis c'est vite devenu vachement stupéfiant.

— Mais quelle obsédée ! dit Polly en frappant dans ses mains.

— Elle est carrément perverse, oui ! s'amusa Sally.

— Je crois que je suis un peu bourrée, dit Chloé en feignant le désespoir.

— En tout cas, j'espère que tu l'étais quand tu as fait ça, s'étrangla Polly.

— Tu ferais mieux de reprendre un peu de « vino-chéri », dit Sally qui jouait au médecin. Tiens, voilà pour toi, espèce de cochonne !

Les trois femmes levèrent leur verre et se mirent à boire.

La batterie de son téléphone portable était toujours pleine, mais elle préféra encore utiliser la cabine du hall.

— Mademoiselle ! Laissez-moi deviner : vous appelez du secours ?

Cette voix américaine qui lui était à présent familière parvint doucement jusqu'à ses oreilles alors qu'elle allait introduire sa monnaie dans l'appareil. Finty se tourna et le regarda d'un air perplexe.

— Ce n'est pas une mauvaise idée. Vous pourriez demander aux pompiers de le noyer sous leurs lances à eau, à la police de l'arrêter ou aux ambulanciers de l'emmener dans un hôpital très particulier.

— Écoutez, protesta Finty alors qu'il n'y avait pas de quoi, c'est mon petit ami. Vous m'offensez.

— Mais non, lui répondit-il. Je ne vous offense pas. Je vous perturbe un peu, peut-être. Mais vous offenser, non. Enfin, il faut m'excuser, mon steak était immangeable. J'ai laissé quasiment toute ma viande, ainsi que, allez savoir pourquoi, un gros pourboire. Je monte à ma chambre. Vous pourriez y passer votre coup de téléphone.

Finty était prête à le suivre jusqu'à l'ascenseur. Mais elle pensa à Brett. Fugitivement. Puis elle se souvint des cacahuètes et de la serveuse à qui il pourrait faire des clins d'œil. Elle sut alors qu'elle pouvait le laisser. Pour un petit moment, en tout cas.

— Je m'appelle Finty.

Elle se présenta juste avant que l'ascenseur n'arrive au sixième étage.

— Moi c'est George, lui répondit l'Américain.

Ils se serrèrent la main et il la conduisit à sa chambre.

À ses chambres. L'Américain avait une suite.

— Vous êtes ivre ? lui demanda-t-il.

— Non, regretta Finty.

— Vous avez faim ?

— Non.

— Vous voulez passer ce coup de téléphone ?

— S'il vous plaît.

— Vous voulez un gin tonic et que je fasse venir le garçon d'étage ?

— Oui, s'il vous plaît.

— Il faut composer le neuf pour sortir.

— Merci.

— Chalut, qui est là ?

C'est Polly qui décroche. Finty entend chanter en arrière-fond. Elle sait que c'est Chloé qui est en train d'imiter Gloria Gaynor. Elle peut presque voir Sally secouée par une crise de rire sur le canapé. Elle peut supposer que Polly est assise en tailleur par terre, avec le téléphone coincé entre sa joue et son épaule, pendant qu'elle se roule un joint.

— C'est encore moi.

— Finty ! hurle Polly.

Soudain, les deux autres se joignent à elle pour entonner un magnifique – quoique dissonant – refrain : « Finty McKenzie ! Finty McKenzie ! », chantent-elles en chœur. Le volume sonore est tel que, quand Finty éloigne le combiné de son oreille, la cacophonie remplit la pièce, pour le plus grand plaisir de George.

— Tu passes un bon moment avec Brat ? demande Polly alors que, dans le fond, Chloé souffle : « Brett. Il s'appelle Brett ! »

— Je ne suis plus avec lui, répond Finty. Je suis avec George, dans sa chambre d'hôtel.

Le silence se fait. Elle entend Polly répéter aux deux autres sa dernière phrase mot à mot, mais en ajoutant des pauses qui créent un effet dramatique.

— Qui c'est ce putain de George ? entend-elle Sally haleter.

— Où il est ce putain d'hôtel ? entend-elle Chloé supplier.
— Est-ce que tout va bien ? lui demande Polly qui, tout à coup, a l'air étrangement sobre.
— Muhm, répond Chloé.
— Vous pouvez venir me chercher ?

Sally, Polly et Chloé se regardent. Elles sont à Richmond. Elles ne sont pas ivres. Non, elles sont juste totalement paf, voire complètement faites. Leur amie est en détresse et se terre dans une chambre d'hôtel avec un homme du nom de George et un petit ami du nom de Brett qui se trouve juste en dessous d'elle, au bar de l'hôtel. Ça fait beaucoup pour une seule femme : il faut agir.
— Finty, dit Polly.
— George, dit Sally.
— Vite, un taxi, dit Chloé.

Finty raccrocha le combiné et s'abîma dans la contemplation des rideaux de chintz, parce que ça lui semblait sécurisant de se perdre dans des méandres et des détails autres que ceux de sa propre vie. Elle se rendit vaguement compte que quelqu'un lui saisissait le poignet, lui mettait un verre dans la main et lui posait un plateau sur les genoux, que quelqu'un lui caressait les cheveux et lui tapotait l'épaule. Quand la main s'écarta, elle eut froid à l'épaule si bien qu'elle alla la rechercher pour que ça recommence. Elle n'eut pas la force d'avaler la boule qu'elle avait dans la gorge, ni la capacité d'empêcher une grosse larme de lui mouiller et de lui piquer les yeux. La larme coula sur sa joue avant d'atterrir dans le verre qu'elle tenait en main. Le bruit la ramena dans le présent.
— Un vrai gâchis, dit-elle calmement.
— Mais non, voyons ! fit une voix américaine réconfortante.
— Si, je vous assure, dit-elle en haussant les épaules comme s'il s'agissait d'un fait accompli. J'ai gâché sa soirée, votre soirée, leur soirée. Et la mienne.
— Foutaises ! protesta George. Et je dirais même plus : conneries !
— Mais l'A.G., souligna Finty, c'est sacré. Je l'ai manquée pour un type qui a un faible pour les cacahuètes et le pouvoir

de faire naître chez moi des crises de démangeaison nasale.

— Eh bien, mon petit, dit George après avoir avalé une gorgée d'un air pensif, au moins vous ne commettrez pas cette erreur deux fois.

— Un homme prénommé George ! déclara Sally au réceptionniste, en donnant une tape autoritaire sur le comptoir. S'il vous plaît.

Le réceptionniste la contempla d'un air de dégoût non contenu, puis regarda ensuite avec mépris Polly et Chloé qui pouffaient derrière le ficus artificiel du hall.

— George qui ?

— Il nous attend, dit Sally qui ne voulait surtout pas le lâcher des yeux.

— Il est américain, ajouta Chloé désireuse d'aider les recherches.

— Et il porte un costume à carreaux, annonça Polly qui avait trouvé là le sésame.

— Hello, je suis George, dit George, et elle est là.

— Chalut George, dit Sally qui écarquille les yeux en découvrant son grand âge.

— Chalut George, dit Chloé qui écarquille les yeux en découvrant son costume à carreaux.

— Chalut George, dit Polly qui écarquille les yeux en découvrant sa suite luxueuse.

— Hello mesdames, dit George, « elle » est là. Elle vous attend.

— Finty ! s'écrièrent les filles, débordant d'amour et de tendresse, en se précipitant pour prendre leur amie dans leurs bras.

— Finty ! s'exclament-elles, après avoir regardé autour d'elles et tout de suite repéré deux bouteilles de champagne pleines dans un seau à glace ainsi que des plateaux contenant des petits sandwiches et des réductions sucrées.

— Une soirée entre filles, dit Finty d'une voix neutre. George dit que l'A.G. devrait se tenir ici.

Leurs regards se tournent vers George. Sally se dit qu'il lui rappelle son grand-père. Polly pense qu'il doit être un bon génie de conte de fées et qu'elle doit avoir fumé un joint de trop. Chloé se demande fugitivement ce qu'elles font dans la somptueuse suite d'un sympathique inconnu à vingt-deux heures passées. Finty ne sait pas par quoi débuter.

— Tout a commencé quand mon nez s'est mis à me démanger, dit-elle à Sally, Chloé et Polly qui se sont installées autour d'elle comme si elle était leur institutrice et qu'elle allait leur raconter une histoire.

— Champagne ? propose George avant de baisser les lumières, de déboucher une bouteille et d'attraper quatre verres.

— Vous ne vous joignez pas à nous ? lui demande Sally.

George semble des plus décontenancés et porte la main à sa poitrine pour donner plus de poids à ses paroles.

— Mon Dieu non ! C'est une Assemblée Générale. Hors de question. Les dames seules sont autorisées à rester. De toute façon, j'ai une affaire à régler.

Sur ce, il part. Il les laisse dans les pièces de sa suite, approvisionnées en champagne et en sandwiches. Et en pâtisseries. Et en chaleur. Il laisse les filles, qui sont déjà en train de pouffer, collées l'une contre l'autre sur un vaste canapé. Il lui reste quelque chose à faire.

Le bar est toujours plein à craquer et Brett se trouve exactement où George l'a vu pour la dernière fois et où Finty l'a laissé il y a plus d'une heure. Ses clins d'œil à la serveuse ont permis à son verre d'être fréquemment et rapidement rempli de gin tonic. Il n'a pensé que très fugitivement à Finty parce que, pendant ces trois mois passés ensemble, il n'a toujours pensé à Finty que très fugitivement.

— Quelques cacahuètes ? lui propose George.

— Pourquoi pas.

— Quelques conseils ?

— Pourquoi pas.

— Il ne faut pas sortir avec des femmes qui se grattent le nez, dit George en lui tapant dans le dos. Elles ne sont pas faites pour vous.

DOUGIE, SPOONS
ET LE VIVARIUM-SOLARIUM

Jenny Colgan

Jenny Colgan

---

est écossaise et vit actuellement à Londres. Ces dernières années, elle a été comédienne. Sont parus en France : Le Mariage d'Amanda ! *(Florent Massot Présente, 2000 ; J'ai lu, 2001) ;* Le Colocataire *(Florent Massot Présente, 2000 ; J'ai lu, 2003).*

Traduit de l'anglais par Marie Blaison.

À leur réveil, les orteils de Doug se dressèrent brusquement au bout du lit comme des petits points d'exclamation. Doug frotta ses yeux collés en prenant garde à ce que ce magma ne vienne pas se solidifier sur ses joues mal rasées. Le souvenir de la nuit passée lui fit pousser un grognement. Comment ça s'était terminé cette fois ? Pas très bien. Il essaya de se remémorer les événements de la veille. Maintenant tout lui revenait. Il avait rencontré une jolie fille en boîte, ils avaient dansé en se souriant bêtement parce que la musique était trop forte pour se parler, ils étaient rentrés à l'appartement, ils avaient bu du whisky, ils avaient esquivé la question du pelotage en débitant des banalités à propos de la collection de disques de Doug pendant des heures, et puis il avait fini par réussir à la peloter. Au moins, de cela, il était sûr. S'était-il contenté de la peloter ? Il tourna la tête et son regard s'arrêta sur un paquet de préservatifs ouvert. Oh, oh ! Non, visiblement, il ne s'était pas contenté de la peloter. Mais alors pourquoi diable ce mauvais pressentiment ?

Elle s'appelait Chloé et était assistante dentaire, ce qui lui avait paru une abomination, mais elle lui plaisait, elle lui plaisait beaucoup… Le problème c'est qu'à ce moment précis, elle n'était pas du tout en train de dormir paisiblement à ses côtés. Au cas où il serait devenu aveugle, il sortit ses bras des couvertures et la chercha à tâtons tout autour de lui et sous le lit. Elle n'était certes pas épaisse, mais de là à se cacher entre le matelas et le sommier !

À tout hasard, il se redressa pour examiner depuis son lit chacun des seize mètres carrés de sa chambre. Elle était peut-être dans le placard, même si cela paraissait somme toute peu vraisemblable. Soudain, il se rendit compte que quelque chose clochait. Elle était partie, mais ses vêtements étaient éparpillés dans toute la pièce. Cela signifiait par conséquent que, à moins qu'elle eût déjà parcouru un kilomètre ou deux avec une chemise lui arrivant aux genoux et des chaussures de clown, *ce regrettable incident* s'était produit une nouvelle fois...

— CHLOÉ ? cria-t-il en espérant vainement pouvoir la retrouver sans avoir à sortir du lit ni à poser ses pieds sur le sol glacé.

Voilà à quoi ressemblaient les étés dans cette satanée ville de Doncaster !

— CHLOÉ ?

Son cri resta sans réponse. En soupirant, il s'enroula dans sa couette et atterrit lourdement hors du lit. Il accomplit ensuite une manœuvre éclair pour passer de la couette à sa robe de chambre sans exposer trop longtemps son corps dévêtu aux éléments. Il ouvrit la porte : elle ne se trouvait pas à cet étage.

En soupirant à nouveau, il ramassa le soutien-gorge de Chloé et, comme si c'était une marionnette, passa sa main dans un des bonnets.

— CHLOÉ ! Je suis retenu en otage, viens me sauver !

— Je suis là-haut, pauvre con ! lui lança-t-elle avec une pointe d'hostilité.

Doug monta à l'étage qui avait pourtant l'air désert.

— Elle est bien bonne celle-là !

— *Tout là-haut !*

Chloé, complètement nue et toute tremblante, était recroquevillée en haut de la vieille armoire du couloir qui servait à Doug pour entreposer toutes les vieilles merdes qu'il n'avait pas pris le temps d'aller jeter. Dougie la fixa d'un air perplexe.

— Re-bonjour. Euh, c'est une fantaisie sexuelle ou bien tu te prends pour un chiffon ?

— Il est parti ? grogna Chloé.

— Tu ne veux pas prendre ton petit déjeuner ? Je peux te l'amener sur l'armoire si tu veux.

— EST-CE QU'IL EST PARTI ?

— Pas vraiment, répondit Doug en sortant Peluche de la poche de sa robe de chambre.

Chloé poussa un terrible hurlement.

— Tu sais, lui dit gentiment Doug, ce n'est encore qu'un tout petit bébé python.

Les hurlements de Chloé ne cessèrent pas. Doug évalua la situation.

— J'imagine que c'est pas la peine de te demander ton numéro de téléphone, n'est-ce pas ?

— Hiiii ! Hiiii ! Hiiii !

Doug partit travailler. Il prit un toast pour le manger en chemin tout en en donnant des morceaux à Peluche.

— Pourquoi on ne rencontre pas une fille sympa, hein Peluche ? On est pourtant des gentils garçons, tu ne trouves pas ?

Il s'engagea dans la rue.

— Hum. J'espère qu'elle ne voudra pas se servir de la salle de bains. J'ai oublié de lui dire qu'on hébergeait ton père pour le week-end.

Depuis l'intérieur de la maison retentit un bruit de verre brisé.

— Hiiii ! Hiiii ! Hiiii !

Dougie et son gros copain Spoons avaient lancé le Solarium-Vivarium avec l'argent que Spoons avait reçu de son père désireux de mettre son bien à l'abri alors que son entreprise de transports routiers traversait une mauvaise passe. Le solarium, c'était l'idée de Spoons : « Les gens peuvent venir ici pour trouver tout ce qui est nécessaire à l'élevage des reptiles et se faire bronzer en même temps. En plus, vivarium et solarium, ça rime. C'est pas génial ça, hein ? »

Dans ce projet, Doug s'occupa de la partie reptiles sans vraiment partager l'enthousiasme de Spoons. Personnellement, ça ne l'aurait pas gêné de s'allonger, complètement nu et sans défense, au milieu de tas de petites choses qui se tordent dans tous les sens, mais, visiblement, ce n'était pas le cas de la majorité des gens. Le Solarium ne marchait pas du tonnerre, même s'il permettait à Spoons d'arborer toute l'année une belle couleur orange vif. Ça ne facilitait pas pour autant ses opérations de drague car être gros, fana de serpents et orange vif n'est guère plus séduisant qu'être seulement gros et fana de serpents. Doug, assez grand et baraqué, était plutôt pas mal pour un herpétologue et le récit de ses aventures suffisait à assouvir la plupart des fantasmes de Spoons.

— Ça a marché ? demanda Spoons avec avidité.

— Oui, répondit Doug.

— Tu l'as tripotée ?

— Ouais.

— Tu te l'es tapée ?

— Oui, oui.

— Alors, de quoi tu te plains ?

— Tu vois, Spoons, je suis quelqu'un de sentimental. Je crois que ça ne me suffit plus.

— Ah bon, tu es tenté par la sodomie ?

— Ça me dépasse. À chaque fois que je rencontre une fille sympa, elle s'enfuit dans la direction opposée en hurlant.

— Ouais, je comprends, ça m'arrive aussi.

— Oui, mais moi c'est seulement une fois qu'elle a découvert Peluche... Je voudrais juste rencontrer une fille qui partage mes centres d'intérêt, tu vois ce que je veux dire ?

— Si je rencontrais une fille qui partage mes centres d'intérêt, dit Spoons d'un air mélancolique, on se branlerait toute la journée. Je ne la verrais jamais.

Tout à coup, à l'extérieur du magasin se firent entendre des sifflements bruyants, suivis d'un bruit de tôle froissée. La sonnette du magasin retentit. Spoons et Doug se regardèrent puis écarquillèrent les yeux.

D'un pas décidé, une femme incroyablement belle, à la crinière noire et soyeuse et aux lèvres peintes dans un rouge éclatant, fit son entrée dans la boutique. Elle portait un long manteau de marque, certainement cher et très délicat d'entretien. Mais aucun de ces détails ne capta leur attention comme sut le faire le boa constrictor de deux mètres cinquante qui venait s'enrouler autour de son cou tel, hum, un boa.

— Quelle merveille ! s'écrièrent tout de suite Doug et Spoons en chœur.

— Merci, répondit la femme en rougissant.

— On voulait parler de votre boa, dit Spoons.

— J'avais bien compris, fit la femme.

Spoons donna un grand coup de coude à Douglas.

— Elle est pour toi ! lui souffla-t-il à l'oreille, à voix haute.

— Puis-je vous aider, madame ? lui demanda Doug la gorge serrée.

— Voici Jumbo, répondit-elle. Nous venons d'arriver dans cette ville. Il faut que je lui achète tout ce dont il a besoin, et je ne regarderai pas à la dépense. Et puis est-ce que vous connaîtriez dans le coin un endroit où je pourrais faire des séances d'UV ?

Les yeux de Doug et de Spoons s'arrondirent jusqu'à ressembler à un serpent australien débité en rondelles.

Elle s'appelait Maia et avait grandi en Indonésie. Elle sympathisa tout de suite avec Peluche et le fit passer entre ses doigts délicats comme un prestidigitateur ferait le tour de la corde. Peluche, en revanche, ne sympathisa PAS DU TOUT avec Jumbo et alla trouver refuge dans la poche intérieure de la veste de Doug lorsqu'il réalisa qu'à son âge tout du moins, il ne faisait décidément pas le poids.

Maia était institutrice, mais elle avait dû quitter son dernier poste après un incident sur lequel elle semblait ne pas vouloir s'appesantir, même si maintenant, au bout d'un mois et demi deux mois, l'estomac de Jumbo commençait à retrouver sa taille normale.

Doug était amoureux.

— Est-ce que vous voudriez, hum... ?

Maia était sortie de sa cabine avec, pour tout vêtement, une minuscule serviette et Jumbo, ce qui éveilla chez Doug le délicieux souvenir de Nastassja Kinski. Spoons avait la gorge serrée et essayait de retrouver tranquillement ses esprits dans l'arrière-boutique.

— Oui ? feula-t-elle.

Doug soupira. En temps normal, ce n'était pas un problème pour lui d'inviter les filles à sortir. D'habitude les choses ne se compliquaient pas avant la septième heure environ, mais cette fois il avait perdu tous ses moyens.

— Enfin je veux dire, si vous venez d'arriver...

Pendant une seconde il se dit que Doncaster ne présentait rien de tellement exotique. Pourtant Maia lui faisait son plus beau sourire.

— Oh, vous pourriez peut-être me faire faire un tour ? Vous connaissez peut-être des endroits où on peut trouver de bonnes frites ?

Dans son dos, Spoons poussa un long gémissement.

Dougie arriva juste à l'heure au rendez-vous. Jumbo était lié à une main féminine et inconnue par une longue lanière de cuir qui sortait de sa gueule. L'inconnue avait l'air hagard, et Maia tentait de lui faire retrouver ses esprits en lui donnant des petites tapes.

— Une table pour deux personnes, dit-elle à un garçon ahuri lorsqu'ils pénétrèrent dans le restaurant. Jumbo a déjà pris son dîner.

Maia était déjà passée devant lorsque Doug aperçut Chloé qui s'apprêtait à sortir, accompagnée d'un groupe de copines hystériques. Elle leva les yeux vers lui.

— Je vois, tu joues dans la cour des grands maintenant.

Il s'immobilisa.

— Écoute, Chloé, je suis sincèrement désolé pour ce qui s'est passé l'autre nuit...

— Oh, ne t'inquiète pas pour ça. J'ai bien compris que je n'étais pas assez visqueuse pour toi.

— Les serpents ne sont pas visqueux... enfin, laisse tomber. Encore une fois, je tiens à m'excuser.

Il avait oublié combien elle était jolie. Elle avait la grâce d'une danseuse, même en enfilant son manteau.

— Si j'ai envie de me lancer dans l'élevage de tarentules, je t'appellerai.

— Douglas ! Notre table nous attend !

Chloé lui sourit et sortit du restaurant en faisant un grand détour pour l'éviter.

— Spoons, je t'en prie, arrête d'haleter comme un chien. Les vitres sont en train de se couvrir de buée.

— Je veux juste... allez, s'il te plaît, raconte-moi. *Allez, s'il te plaît*.

— Il n'y a rien à raconter. On a beaucoup parlé des serpents et de la boutique. Pour tout dire, on n'a parlé que de ça. Elle aimerait bien ouvrir une succursale à Melton Mowbray.

— Génial ! On va réussir à conquérir le monde ! Euh, et tu en as profité pour la peloter pendant la conversation ?

— *Non*. Franchement, rapport à Jumbo, j'aurais eu un peu peur pour ma main droite.

— Quoi, ça voudrait dire que vous n'avez pas conclu ?

— Ben non.

Spoons était atterré.

— Putain, Dougie ! Même moi j'y serais arrivé.

— Oui, mais... tu vois, elle possède tout ce que j'ai toujours désiré chez une femme : l'intelligence, la beauté, l'amour des reptiles...

— Et elle se fait bronzer...

— Et elle se fait bronzer...

— Et alors, c'est quoi le problème ?

La sonnette retentit. Maia entra. Dans sa veste en cuir rouge très ajustée, elle ressemblait à une James Bond girl. Jumbo venait caresser son sein gauche. Elle paraissait essoufflée.

— Chéri, tu es supporter de quelle équipe de foot ?

— Euh, Newcastle. Pourquoi ?

— C'est bien ce que je pensais...

Maia sortit de son sac le maillot de l'équipe et deux tickets.

— Et puis, j'ai également acheté une chaussette dont j'ai coupé le bout pour que Peluche puisse porter son maillot lui aussi.

Dougie tendit les bras à temps pour retenir Spoons qui allait tomber à la renverse.

— Où se trouve le bureau ? Je vais aller mettre tout ça là-bas, comme ça tu pourras essayer ton maillot dès que tu en auras fini avec les lézards.

— Euh, oui, c'est par là, dans le fond...

Elle se déplaça d'un pas léger et disparut.

— À ta place, j'attraperais un de ces petits serpents qui sont là-bas pour en faire UNE ALLIANCE, lui conseilla Spoons.

— C'est ce que je ferais moi aussi, dit Mr Nebbington, qui venait à la boutique tous les jours et regardait les animaux d'une façon quelque peu étrange pendant des heures, jusqu'à la fermeture.

Spoons comprit qu'il avait trouvé quelqu'un à qui parler.

Peluche pointa son museau hors de la poche de Dougie. De toute évidence, il voulait juste jeter un coup d'œil à ce qui se passait. Il secoua bizarrement la tête et ce fut tout.

— Mais qu'est-ce qu'elle fabrique dans le bureau ? se demanda Spoons au bout d'un quart d'heure. Peut-être qu'elle s'est déshabillée et que, maintenant, elle est en train de se rouler toute nue dans du beurre et des smarties, ajouta-t-il d'un air rêveur.

— Hum, fit Doug qui décida d'aller voir.

Maia et Jumbo étaient penchés sur ce qui avait l'air d'être une énorme pile de dossiers. Il s'éclaircit la gorge et elle sursauta, l'air coupable.

— On peut savoir ce que tu es en train de faire ?

— Euh... enfin, je cherchais un catalogue. Je, euh, je voudrais acheter un petit chapeau de cow-boy à Jumbo.

— Tu crois que c'est bien raisonnable ?

Elle haussa les épaules.

— Eh bien, en fait il déteste les casquettes.

Doug regarda les papiers.

— Je ne suis pas sûr que...

— Non, vraiment, ce n'est pas ce que tu crois... Oh, tiens, mon lacet est défait !

Avant que Doug ait le temps de se poser des questions, elle tendit les bras et se pencha en avant. Au fur et à mesure qu'elle se baissait, sa jupe se relevait de plus en plus...

Doug secoua la tête. D'habitude sa vie n'avait pas grand-chose à voir avec un film porno. D'ailleurs, il n'aurait jamais imaginé que cette femme se comporterait de la sorte. Mais il fallait se rendre à l'évidence, à moins qu'elle ne portât un modèle tout à fait inédit, Maia ne mettait pas de culotte. Il se demanda fugitivement si, par hasard, ce n'était pas juste un oubli, mais le serpent qui habitait son pantalon et à qui il pouvait faire confiance lui souffla que ce n'était certainement pas le cas.

D'un air aguicheur, elle releva la tête et la tourna dans sa direction.

— On se voit ce soir?

— Hu, hu, hu... Heu, *j'en serais ravi...*

Il regarda une certaine partie de son anatomie commençant par la lettre C quitter prestement la pièce. Et, bizarrement, ce n'était pas son cerveau.

Le problème, se dit Dougie alors qu'il mettait sa cravate, c'est que tout ça a quand même l'air un peu trop beau. C'est comme si on commandait une pizza et qu'à la place, on nous livrait un festin composé de cinq plats, et pas n'importe lesquels: nos cinq plats préférés (dans le cas de Doug, ce serait cinq pizzas différentes). Il ne voyait pas bien ce qu'il avait fait pour mériter cela.

— Alors, le solarium, c'est ton idée à toi tout seul?

— Pas du tout, c'est une idée de Spoons. Il pensait que ce serait bien parce que ça rimait.

— Ah ouais! Mais comment a-t-il trouvé le capital social de départ... enfin, je veux dire l'argent, pour acheter les murs et le matériel?

Ils étaient au Flo. La direction avait réussi à les installer dans une partie de la salle totalement déserte, ce qui relevait d'un exploit. Enfin, Doug pensait que c'était la direction. En réalité, il est bien possible que tous les autres clients se fussent levés d'un bond et enfuis comme un seul homme.

— Tu ne préférerais pas changer de sujet de conversation? lui proposa Dougie. Par exemple, je ne sais pas, je pourrais te demander quel est ton film préféré?

— *Anaconda*, répondit-elle fermement. Garçon, y a-t-il des rats dans votre cuisine?

— Bien sûr que non, madame!

— C'est honteux! Bref, revenons-en à Spoons...

Elle semblait pourtant assez enthousiaste à l'idée de passer chez lui. Elle portait une robe ultra-moulante qui, sur toute autre femme, aurait fait un peu pute, mais qui sur elle faisait... pute de luxe.

Alors qu'il préparait le café, Doug sourit à sa fidèle robe de chambre. Il n'en aurait certainement pas besoin cette nuit.

Il ne se trompait pas et, quand il revint, Maia était dans la chambre, complètement nue, avec Jumbo toujours fidèle au poste. Doug faillit renverser le café. Il aurait voulu que Spoons soit là, non pas pour leur tenir compagnie, mais pour contempler ce spectacle, ne serait-ce qu'une seconde, avant de rentrer gentiment chez lui. Elle était splendide.

— Tu sais ce qui m'excite ? souffla-t-elle.

— Quelque chose me dit que c'est les serpents, lui répondit Doug.

— Tout faux ! fit-elle en l'attrapant par la cravate et en l'attirant doucement vers elle.

Bizarrement, ça lui fit un effet incroyable. Pourtant, si l'envie lui en avait pris, Jumbo aurait pu gober sa tête comme on avale les cerises des cocktails.

— C'est l'argent.

— L'argent ? Mais je croyais que tu étais institutrice.

— Je veux que tu me parles d'argent, Dougie. Ça m'excite vraiment.

— Euh, Dieu du Ciel, je sais pas moi : florin ?

Elle l'attira plus près d'elle et l'embrassa sauvagement jusqu'à ce qu'il ait l'impression que le sommet de sa tête allait exploser.

— Dis-moi… dis-moi quel est votre chiffre d'affaires.

— Quoi ? Je ne compr… Seigneur !

Elle était à genoux et avait déboutonné son pantalon.

— Dis-le-moi, Dougie…

— Oh, mon Dieu, surtout ne t'arrête pas !

— Je vais m'arrêter si tu…

— À peu près trois mille livres par semaine… oooh.

— Oui, oui…

Dougie fermait complètement les yeux maintenant. C'était l'extase.

— Et sur ce total, vous payez combien de TVA ?

— Quoi ? Oh non, non, je t'en prie, ne t'arrête pas !

— Combien de TVA payez-vous ?

— Oh… mon… Dieu.

— J'ai dit COMBIEN ?

— Rien. RIEN ! RIEN ! Ahhhhhh…

— Comme ça on va se prendre une bonne beigne ? dit Spoons, contaminé dans son vocabulaire par le beignet au miel qu'il était en train d'engloutir.

— Oui, je crois que tu vas te faire épingler. Je suis vraiment désolé, Spoons.

— C'est de la faute de mon père. C'est ses putains de camions ! soupira-t-il. Un agent secret. Qui aurait cru que le fisc pouvait être aussi *attentionné* ?

— Je sais. Elle nous a bien eus.

— Ce que je voulais dire, c'est que je me demande où ils ont bien pu trouver une femme qui aime les serpents, les séances d'UV, les frites, Newcastle United et à qui, par-dessus le marché, tu plais beaucoup. Ça a dû leur prendre des siècles.

— Non, enfin Spoons, je crois...

Soudain, la porte s'ouvrit en tintant bruyamment. Maia et Jumbo entrèrent accompagnés de quatre hommes au regard menaçant, au costume à fines rayures et à la mallette attachée au poignet.

— Ça se passe dans le fond, les gars, les prévint-elle. Notez-moi tout ça !

Elle s'adressa aux deux garçons.

— Pas la peine de m'en vouloir. Je ne fais que mon travail.

Ils la regardèrent fixement.

— Mais alors... d'où est-ce que tu sors Jumbo ? demanda Doug.

— En fait, il s'appelle Mambo. Son métier, c'est agent double lui aussi. D'ailleurs il a...

Elle donna un petit coup de coude à Jumbo/Mambo et le serpent redressa son énorme tête plate. Il y eut un bruit, comme un déclic, suivi d'une espèce de ronronnement.

— ... une caméra miniature implantée sur la tête. C'est tout à fait indolore, je vous rassure. Mais terriblement efficace.

Doug, incrédule, secoua la tête.

— En tout cas, tu avais vraiment l'air de l'aimer, ce serpent.

— Merci, lui répondit-elle. Mais je ne faisais que mon travail. En fait, en dehors du boulot, les serpents ça me fait vomir, hurler, m'enfuir et éclater en sanglots.

Spoons, qui n'écoutait pas, adressa un grand coup de coude à Dougie.

— Doug... alors ça veut dire que tu ne sortiras plus avec elle ?

Doug le prit par l'épaule.

— Eh non, Spoons. Eh non...

— Euh... peut-être que moi je peux sortir avec elle, alors ?

— Spoons, elle va t'envoyer en prison.

— Ouais, mais à la fin de ma peine, ce serait peut-être possible ?

— Spoons, elle n'est pas celle que tu crois.

— Ça m'est égal, répondit-il dépité.

— On aura le loisir d'en reparler, dit Maia d'un ton cassant. Peut-être bien autour des formulaires 11a et 95c. On verra si on peut trouver un terrain d'entente.

Spoons était aux anges lorsqu'elle le conduisit jusqu'à son véhicule banalisé.

— Salut à toi, homme serpent !

Chloé descendait la rue avec deux sacs de courses. Elle s'était fait des petites couettes et portait des sandales d'été. Dougie sentit son cœur s'emballer.

— Salut. Euh... tu sais, ces derniers temps je ne trempe plus vraiment là-dedans.

— Ah bon ? lui fit-elle en posant ses sacs à terre.

— Non, j'ai plus ou moins... laissé tomber tout ça. Je crois qu'à l'avenir je vais plutôt me consacrer à des animaux plus rectangulaires.

Elle hocha la tête.

— Ah oui, genre ours et compagnie ?

— Les ours, éventuellement... tout ce qui a des angles droits. Comme les girafes, par exemple.

— Dis donc !

Ils se regardèrent dans les yeux pendant un instant.

— Alors, tu... ?

— Enfin, peut-être que...

Ils voulurent tous les deux parler en même temps. Après cela, ils se sourirent bêtement.

— Bon, eh bien, voilà, dit Chloé.

Un peu plus tard, alors qu'il s'éloignait, Doug tapota le contenu de sa poche.

— Oui, je sais, je ne lui ai pas parlé de toi, Peluche. Mais arrête de bouder, je suis sûr qu'on aura bientôt l'occasion de la revoir…

L'UNION FAIT LA FORCE

Fiona Walker

Fiona Walker

---

est âgée de trente-quatre ans et partage son temps entre le nord de Londres et la région des Costwolds. Incapable de se plier aux horaires fixes d'un travail de bureau, elle s'est lancée dans l'écriture à vingt et un ans et a publié depuis cinq romans, tous best-sellers en Grande-Bretagne lors de leur parution. Elle collabore régulièrement avec la presse anglaise.

Traduit de l'anglais par Marie Blaison.

— Al Matthews fait des relations publiques comme il respire, ma chérie, dit Sly en exagérant théâtralement son accent d'Édimbourg et en me faisant un clin d'œil. Si quelqu'un peut te faire de la pub, c'est bien lui. Regarde Red et Slim.

— L'amour à bail, ris-je.

La révélation pop de l'an passé, Ruby « Red » Richmond, était censée filer le parfait amûr avec l'acteur culte Slim Tim Gorman depuis plusieurs semaines et des photos du couple écœurant qu'ils formaient s'étalaient dans tous les tabloïds. Tout le monde savait que ce n'était qu'un coup publicitaire, Ruby était bien trop anorexique pour embrasser autre chose que des installations sanitaires et Slim Tim était un accro à la coke qui sniffait la meilleure colombienne, qu'il dénichait dans les réservoirs des chasses d'eau des boîtes les plus branchées de la ville. À bien y réfléchir, ils allaient aussi bien ensemble que Villeroy et Bosch. Malin, cet Al Matthews. Dire que tout le monde pensait qu'il n'était plus le Midas qu'il avait été.

— On dit que les couples « relations publiques », c'est la chose qui marche en ce moment, insista Sly en se calant au fond du canapé alors que Carotte, mon bon vieux terrier, à la recherche de miettes enfouies, passait d'un coussin à l'autre. Rencontrer sa moitié à la Priory Clinic, c'est devenu d'un ringard ! Maintenant, toutes les rencontres passent par l'Alchimiste.

— Je n'ai pas envie d'une nouvelle histoire tout de suite, même si elle est bidon, soupirai-je en attrapant ma tasse de café. J'aime autant vivre à l'écart des projecteurs.

Il me regarda comme si je lui avais dit que je rêvais de traverser le désert de Gobi nue.

— Smack, ma chérie, tu rumines trop cette histoire. Et puis, ce n'est pas demain la veille que tu apparaîtras dans ces émissions terribles genre « Que sont-ils devenus ? ».

Il pinça les doigts puis plissa les yeux comme s'il s'était cassé un ongle en essayant de perforer ma ligne de défense.

— Je m'appelle Sadie, pas Smack, lui rappelai-je doucement. Ça fait des mois que plus personne ne m'appelle comme ça. Les gens qui m'entourent ne savent même pas qui était Smack.

— Mais justement ! (Il laissa tomber sa main sur un coussin et Carotte se réfugia sur mes genoux.) Il faut que tu reviennes sur le devant de la scène, que tu ailles à des soirées branchées, que tu t'achètes de nouvelles fringues. Regarde-toi : tu es splendide ! Tu es là, assise dans cette espèce de… de dépotoir perdu au milieu de nulle part, accumulant les toiles d'araignée comme une vieille sorcière. Et qu'est-ce que c'est que ce truc ?

Il montrait du doigt ce qui ressemblait à un mammouth laineux endormi dans le coin de la pièce.

— C'est le lit de Carotte, lui expliquai-je avec tristesse. C'est une pile de costumes de gorille. Bill en portait toujours un pour l'émission spéciale de Noël. Mais l'idée a fini par être abandonnée.

Reconnaissons-le, le cottage avait été plus présentable. Il y avait autant de poussière que sur une aile de papillon et trois jours de pluie ininterrompue avaient laissé pas mal de boue sur le parquet. Quand nous avions acheté cette propriété, six mois auparavant, Bill et moi avions décidé d'écumer tous les antiquaires et les marchés aux puces d'Europe pour la meubler. Mais, seule et déprimée, je n'avais plus aucune envie de chiner.

Sly, qui ne voulait pas avoir quitté la civilisation pour rien, eut un sursaut.

— Il est temps de gagner un peu d'argent, ma chérie, dit-il. Depuis que Bill est parti, la presse s'est déchaînée contre lui à tel point qu'il ne pourra plus jamais travailler en Grande-Bretagne. Tu connais le topo. Je suis ton agent et c'est mon devoir de te sortir de cette mauvaise passe. Je vais appeler l'Alchimiste sur le champ.

Il chercha son portable dans son sac besace Prada.

— Réagis, Smack – euh, je veux dire Sadie, ma chérie –, tu es endettée jusqu'à la silicone. Tu devras bientôt hypothéquer le cottage. Et puis Bill a besoin de toi – *Ah, bonjour Al. Sly Preston à l'appareil. Oui, « l'agent très spécial au service de sa très gracieuse majesté la star »*, vous me remettez ? (Sly avait passé trop de temps à Hollywood dernièrement.) Maintenant un seul mot de ma part et je te garantis que tu vas renouer avec le bonheur, Smack !

J'ai adressé un regard consterné à Carotte alors que Sly commençait à parler de moi avec le Svengali des tabloïds, un homme capable de rendre une star en perte de vitesse incontournable au point que le *Sun* se sente obligé de lui consacrer un article.

— Oui, c'est ça, l'ex de Bill Roth, Smack comme dans « Smack my bitch up[1] », ronronnait Sly au téléphone. Oui, la coprésentatrice de *Loved Up*, oui, c'est ça, ça passe maintenant sur NBC, oui avec Ash Numan. Non, elle n'arrive pas à la cheville de Smack. Non, elle est toujours superbe. Des tentatives de suicide ? (Il me regarda éberlué.) Pas autant que je sache. Ah, je vois, ce serait pas mal pour nos petites affaires, c'est ça ? Ça peut peut-être s'arranger. Déjeuner ? Regardons sur nos tablettes, comme disait Tchekhov.

Il interrogea son agenda électronique.

Je fermai les yeux. *Prends ça, salope*. Oh Bill, si seulement ils avaient pu te connaître pour de vrai, tes admirateurs passionnés. Si seulement ils avaient pu voir l'homme que je côtoyais tous les jours, si doux, si drôle, philosophe devant l'éternel et amant capable de consacrer une nuit entière à mon propre plaisir même quand tout ça le laissait de marbre.

Durant les six mois qu'avait duré ma disparition, la physionomie des restaurants de Londres avait complètement changé. Je n'avais jamais entendu parler de l'établissement où nous avions rendez-vous avec Al Matthews, qui espérait pourtant recevoir une étoile au *Michelin*. Comme de bien entendu, la salle n'était remplie que de gens riches et

1. « Prends ça, salope ! » (*N.d.l.T.*).

avides de célébrité et, pour mon plus grand désespoir, on aurait dit que j'étais l'attraction.

Alors que des serveurs inexpressifs glissaient sur des rails invisibles, soucieux de combler nos moindres désirs, j'étudiais Al par-dessus une composition florale zen. On l'appelait l'Alchimiste, non seulement parce qu'il pouvait changer le plomb en or, mais aussi parce que le bruit courait qu'il connaissait la dose exacte de drogues nécessaires pour que les célébrités dévastées qu'il avait comme clients puissent tenir le coup tard dans les soirées. Il n'était pourtant pas exactement cet automate en costume de créateur que je me souvenais avoir croisé avec Bill à de nombreuses fêtes. Il avait l'air plutôt effacé et avait des yeux bleus très intelligents. Je me suis dit que ça devait être étudié pour la tactique « charmer et désarmer », en quelque sorte. Cela m'a agacée de le trouver si séduisant. Sa fourberie était indéniable.

— Je m'excuse, mais je dois reprendre tout depuis le début : il faut que tout soit bien clair dans ma tête, sourit-il avec calme. Votre carrière a explosé seulement parce que vous étiez la maîtresse de Bill Roth, c'est bien ça ?

— On peut dire ça..., commençai-je.

— Mais pas du tout, m'interrompit Sly. Smack, ou plutôt Sadie, était déjà un grand nom de la radio et de la télé quand Bill lui a proposé de quitter GLR pour devenir, à la radio, la voix féminine de son équipe de givrés. Elle a également coproduit la plupart de ses émissions à la télé.

— Je comprends pourquoi Roth vous a prise dans son équipe.

Al Matthews me regardait attentivement, évaluant les dégâts, les matières premières encore disponibles à présent que j'étais privée de mon atout principal qui était celui d'avoir été la compagne d'une star.

— Et vous avez coprésenté *Loved Up* pendant trois ans, tout en jouant dans des publicités, en écrivant de nombreuses chroniques et en continuant à travailler pour la radio ?

On aurait dit qu'il préparait mon dossier de presse. J'acquiesçai, ne me sentant pas assez confiante pour parler. Au départ, *Loved Up* était une idée à moi. Mais je ne m'en étais jamais vantée, pas même quand Bill avait rompu son contrat en Angleterre après trois années de succès d'audience – dix millions de téléspectateurs – pour partir animer l'émission aux États-Unis, avec une coprésentatrice archicélèbre. Il faisait partie du gratin hollywoodien maintenant, alors que j'étais grillée auprès de ma banque et qu'on ne se souvenait de moi que comme son sous-fifre infortuné, comme une petite pierre dans le gigantesque édifice de son succès.

— Rien qu'avec la campagne de pub pour la vodka Tsar, Smack a gagné deux millions nets, fanfaronna Sly qui s'était occupé de son lancement. Et n'oublions pas que, l'année dernière, les lecteurs du magazine *MX* l'ont élue troisième femme plus sexy de la planète.

— Oui, c'était juste avant que Bill parte rejoindre Ash Numan, qui, en passant, est arrivée en deuxième position, murmurai-je. Il aurait bien choisi l'heureuse élue, mais se taper Lara Croft comporte quelques risques, qui vont de l'électrocution à la menace incessante d'une attaque de tyrannosaure.

Al dissimula un sourire. Je sais que mon attitude désinvolte et ma grande gueule – typiques de l'Essex – agaçaient certaines personnes. Mais, à ma grande surprise, Al sembla apprécier, lui qui avait pourtant l'air si snob.

— Le point fort de Sadie, c'est son regard acéré. (Sly n'avait clairement pas confiance en mes capacités à me vendre.) Ses comptes rendus de soirées étaient devenus une chronique culte.

— De même que vos relevés de compte. (Al jeta un œil à ses notes.) Et, quand on présente une carte noire American Express, le regard des gens devient tout de suite moins acéré.

— La seule carte que j'ai encore sur moi, c'est la carte de visite de Bill, sifflai-je, décidant finalement qu'il ne me plaisait pas. Contrairement à ce que vous avez pu lire dans les journaux, je ne prends pas de cocaïne, je ne dévalise pas les magasins, je ne souffre d'aucun trouble de la personnalité et je ne suis ni boulimique ni anorexique.

— Eh bien démentez, alors. (Al plissa le front.) Vous savez écrire, puisque nous savons tous que vous êtes aussi intelligente que belle. Je vous vois mal tout déballer, mais vous pourriez faire un bon bouquin. Les droits d'auteur vous rapporteraient pas mal...

— Cette histoire n'est pas à vendre, l'interrompis-je. Comme Sly vous l'a dit, je veux seulement être vue à quelques soirées, montrer que j'ai tourné la page, garder la tête haute.

Je savais que j'avais l'air aussi enthousiaste que quelqu'un à qui on va arracher des dents et Sly n'arrêtait pas de me donner des coups de pied sous la table, ce qui ne m'aidait pas beaucoup. J'ai regardé le visage étrange et asymétrique d'Al et sa touffe de cheveux bouclés. Il était curieux que quelqu'un qui gagnait sa vie en remettant les gens en course accorde si peu d'importance à sa propre image.

Al observait mes réactions attentivement.

— Je ne vois pas trop l'intérêt pour vous d'apparaître au bras d'une star de second ordre. Vous n'êtes pas une pute.

Il semblait étrangement triste.

— On dirait que vous essayez de vous défiler, Al.

Sly eut un petit rire nerveux. Il savait que si je décrochais le gros lot, il aurait sa part, aussi bien d'argent que de gloire.

— C'était votre rêve de vous occuper de quelqu'un comme Sadie. Alors, où est le problème ?

— Je veux seulement être certain qu'elle soit prête.

Al m'épiait et on aurait dit que ses yeux bleus acérés voulaient s'insinuer en moi.

— Chat échaudé craint l'eau froide, non ?

Ce n'était pas un thérapeute qui parlait, mais juste un homme d'affaires qui voulait protéger ses investissements et éviter de prendre le moindre risque. Tout le monde savait que les couples bidon d'Al commençaient à agacer les tabloïds.

— Je suis prête, dis-je sans grand enthousiasme, en haussant les épaules. J'ai besoin de cet argent.

Ses yeux ne me lâchaient pas.

— J'aimerais être sûr que c'est la seule chose qui vous intéresse.

Je lui rendis son regard et je compris tout de suite qu'il m'avait percée à jour. Je voulais m'enfuir et retourner au cottage. Je voulais enfouir ma tête dans le cou de Carotte jusqu'à ce que les huissiers viennent nous jeter dehors. Mais Al Matthews ne dit plus un mot. Il me fit simplement un signe de tête et détourna les yeux. Il avait l'air las et étonnamment indifférent. Je suivis son regard qui se promenait dans la salle du restaurant, totalement étranger aux prétendues grosses légumes penchées sur leurs légumes qui nous entouraient. J'ai cru comprendre que si j'avais proposé à Al de filer à l'anglaise et d'aller boire un demi, il aurait été partant. Mais Sly était déterminé à ouvrir le feu dès aujourd'hui et à mettre dans le mille, ou plutôt dans le Bill...

— Vous avez entendu ce qu'elle vous a dit : elle est prête.

Il s'emportait et s'était à moitié levé de sa chaise.

— Dites-nous ce que vous avez en tête. Sadie ne vous fera pas de sale coup, c'est promis.

En soupirant, Al fouilla dans une petite mallette aux lignes sobres et en sortit plusieurs carnets.

— La semaine prochaine, il y a les Sound Awards, qui seront presque immédiatement suivis du bal annuel d'Elvis James, du gala de charité du duc de Suffolk, et, enfin, du mariage de Red et Slim. Je suis chargé du bon fonctionnement de ces quatre événements, et une grande part de mon travail consiste à m'assurer que la liste des invités contient les stars incontournables du moment avec leur – comment dire, euh – conjoint.

Il disposa tous ses dossiers en éventail devant lui et leva ses yeux fatigués vers moi :

— Piochez !

J'avais du mal à voir clair parmi ces noms et ces visages qui dansaient devant mes yeux : des mannequins à peine pubères et déjà drogués, des comiques ne faisant plus rire personne, des footballeurs alcooliques, des chefs prestigieux battant leur femme plus fort que leurs œufs, tous désireux de relancer leur carrière. Ils étaient tous dans la même galère : quelle importance, alors ? J'en choisis un au hasard.

— Qu'on le lave, qu'on l'habille, et qu'on me l'expédie à mon hôtel en limousine une heure avant la soirée, plaisantai-je sans grande conviction.

Al passa un doigt entre son col et son cou et s'éclaircit la gorge.

— Vous êtes sûre de votre choix ?

Une fois encore, ses yeux semblaient pénétrer mon âme.

— Elle est sûre. (Sly saisit la fiche et la détailla.) Oh oui, il est *splendide*. Dommage quand même, cette rumeur de pédophilie. Enfin, les journaux écrivent de ces horreurs de nos jours.

Une semaine plus tard, les journaux étaient déjà tous en train d'écrire que je sortais avec le meilleur buteur du championnat. On nous avait vus ensemble à plusieurs soirées, puis en train de faire du shopping chez Brown, de déjeuner à Paris et de promener Carotte à Hyde Park. J'étais ennuyée car j'aurais voulu laisser Carotte en dehors de tout ça, mais j'étais déterminée à me montrer aussi professionnelle que possible. Je voulais en finir au plus tôt.

Je ne faisais pas encore les gros titres mais j'avais à nouveau troqué ma liberté contre des chaînes de chez Tiffany. Dans ma suite, à l'hôtel, le téléphone n'arrêtait pas de sonner. La plupart du temps, c'était Al qui venait relever les compteurs et s'assurer que je faisais les déclarations qu'il fallait.

— Le *Mirror* veut une interview exclusive. Votre redécouverte de l'amour avec Vizza, comment il vous a sauvée du suicide. Ils offrent un bon prix.

— Je ne dirai rien sur Bill, le menaçai-je.

On en a discuté sans fin mais j'ai campé sur mes positions. Cela m'ennuyait de le sentir si fasciné par notre rupture.

Je savais bien que je ne pourrais de toute façon pas empêcher la presse de parler de Bill. Comme je m'en étais doutée, le récit de ma nouvelle romance n'avait fait que raviver le souvenir de sa trahison. Son nom fut à nouveau sali lorsque les journaux rappelèrent à la nation tout entière qu'il avait abandonné une Vénus de poche pour une Amazone d'un mètre quatre-vingts dans le seul but de lancer sa carrière outre-Atlantique. Toute cette boue n'arriva pas jusqu'aux États-Unis, mais il n'avait clairement pas intérêt à venir embrasser sa vieille mère à Guilford dans les prochaines semaines.

— C'est ça que vous vouliez, Sadie, n'est-ce pas ? (Al poussa un éclat de rire cynique.) Vous venger ?

Sachant qu'il ne pouvait pas être plus loin de la vérité, je n'ai rien répondu. J'eus l'impression qu'il y avait quelque chose qui clochait chez Al. Il semblait au moins aussi réticent que moi. Si cela ne risquait pas de porter atteinte à sa réputation, j'aurais volontiers dit que ce que nous étions en train de faire lui répugnait.

Mon « histoire » avec Vizza dura juste un peu plus d'une quinzaine, et Al m'accorda une semaine de repos pour bonne conduite pendant que Vizza prenait un grand plaisir à accorder d'incroyables interviews exclusives à l'étranger, dans lesquelles il disait tout sur son chagrin d'amour. Eh oui. On aurait presque pleuré.

Grâce à l'interview exclusive du *Mirror*, j'ai pu faire installer la télévision par satellite au cottage. Carotte et moi regardions ensemble, aux toutes premières heures du jour, les programmes diffusés en début de soirée aux États-Unis. Nuit après nuit, j'étudiai le visage d'Ash Numan, en me demandant comment une femme pouvait être si parfaite. À chaque fois que je voyais Bill, je ne pouvais m'empêcher de pleurer. Il était redevenu le Bill des grands jours, comme à ses débuts. Il débordait d'énergie et d'insolence et je ne retrouvais plus le présentateur enrobé et autosatisfait qu'il avait fini par devenir en Grande-Bretagne. Ça fonctionnait du tonnerre. Il était cruel, drôle et sexy à la fois. Je ne pouvais détacher mes yeux de l'écran.

À ma grande stupéfaction, Vizza m'appelait plusieurs fois par jour. Parfois, il était en larmes et me demandait, dans son anglais approximatif, de bien réfléchir à « nous deux ». Nous deux ? Il m'avait à peine adressé la parole. Je veux bien admettre qu'il a tenté de m'embrasser, mais il a aussi essayé avec deux membres d'un Boys Band au Kabaret et avec Frankie Dettori à un dîner de charité organisé par des personnalités du sport. Bill, au moins, avait su rester discret.

Le samedi, je reçus un appel d'Al qui me demandait d'acheter *News* où on pouvait trouver tout un dossier sur moi suite à cette nouvelle rupture. J'ai éclaté de rire en découvrant qu'il était question de mon « sex-appeal inexplicable, irrésistible et dangereux » qui mettait les hommes à genoux. S'ils avaient pu me voir alors, en train de traîner en short et en claquettes et de manger de la glace à deux heures du matin en regardant Bill à la télévision... Le fossé entre les tabloïds et la réalité n'avait jamais été aussi grand. Le plan commençait à fonctionner.

— Il est temps de sortir la grosse artillerie, me dit Al. Vous êtes sûre d'être prête ?

— Tout à fait sûre, insistai-je, sachant que je n'avais plus le choix, maintenant que la machine était lancée.

Peu de temps après, j'étais officiellement avec George Brian et j'étais l'amour de sa vie. George était un petit malin. Il était bien plus collant que Vizza, homo un peu paumé, et ne me traita pas seulement comme une cavalière de location. Al devait sans cesse le mettre en garde et lui rappeler que ce n'était qu'un coup publicitaire.

— Je suis assez grande pour me débrouiller toute seule, lui dis-je.

Mais ça ne l'empêchait pas de se montrer à la plupart des soirées où nous allions, tel un garde du corps discret. Je dois reconnaître que c'était agréable d'avoir quelqu'un à qui parler, car George ne communiquait que par grognements. Mais plus je discutais avec Al, plus je réalisais qu'il lui était pénible de sauver les vedettes de leurs propres excès.

— Prenez George, soupira-t-il en montrant du doigt mon soi-disant petit ami fidèle en train de refiler discrètement la clef de sa chambre d'hôtel à une jeune top model à une avant-première de film. Il est persuadé que la célébrité le rend invincible. C'est de ma faute. J'imagine que Bill devait être un peu comme ça, non ?

J'ai ignoré la question et ai demandé à Al de s'éloigner. Puis j'ai discrètement récupéré la clef de George avant d'accomplir mon devoir à ses côtés, ce qui revenait à jouer la petite amie folle amoureuse et à détourner en plaisantant les questions des journalistes sur le mariage et les enfants.

La notoriété de George Brian dépassait de beaucoup celle de Vizza. C'était un grand nom du cinéma, avec un passé criminel. En tant que petite amie de George, je faisais les gros titres et la presse m'assaillait de toutes parts. Mon hôtel était assiégé, mon visage était partout et Sly, ravi, m'apprit que les propositions de travail affluaient.

— Comme tu as de la chance de sortir avec George ! Il est si beau, pouffa-t-il. Dis-moi si c'est vrai ce qu'on raconte : il a bien un tatouage, là où je pense ?

— J'en sais rien, c'est strictement professionnel entre nous, coupai-je.

Mais le tenir à distance devenait de plus en plus difficile. Si seulement Bill s'était montré aussi pressant.

Malgré ma résistance, ça devenait impossible. Au bout d'un mois, mon corps, à force de pelotage, était couvert de bleus et de bosses. Je détestais son haleine fétide et sa stupidité. George voulait que je le rejoigne en Italie, mais j'en avais assez et j'ai demandé à réfléchir. Je voulais voir avec Al s'il pouvait me caser avec quelqu'un d'un peu moins exigeant.

Sa réaction m'inquiéta : l'homme ambitieux qu'on appelait l'Alchimiste refusa, sous prétexte qu'il fallait tempérer mon image de mangeuse d'hommes.

— Vous m'avez stupéfait, Sadie. La presse vous adore. Vous avez cette image un peu sulfureuse dont elle raffole. Mais vous n'avez plus besoin de personne, à présent.

Je n'aspirais qu'à rester chez moi à regarder *Loved Up*, mais je savais que j'étais trop près du but pour abandonner maintenant.

— J'en veux encore un. Rien qu'un.

— Ils s'apercevront vite que vous ne fréquentez que des clients à moi, m'expliqua-t-il. On est allés assez loin comme ça. Vizza a été transféré pour cinq millions de livres, George a étouffé ces rumeurs de viol. Vous, vous avez une chronique, un projet de talk-show et un nouveau contrat à la radio. Tout a parfaitement marché. Ne soyez pas si gourmande ! Si vous continuez, la presse pourrait tout aussi bien se retourner contre vous.

— Juste un petit dernier, le suppliai-je. Vous avez une liste de clients aussi longue que votre bras. Ils seraient ravis de se servir de moi. J'ai de la crédibilité et c'est une bonne garantie pour vous.

— C'est pour moi ou pour vous que vous faites ça ? rit-il en abandonnant la partie.

Pourquoi tout à coup me faisaït-il penser à Bill ?

Le cottage était envahi par une équipe de décorateurs envoyés par un magazine féminin. Je restai alors à Londres et fis livrer aux hôpitaux de la ville les roses que Vizza n'arrêtait pas de m'envoyer. À la fin de la semaine, les salles du CHU ressemblaient aux stands du marché aux fleurs de Chelsea et les journaux s'affolaient parce qu'on m'avait vue sortir du Ivy en compagnie du jeune chanteur Mac Savage, nouvelle coqueluche de ces dames. Je suspectais fort Al de nous avoir mis ensemble seulement parce que les noms de Smack et Mac imprimés côte à côte sonneraient particulièrement bien. Il devenait dangereusement cynique.

Mac était adorable. Jeune, enthousiaste, il avait visiblement le béguin pour moi mais était beaucoup trop timide pour tenter quoi que ce soit. Et, surtout, il était un grand admirateur de Bill. Il s'est même levé, en bâillant, pour regarder *Loved Up* sur NBC, dans ma suite, en buvant le Sprite du minibar. Il était d'accord pour dire que Bill avait retrouvé sa verve d'antan. Mais il a ensuite tout gâché en me demandant de le séduire.

— Bill a été fou de vous plaquer pour ce monstre complètement refait. Vous êtes si belle.

J'ai pleuré pendant des heures. Le pauvre Mac essayait de comprendre. Il me tendait des mouchoirs en plaisantant (il me disait qu'il avait aussi utilisé des Kleenex toute la semaine, mais que c'était pour essuyer quelque chose de bien moins délicat que des larmes). Il m'a même dit qu'il m'aimait. Merde, on était mal barrés.

Al était livide.

— Vous n'étiez pas censée coucher avec lui ! se plaignit-il alors que les journaux étaient remplis de photographies de Mac quittant mon hôtel à l'aube, les vêtements froissés, mal rasé et terriblement beau.

— Je n'ai pas couché avec lui. On a regardé la télé, soupirai-je. Moi qui croyais que vous étiez particulièrement friand de ce genre de publicité. C'est pour ça que vous m'avez engagée.

— Je ne vous ai pas engagée, soupira-t-il à son tour. C'est vous qui avez fait appel à moi. J'aime que mon travail soit bien fait et je ne veux pas que vous passiez pour ce que vous n'êtes pas. Cette histoire vous fait vraiment passer pour ce que vous n'êtes pas, Sadie.

— Au contraire, murmurai-je, maintenant, tout le monde connaît mon vrai visage.

Voilà, cette fois ça y était, toute la presse s'était retournée contre moi. « Sadie la tombeuse », disaient les sous-titres, « Roth a-t-il eu raison de la quitter ? », « La salope et son Mac ». Entre ces lignes persiflantes et pleines de sous-entendus, on sentait poindre de la sympathie pour Bill. On commençait à dire partout que j'avais toujours été une grande consommatrice d'hommes, que Bill Roth était vraiment au bout du rouleau quand il s'était décidé à me quitter et que c'était à cause de moi que son émission avait commencé à s'essouffler en Grande-Bretagne. Le public était enfin prêt à lui pardonner: il voulait que sa star favorite rapplique dare-dare à la maison, avec sa hargne et ses gros sabots. Tout ça profitait aussi à Mac, même si Al était tourné en dérision.

— Vous avez totalement discrédité mon travail, fulminait-il. On lit mon nom partout.

C'était vrai. Pour la presse, l'épisode Mac avait été la goutte d'eau qui avait fait déborder le vase et les articles sur l'Alchimiste, qui attendaient depuis longtemps dans un tiroir, s'étalaient à côté du récit des dernières frasques de Smack. J'avais lâché une bombe et il était maintenant exposé à tous les vents.

— Vous saviez dans quoi vous vous embarquiez quand vous avez accepté de m'aider, lui dis-je calmement, en espérant ainsi me dédouaner.

Ce matin-là, cet amour de Mac m'avait fait envoyer une boîte de chocolats avec un petit mot (« Comme les chocolats, j'ai le cœur tendre. Comme moi, ils n'attendent que d'être mangés par vous. »). Je le relus plusieurs fois, en écoutant la respiration d'Al à l'autre bout du téléphone.

— Je sais pourquoi vous avez fait ça, Sadie, lâcha-t-il finalement. Et j'espère que ça va marcher parce que vous n'avez pas seulement coulé mon navire. Vous avez aussi coulé le vôtre et je vous assure qu'il faudra nager pendant un sacré bout de temps avant d'espérer atteindre une île déserte.

Je fermai les yeux. Dès le premier repas, il avait tout deviné. C'était pour ça qu'il avait eu l'air si réticent. Je ne comprenais toujours pas pourquoi, d'ailleurs, il avait fini par accepter.

— Je crois, sa voix trembla, qu'on devrait s'aider mutuellement à se sortir de là.

— Je suis désolée, Al, soupirai-je, mais si c'est bien moi qui vous emploie, je dois vous dire que vous êtes viré.

— Attendez, j'ai quelque chose à vous demander, insista-t-il.

— Laissez tomber.

Je lui raccrochai au nez. J'aurais aimé pouvoir m'en moquer de cet Alchimiste et me dire que le hibou avisé que j'avais appris à apprécier n'était en fait qu'un vautour.

Je pris le train pour rentrer chez moi, et pleurai pendant tout le trajet. Une succession de champs, des heures et des heures de vert flou. Mon cœur, arraché, pendouillait dans ma poitrine comme un petit cadavre. J'ai écrit une lettre d'excuses à Mac. Je savais que son cœur tendre finirait par s'endurcir et se dessécherait tôt ou tard – ça se passait toujours ainsi –, mais je lui souhaitais beaucoup de bonheur.

Malgré mes lunettes noires, tout le monde me reconnaissait, ce qui m'acheva. J'étais certaine que mes autographes maculés de larmes vaudraient une petite fortune dans les années à venir si, finalement, je voulais me faire un dernier coup de pub et décidais de me suicider. J'imaginais que c'était ce qu'Al voulait. Ce serait la bonne aubaine : on dédierait plus de colonnes à trois de ses clients qu'il n'y en avait au Colisée et ma biographie posthume ferait la lumière sur toute l'histoire. Comme ça, Sly serait content aussi, lui qui avait toujours voulu écrire et qui était le seul, avec Bill, à connaître toute la vérité.

De retour au cottage aménagé dans un style atrocement mièvre, j'ignorai les nombreux messages laissés sur mon répondeur par un Al furieux et je serrai Carotte contre ma poitrine pendant que je comptais : soixante-dix-huit somnifères. C'était plus qu'assez. Mais je savais que je ne pouvais pas faire ça. Pas alors que l'avenir de Bill était entre mes mains.

Dès le lendemain matin, Al était sur le pas de ma porte, avec sa petite mallette aux lignes sobres. On aurait dit un agent immobilier venant pour une estimation. Il avait plaqué ses boucles folles en arrière et une détermination féroce enflammait ses yeux bleus.

— Je vous ai amené un petit dossier dans l'espoir que vous acceptiez d'envisager un dernier travail.

Il me la tendit en regardant autour de lui.

— C'est beau chez vous, poursuivit-il.

Le spectacle était répugnant. Chaque centimètre carré

des murs du XVIe siècle était enfoui sous une décoration surchargée, les meubles faisaient pitié et la propriétaire égarée, après une nuit d'insomnie, avait une tête de déterrée. Mais Al perdit vite sa maîtrise professionnelle. Sous le masque, il était nerveux et déstabilisé.

— C'est vrai, c'est atroce, admit-il. Je suis désolé. Le magazine m'avait pourtant promis les meilleurs décorateurs. On les traînera en justice.

— Je vous remercie mais ça ne m'intéresse pas. Et puis, c'est gentil de m'avoir apporté ça, mais je vous ai déjà dit que vous étiez viré.

J'ai envoyé valser le dossier sur le buffet et j'ai attendu qu'il daigne partir.

— J'ai fait toute la route en voiture depuis Londres. (Il restait appuyé contre ma porte.) Je vous ai aussi apporté ça.

L'air embarrassé, il sortit une fine tige d'orchidée de sa mallette.

— Cette fleur m'a fait penser à vous. (Il s'éclaircit la gorge.) Fragile, rare et menacée car beaucoup trop convoitée.

Je regardai longuement l'orchidée, avec le soleil en plein visage. Face à moi, la tête d'Al était nimbée d'un halo immérité.

— Je comprends tout, maintenant, dit-il alors que son visage, à contre-jour, n'était qu'une ombre aux contours à peine délimités. Ce que les journalistes voulaient dire quand ils écrivaient que vous étiez une star à l'ancienne mode, très dangereuse et ô combien irrésistible. (Il me regarda d'une façon étrange.) J'espère que Bill se rend compte de sa chance.

— Je ne vois pas ce que vous voulez dire.

Acculée, je fis semblant de ne pas comprendre.

— Vous détestez la lumière des projecteurs, n'est-ce pas ? (L'ombre qu'il formait bougea et le soleil m'auveugla.) C'est pour ça que vous aviez l'air si réticente, lors de notre première rencontre, à revenir sur le devant de la scène, que vous teniez à en finir le plus vite possible. Vous faisiez ça par amour. Ce n'était pas une vengeance. Ce n'était pas pour votre gloire personnelle. C'était par amour. Appelez Bill maintenant. (Il me tendit son téléphone portable.) Appelez-le et dites-lui que ça a marché. Qu'il peut rentrer, à présent.

— Non.

En état de choc, je faisais tourner la tige de la fleur dans ma main.

Il attendit jusqu'à ce qu'une larme tombe sur la Cellophane. Il reprit alors la parole.

— Vous êtes toujours ensemble, c'est ça Sadie ? Votre histoire est juste en suspens, jusqu'à ce que la carrière de Bill reparte. Il a mis en scène cette scandaleuse trahison avec votre concours, dans le but de lancer sa carrière américaine. Il savait qu'au bout de quelques mois, vous seriez capable, en agissant habilement, de vous débrouiller pour mettre un terme à la campagne de dénigrement dont il serait victime. C'est pour ça que vous avez attendu un petit bout de temps après cette rupture à la noix pour me contacter. Vous avez accepté de redevenir une femme publique pour qu'on l'accueille en héros à son retour. Vous avez fait tout ça pour lui, n'est-ce pas ?

Je mis ma main contre ma bouche pour étouffer un sanglot.

— Oui.

Al sifflota doucement. Il bouillait de rage.

— Quel sacrifice, Sadie. C'était un salaud et maintenant vous êtes une pute. C'était une vieille vedette de la télé, fatiguée et émoussée et maintenant il est l'enfant prodigue que toute l'Angleterre attend. Pas mal Smack, ce dernier coup publicitaire. Sacrés Bill et Sadie, quels vieux renards ! La presse se déchaînera quand vous ferez votre retour ensemble. Ma carrière est d'ores et déjà fichue. Vous m'avez fait passer pour un amateur, vous ne croyez pas ?

— Ce n'est pas pire de feindre une rupture que de feindre une relation pour que vos clients fassent les gros titres, hurlai-je en larmes. C'est ce que vous faites tout le temps, il me semble.

— Et je l'ai même fait une fois de trop pour vous, je crois. (Il se mit à rire.) Pourquoi n'ai-je pas réussi à vous dire non ? Pourquoi ?

J'aurais été bien en peine de lui répondre.

— Bon, maintenant que vous avez plus ou moins ruiné ma carrière, pourquoi refusez-vous d'appeler Bill pour organiser ces retrouvailles romantiques ? (Ses yeux lançaient des éclairs.) Accordez-moi au moins la satisfaction de participer à la réunion de la grande équipe mythique de *Loved Up*.

— Non ! Il lui faut encore du temps, sanglotai-je. Il n'est pas encore prêt à revenir.

Al sifflota une nouvelle fois : il avait enfin retrouvé toute son ironie.

— Oh mon Dieu ! Oh pauvre Sadie ! (Il secoua la tête, en riant amèrement.) Ça n'a pas marché, alors ? Vous avez fait tout ça par amour et vous découvrez maintenant qu'il n'a plus besoin de vous. Il se plaît vraiment aux États-Unis. Il aime travailler avec Ash, il est peut-être même amoureux d'elle. C'est bien ça ? Maintenant il peut rentrer avec elle quand il veut. Et vous, il ne vous reste plus que vos yeux pour pleurer. Cette écorchure vaut bien le coup bas que vous m'avez porté.

— Ce n'est pas ça, murmurai-je entre mes larmes.

Mais Al n'écoutait pas. Il me saisit la main pour l'écarter de mon visage. Ses yeux bleus plongèrent dans mon âme ternie.

— Il faut que vous m'aidiez à me sortir de là, Sadie. Vous ne voyez pas que moi j'ai besoin de vous, si ce n'est plus le cas de Bill ?

En baissant la tête pour éviter les flèches du soleil, je m'arrêtai sur ces étranges yeux bleus, jusqu'à y tomber. Si profondément, d'ailleurs, que le sang me monta au visage, que mes poumons se vidèrent d'oxygène et que ma vision se brouilla jusqu'à ne pouvoir plus distinguer que du bleu, du bleu et encore du bleu. Mon dieu, j'avais l'impression d'être de retour chez moi.

— Qu'est-ce que vous voulez que je fasse ?

J'essayais de loucher, de détourner le regard. Mais rien à faire.

— Sauvez-moi, souffla-t-il.

Sa bouche était si proche de la mienne que je sentais son souffle sur mes lèvres, chaud et sucré comme une pâtisserie.

— Sauvez-moi comme vous avez sauvé Bill.

Désireuse d'échapper à son regard, je tournai les talons. Je savais ce que j'avais à faire. Sadie l'agneau sacrificiel n'en avait pas encore fini. Il était temps de mettre mon cœur à nu.

— Vous feriez mieux de vous asseoir.

Je fermai la porte derrière lui et sifflai pour que Carotte descende du sofa.

— Il faut que je vous montre quelque chose.

Remplie de dégoût pour moi-même, je me dirigeai à nouveau vers le buffet pour en extraire un tiroir. Il débordait d'enveloppes expédiées par avion. Des lettres de Bill, toutes plus désespérées les unes que les autres, qui me disaient combien je lui manquais, combien il se sentait seul et combien Ash lui tapait sur les nerfs. Elles me demandaient comment les choses se présentaient, pourquoi je ne répondais pas à ses appels, quand il pourrait rentrer. Les toutes dernières lettres étaient les plus déchirantes, qui disaient qu'il s'était rendu compte que je ne voulais plus l'aider, qu'il me comprenait très bien mais qu'il souhaitait que j'y réfléchisse.

Al les lut en silence. Quand il leva finalement les yeux, il sembla abasourdi.

— Pourquoi, Sadie ?

Je fermai doucement les yeux.

— Vous ne voyez donc pas ? Je ne veux pas qu'il me revienne, Al. Je lui ai rendu sa liberté. J'ai fait ça pour qu'il arrête de compter sur moi.

J'entendais sa respiration se précipiter.

— Vous avez fait tout ça pour quoi ? Pour le *lourder* ? Mais bon Dieu, Sadie ! Je sais que vous avez fait énormément de bien à sa carrière, mais est-ce que tout ceci n'était pas un peu trop élaboré, voire nocif ?

— Vous ne pouvez pas savoir !

Je me levai comme une furie pour aller remettre les lettres à leur place.

— Bill et moi avons passé un accord depuis le début. Notre relation a toujours été une comédie, pas de celles que vous bricolez, qui ne durent que quelques semaines ou quelques mois, mais une comédie qui a duré des années et des années. Une comédie qui m'a presque détruite. Vous voyez, j'ai commis l'irréparable en me prenant au jeu et en me mettant à l'aimer pour de bon. Je le connais mieux que personne. Je le trouve fantastique, talentueux, chaleureux et drôle, mais c'était impossible qu'il m'aime en retour. Pas comme je l'aurais souhaité. Dieu sait s'il a essayé, pourtant. Oui, je le « lourde », si vous y tenez. Je le lourde parce que, tôt ou tard, il aurait compris qu'il peut vivre sans moi et aurait largué les amarres, à la recherche du véritable amour, de celui qui compte vraiment. Il *fallait* que je fasse ça si brusquement. Il fallait abréger.

J'abrégeai également mon récit, sachant que j'en avais dit assez.

Sous l'effet de la surprise, Al semblait avoir perdu l'usage de la parole.

— Voilà, vous l'avez votre histoire. (J'ouvris la porte.) Allez raconter tout ça à vos amis des tabloïds. Ça suffira bien à sauver votre crédibilité, après tout. Dites-leur que Smack la Salope a lourdé Bill Roth en l'envoyant aux États-Unis pour qu'il y devienne célèbre. Elle a même payé Ash Numan pour qu'elle fasse semblant de l'aimer, et c'est pour ça qu'elle est si mauvaise. Vous ne pouvez me faire tomber plus bas que je ne le suis déjà. Maintenant cassez-vous et allez vendre cette histoire. Pendant que vous y êtes, si vous voulez vous faire encore plus de pub, je serais ravie de poser avec une boîte de mouchoirs en papier. Je suis sûre que vous avez bien un client qui en fabrique. Pourquoi ne pas faire d'une pierre deux coups ?

— Ce n'est pas du tout ça que je voulais, Sadie, se défendit-il. Je n'ai pas besoin de ça.

— Eh bien, c'est tout ce que vous aurez, hurlai-je en le poussant dehors.

Carotte était vieux et plein de rhumatismes, mais il ne manquait jamais une occasion de faire le chien de garde. Al quitta le cottage avec, accroché à la jambe, un petit terrier qui aboyait frénétiquement.

Quand, finalement, le bruit de son moteur disparut, je retournai au buffet pour voir le dossier qu'il m'avait laissé. À ma grande stupéfaction, il contenait une seule photographie : celle d'un homme. Al Matthews, le gourou des relations publiques, souriait à l'objectif avec son visage tordu et étrangement beau et ses cheveux ébouriffés, style « venez me recoiffer avec vos doigts ». Voilà donc la dernière faveur qu'il était venu me demander. Al voulait que je fasse semblant d'être avec *lui*.

Cela me sembla tout à coup si insensé et horrible que je me mis à rire. Il était pris à son propre piège et il était fait comme un rat. La presse ne lui faisait plus confiance. Elle n'aimait pas les couples bidon, les histoires arrangées, elle n'aimait pas être manipulée. Il avait eu son heure de gloire et il était trop célèbre à présent pour abandonner sa carrière de Svengali des médias. Un futur dans l'ombre des hommes politiques lui tendait les bras. Mais maintenant, il devait devenir encore plus incontournable, encore plus célèbre pour espérer survivre et prospérer. À ses yeux, cela revenait à se montrer en compagnie de celle qui passait en ce moment pour la plus grosse salope du pays.

Tout ce qu'il voulait, c'était m'exhiber à des soirées. Et moi je lui avais révélé mes secrets les plus intimes. Et merde !

J'ai attendu toute la semaine que l'histoire éclate au grand jour. J'achetais les journaux tous les matins, les parcourais compulsivement. Ils racontaient que George Brian sortait maintenant avec Ruby Red, après son théâtral « non » lors de son récent mariage (eh oui, en prime, photo de moi au non-mariage). Ils racontaient que *La Vieille Femme*, le titre de Mac, en tête des hit-parades, était devenu disque de platine (tiens, une autre photo de moi). Et ils racontaient que Vizza avait été élu personnalité sportive de l'année et qu'il aurait fréquenté une Spice Girl dont la carrière solo avait explosé (petite photo de la Spice Girl, énorme photo de moi). Il n'y avait rien sur Bill. Ses lettres continuaient d'affluer des États-Unis, mais je ne les ouvrais plus. Elles me faisaient trop mal.

Pour éviter les fâcheux, j'avais fait changer mon numéro de téléphone et je ne l'avais transmis qu'à quelques personnes de confiance. Après quinze jours complets de tranquillité, juste quand je commençais à penser que j'étais sauvée et qu'Al s'était retiré dans un ashram, Sly m'appela. Il était tôt et j'avais bouffé de la glace toute la nuit.

— Mais qu'est-ce que tu as fait ? hurla-t-il. *News* vient de consacrer trois pages à cette histoire. Et je suis *atroce* sur la photo.

J'étais livide et j'avais du mal à respirer. Je me précipitai vers l'entrée, où les journaux du jour m'attendaient. Qu'est-ce qu'Al leur avait raconté ? Comment pouvait-il savoir pour Sly ?

Mais l'histoire qui s'étalait, truffée de calembours en italique et en gras, ne venait pas d'Al. Elle venait de Bill.

« La star de *Loved Up* fait son *coming out* », disait le titre. « Bill raconte comment il a saboté son histoire avec la belle Smack en tombant amoureux de son agent gay. »

Bill avait raconté son histoire sur le ton le plus neutre possible. Il soulignait que ses sentiments à mon égard avaient changé au cours des années, que j'avais fini par devenir pour lui une sœur, un mentor et une thérapeute, mais qu'il ne m'aimait plus d'amour. Il révélait à la nation tout entière qu'il s'était accroché à moi quand j'avais voulu le quitter, qu'il m'avait suppliée de rester, qu'il avait menacé de se suicider et qu'il m'avait même enfermée pendant plusieurs jours dans notre appartement londonien. Il disait que son amant depuis près de cinq ans, Sly, était constamment à ses côtés, lui offrant sa patience et son soutien. Et il ne se priva pas de révéler la vraie nature de notre relation. Il me rendait ma liberté.

Quel courage !

Le jour venait à peine de se lever, mais les journalistes commençaient déjà à affluer devant chez moi. J'ignorai les coups à la porte et laissai Carotte aboyer sourdement alors que je me cachais et débranchais le téléphone. Ce n'était pas la première fois que je vivais ça et je m'apprêtais, avec lassitude, à résister au siège.

— Tiens bon, mon vieux Carotte !

Ce fut seulement lorsque j'entendis une voix familière qui m'appelait à travers la boîte aux lettres, que je daignai entrouvrir la porte. Al s'engouffra à l'intérieur, mal rasé et visiblement épuisé.

— Pourquoi ne pas m'avoir dit qu'il était gay ? me demanda-t-il.

— Ce n'était pas vos oignons.

Nous avons sursauté tous les deux lorsqu'un flash, à la fenêtre, faillit nous aveugler. Je tirai les rideaux devant le photographe et j'enfouis mon front dans leur tissu poussiéreux.

— Ce *coming out* va certainement ruiner la carrière de Bill.

— Non, je ne pense pas. (Al secoua la tête.) Il va juste devoir ramer pendant quelque temps pour traverser la tempête. Prenez Elton John, Michael Barrymore, Rupert Everett. Ils ont tous fait leur *coming out* et ils y ont tous survécu.

Bill sentait que le moment était enfin venu. Tout ce dont il avait besoin était une main tendue et de bons conseils.

— Comment vous savez ça ?

— Ce n'est pas parce que j'ai fait la fête toute la nuit que j'ai les yeux rouges, murmura-t-il en s'écroulant sur le sofa. J'arrive tout droit de Californie. Bill ne se doutait pas que vous aviez tant souffert. Attitude typique chez les stars, qui ne pensent qu'à elles-mêmes. Enfin, c'est quand même un type plutôt sympa. Il lui a juste manqué quelqu'un comme moi.

— Vous êtes allé le voir ? (J'étais atterrée.) Bon sang, vous n'êtes qu'une sale hyène ! Un charognard qui se jette sur tout ce qui traîne.

— Je lui ai donné un bon conseil, Sadie, soupira-t-il. (Il semblait encore plus fatigué.) Je pensais que je pourrais au moins faire quelque chose de bien avant de tout laisser tomber. Je voulais prouver que j'en étais capable.

— Mais pourquoi Bill ?

— Pour vous, bien sûr.

Il se dirigea vers le buffet où son « dossier » se trouvait toujours, caché sous une pile de lettres non décachetées.

— Je me dis que vous pourriez peut-être réfléchir à nouveau à ma dernière proposition.

Je regardai la photo en riant.

— C'est une blague ! Je ne peux pas simuler une nouvelle histoire d'amour. Vous imaginez le bordel que ça foutrait ?

— Je ne veux pas simuler, Sadie. Ce n'est pas mon genre. Comme je viens de vous le dire, je quitte les relations publiques.

Al était en train d'ouvrir les dernières lettres de Bill.

— *Sadie, ma chérie. Il ne veut toujours pas partir. C'est fou ce qu'il est obstiné. Il dit qu'il t'aime et que je dois te rendre ta liberté...*

— Donnez-moi ça.

Je lui arrachai la lettre des mains et me mis à la lire. Je faisais confiance à Bill : assez pour lui avoir donné tout mon amour pendant des années. Et il avait ouvert son cœur à Al. Ils avaient parlé pendant des heures, évoquant le sentiment de honte qui détruit tout, laisse s'installer le mensonge et écorche les âmes. Bill aimait Al, il en était fou, et il était même en colère que j'aie pu l'utiliser de la sorte. *Il te ressemble beaucoup, ma Sadie chérie. Il est tombé dans ce monde de lumière par accident. Donne-lui sa chance. Ne me laisse pas tomber. Maintenant que j'ai enfin le droit d'être maniéré, il faudra que je me contente d'un ridicule costume Versace pour votre mariage !*

— Oh Bill, espèce de crétin ! Pourquoi avoir attendu si longtemps ?

Je laissai tomber la lettre dans un sanglot et regardai le visage triste et défait d'Al.

— Comme ça, vous ne voulez pas simuler ?

Il secoua la tête et prit ma tête entre ses mains.

— Je veux une vraie histoire, à l'écart de toute publicité. Juste vous, moi et la normalité.

— C'est terriblement tentant, la normalité éternelle...

Je me mordis la lèvre et plongeai à nouveau dans ses yeux, y barbotant gaiement, avant de m'enfoncer en pleurant vers le plus merveilleux des longs baisers.

— Mais il y a encore un problème, Al, réalisai-je en remontant à la surface pour reprendre mon souffle. La moitié des journalistes du pays est en train de camper devant ma maison et ils savent que vous y êtes.

— Et alors ? (Il se mit à rire.) Offrons-leur matière à un bel article avant de disparaître à jamais. Où est votre valise ? Est-ce que Carotte a besoin de bagages ? De la nourriture et son lit, peut-être ?

Cela me donna une idée...

Sur l'autoroute M20, riant à gorge déployée, nous écoutions sur Radio 5 Live les premiers comptes rendus de notre évasion extraordinaire.

« On pense que le couple a quitté la maison de Smack déguisé en gorilles. La plupart des tabloïds ont déjà souligné qu'il devait s'agir d'un coup publicitaire faisant suite aux confessions extraordinaires de Bill Roth dans *News* d'aujourd'hui. Pour les chroniqueurs, l'Alchimiste a bel et bien perdu toute crédibilité à présent. »

— Bienvenue dans le royaume de la non-crédibilité ! ris-je.

— Incroyable ! dit Al en se penchant pour m'embrasser alors que nous faisions la queue pour prendre le tunnel sous la Manche. Nous sommes le premier couple de célébrités à s'être mis ensemble pour échapper définitivement à la lumière des projecteurs. Où est-ce que ça vous plairait d'aller ? Il paraît que le sud de la France est très agréable à cette période de l'année.

— Trop de stars ! (Je tordis le nez.) Pourquoi pas la Belgique ?

— Oui, le chocolat, ça me plaît, acquiesça-t-il. Et on aurait les moyens de se louer une petite ferme dans un endroit perdu.

— Parfait, soupirai-je, en me retournant pour chatouiller la truffe de Carotte. Et qu'est-ce qu'on fera là-bas ?

— J'avais pensé, dit-il en se mâchouillant les lèvres et en me regardant d'un air coupable, qu'on aurait peut-être pu fonder une maison de repos super-discrète pour célébrités harassées. Non ?

J'ai commencé à pouffer en Angleterre et je riais encore quand nous sommes arrivés en France.

30 ANS

Tania de Montaigne

Tania de Montaigne

---

a été animatrice sur les chaînes de télévision : Canal + « Nulle Part Ailleurs » et Comédie ! après avoir animé une émission pour enfants sur le câble. Elle a été coprésentatrice de « C'est l'heure » avec Jean-Luc Delarue sur France 2. Elle vit à Paris et a écrit deux romans, Patch *(Florent Massot Présente, 2001 ; Pocket, 2002) et* Le Quart d'heure islandais *(Florent Massot Présente, 2002 ; Pocket, 2003).*

Il y a encore deux semaines, j'étais une autre.

J'avais 29 ans, la vie me souriait, mes ovaires étaient libres et juvéniles, j'aurais pu aisément démarrer la Gymnastique Rythmique et Sportive, cartonner au cerceau, exploser au ruban, faire des figures folles avec mon corps. La première championne de GRS française, la première championne de GRS noire.

Hier j'étais une femme jeune avec toute la vie devant elle, aujourd'hui je suis une vieille fille finie, j'ai 30 ans.

Une brèche s'est ouverte, ma mère s'y est engouffrée. J'ai trouvé la force de lui dire : « Célibataire à 30 ans, j'trouve pas ça si grave. » Erreur.

Ma mère pense que je suis en bout de course, il est temps de me marier.

Après une tirade sur le corps vieillissant de la femme de 30 ans qui n'attire plus vraiment les hommes, elle enchaîne sur la mort des neurones qui démarre sa course effrénée, la peau moins tonique, les seins qui tombent, l'ostéoporose, la ménopause sans enfants, la vieillesse en hospice, la fosse commune.

Du coup, je reprends deux fois du gâteau d'anniversaire histoire de couvrir le bruit de la mort de mes neurones. J'accepte aussi de donner un coup de main au fils du chef de service de ma mère, un garçon de bonne famille très poli, très bien élevé qui souhaiterait quelques conseils juridiques. Comme ça je serai célibataire mais bourrée de la tune que le chef de service préfère ne pas donner à ma mère parce que finalement l'argent qu'est-ce que c'est ? Ça ne fait pas le bonheur, les chefs de service le savent bien, c'est pour ça qu'ils s'augmentent et se stock-optionnisent à outrance, pour éviter tant de malheur à leurs employés. C'est chouette un chef de service.

Aujourd'hui lundi, j'ai rendez-vous avec le fils du chef de service.

Avant de partir au boulot, ma mère me tend un paquet. À l'intérieur, une chose étrange.

Moi : « Qu'est-ce que tu veux que je fasse de ça ? »

Ma mère : « Tu sais, chez les de Rambourg on a un certain style. »

Moi : « Et alors ? »

Ma mère : « Et alors tu as 30 ans, tu es seule, le fils de Rambourg aussi, j'essaie d'agir avant qu'il ne soit vraiment trop tard. »

Je m'incline et passe par la case frigo, je prends une part de ce gâteau qui décidément n'en finit pas, histoire de m'habituer à mon cadeau : une jupe-culotte.

Offrir une jupe-culotte au XXIe siècle.

J'ai dépassé ma date de péremption, je suis célibataire, mes seins sont en instance de chute et je dois vivre avec l'idée que je possède une jupe-culotte. Ma jupe-culotte. Le haut me rentre dans les fesses, le bas s'évase outrancièrement de façon à laisser croire assez subtilement que j'ai des gros poteaux variqueux en guise de jambes. Mais je m'incline, s'il faut en croire ma mère, le port d'une jupe-culotte dans le XVIe arrondissement exprime le début de la parade nuptiale chez les femelles. Intéressant.

Le temps passe, j'en suis déjà à 5 parts de gâteau, une tache sur ma jupe-culotte, 2 boutons sur le front liés à mes taux de sucre extrêmement nocif et de graisse uniquement composée de mauvais cholestérol. Il est l'heure alors qu'il n'est pas vraiment l'heure, mais je traverse toute la ville en taxi, il vaut mieux prévoir large. Ma mère a estimé qu'une jupe-culotte s'accommodait mal du métro. Ce en quoi je suis d'accord avec elle. Autant que personne ne me voie dans cet état-là. Je sors en longeant les murs et je monte dans une Renoen Xango rouge qui pue l'éléphant mort. Le chauffeur me demande où je vais alors que je ne suis pas encore entièrement montée, j'ai peur de me retrouver explosée sur le trottoir, projetée par une Xango rouge qui préférerait une autre destination que la mienne, ça m'est déjà arrivé. Mais là non. Le chauffeur fait OK avec sa tête remplie de cheveux gras. Je tente d'échapper à l'asphyxie en ouvrant une fenêtre, le chauffeur me signifie clairement que si je fais ça il ne le prendra pas super bien vu que c'est comme ça qu'on chope des putains de torticolis à la con et qu'il a pas besoin de ça en ce moment madame sans vous commander. La mauvaise humeur, les odeurs d'écurie, les névropathes, les psychopathes, les fachopathes, les personnophobes, qui se charge du casting des chauffeurs de taxi ? Si ce n'était cette odeur de cheval je pourrais me laisser promener dans Paris, bien enfoncée dans le siège arrière avec quelques blagues de « Rires et Chansons » en fond sonore, la classe.

Une fois arrivée, 2e étage droite ou gauche, tout l'étage est à eux. Je sonne, une bonne philippine ouvre, m'observe, appelle Mme de Rambourg. J'ai cherché et il n'y a aucun doute, quand quelqu'un se jette aussi violemment sur les cheveux des autres, crépus ou non, ça correspond à un problème psychologique réel, bien plus grave d'ailleurs que d'offrir des jupes-culottes à sept heures du matin. Cette femme m'effraie. Je réussis à mettre de la distance entre elle et moi en me plaçant derrière la bonne. Mme de Rambourg, pas abattue, se dirige vers son lecteur CD et met un disque, de la musique africaine, on est obligé de hurler pour s'entendre.

Elle : « Vous ne dansez pas là ? »

Moi : « Bah non pas là. Est-ce que votre fils est là ? Il avait un problème juridique je crois ? »

Elle : « J'ai d'autres disques si vous voulez danser. »

Moi : « Non, non merci bien. »

En plus, danser avec une jupe-culotte, c'est un coup à se prendre les pieds dedans, fracture ouverte tibia-péroné. Juste au moment où nous entamons l'écoute de la quatrième compil sur laquelle se trouve *Saga Africa*, Mme de Rambourg compte beaucoup sur cette chanson pour me faire réagir, le fils arrive. Il a la veste de cheval, la coupe au bol, mais je lis dans son regard qu'il est conscient que sa mère est folle. Un bon point pour lui. Nous nous installons pour travailler, la vieille nous lâche vingt minutes puis revient en force avec un jus tropical qui m'est destiné. Comment faire comprendre à cette femme que mes origines n'ont rien à voir avec l'Afrique, que je suis née à quelques arrondissements d'ici, que je n'aime pas le jus de fruits et que je ne suis pas un animal ? Je lui dis vous savez moi c'est plutôt les Antilles. Elle part. Je finis mon travail. Je conviens avec le fils d'une nouvelle date. Je pars en courant après avoir vérifié que la vieille n'est pas dans l'entrée.

La soirée se passe en recherche d'arguments qui justifieraient que je n'aille plus dans cet hôtel particulier. Ma mère glisse négligemment quelques statistiques, le nombre de femmes seules de 30 ans qui ont tendance à le rester toute leur vie, seules, pas trentenaires.

Elle a gagné, je retournerai chez les de Rambourg.

Il n'y a plus de gâteau, je me rabats sur des raviolis, ça n'a aucun rapport mais ça aide à ne pas écouter ses dents se déchausser.

Le deuxième rendez-vous est du même genre que le premier, la jupe-culotte, le taxi qui pue, la bonne philippine, le retard du fils, la mère en embuscade. Cette fois-ci on se tape l'intégrale de la compagnie créole, je n'ai toujours pas envie de danser, ça la contrarie, un peuple réputé si joyeux toujours prêt à faire la fête, c'est bien sa veine de tomber sur une récalcitrante. Elle saisit une loupe pour vérifier si je n'ai pas un problème d'audition qui empêcherait mes gènes de fonctionner à plein régime. Le fils arrive en plein examen ORL sur fond de « Joyeux Noël, bon baiser de Fort-de-France ». Il m'entraîne dans le bureau, le ferme à clef, décidément très bien le fils.

Dans le taxi de retour, je réfléchis à mon âge, aux bonnes familles, au chapeau des catherinettes.

Est-ce que c'est le synthétique des sièges ? Celui de la lavande en forme de sapin qui est accrochée au rétro ? En tout cas, tout est clair. Mon avenir se dessine comme si j'y étais, celui prévu par ma mère et la pression des statistiques sur les femmes de 30 ans.

Je vois tout.

Je vois le mariage dans une robe à étages comme les pièces montées, un voile de trente-cinq mètres de long sur lequel tout le monde marche, ce qui m'obligera à passer tout mon mariage la tête en arrière et ma lune de miel avec une minerve.

Je vois la belle-mère qui trouvera tout beaucoup moins drôle à présent qu'il faut admettre que je fais partie de la famille. Du coup, je me ferai défriser les cheveux pour éviter de déclencher une psychose familiale, je ferai même un chignon, tous les matins de tous les jours de toute la vie. La tête hérissée d'épingles, de gel, de laque. Je me jetterai à corps perdu dans toutes les déclinaisons du bleu marine. J'en viendrai même aux jupes plissées qui tombent au-dessous du genou, impeccables. Je ne pourrai plus travailler, standing oblige, j'apprendrai le bridge et peut-être que je jouerai en cachette au poker avec notre bonne philippine et au strip poker avec notre jardinier qui aura un gros bazar moulé dans une combi verte. Il deviendra mon amant car mon mari travaillera trop. Je ferai deux enfants. Le premier, un garçon, mettra dix-huit heures à arriver, la péridurale ne fera effet que deux heures, resteront seize heures de souvenirs impérissables. Je regretterai qu'il soit si clair. Je dirai c'est bête qu'il ne soit pas un peu plus caramel. Ma belle-mère, les amis de ma belle-mère, les amis de mon mari me feront comprendre ma boulette, énorme, de l'ordre de l'incident diplomatique. Heureusement que cet enfant aura eu le bon sens de naître blanc et on croisera les doigts pour le deuxième. Mais une telle chance se reproduira-t-elle ?

Le deuxième, une fille, un tout petit plus foncé que son frère, les cheveux de sa maman. Mon Dieu. Elle sera défrisée et chignonnée à la naissance. À la piscine, ma fille nagera la tête hors de l'eau comme les vieilles qui font gaffe à leur mise en plis. Toujours faire attention au chignon, la tête bien au-dessus de l'eau qui lutte contre la nature, tête haute. Même dans le Titanic, tête haute, mieux vaut atrophie du cou que frisure. Tête haute donc.

Ma fille fera de l'allemand 1re langue comme sa grand-mère mais pour d'autres raisons. Elle aura une correspondante qui sera sa meilleure amie pendant des années. À 15 ans, la correspondante entrera en rébellion violente contre son père, première fortune d'Allemagne. Elle ne se lavera plus, puera, surtout des bras où on apercevra par temps clair des poils de trois mètres de long coupés au carré.

Le taxi roule et je vois ma vie qui s'écoule. Le soufflé montera, la table sera bien mise couteau à droite fourchette à gauche, les enfants auront les mains propres, le pli de la jupe sera impeccable, le décolleté du chemisier sera réglementaire, tout le monde sera poli, le soleil se lèvera à l'Est, la voisine se tapera le plombier, la concierge sera dans l'escalier, l'immigration sera un scandale, le monde ira à vau-l'eau, rendez-vous cet été dans la maison des beaux-parents qui pue le vieux et la connerie. Rien à signaler, tout roulera.

Et puis un jour, mes enfants seront grands, j'aurai presque 50 ans, je pèterai un plomb. À trop serrer le chignon à la fin il se lâche. Le lendemain de mon anniversaire je deviendrai black panther. Une black panther conductrice de métro. Afro au vent, une princesse de la RATP.

Je me ferai appeler Ma-Pi, Ma-Pi ça sonne bien pour une black panther.

Du vent dans l'afro, Ma-Pi s'engouffrera sous terre, ajustera son pantalon en cuir. D'ailleurs on ne dira plus ligne 4 ou 12, on dira ligne M-P pour Ma-Pi bien sûr. Je ferai tout au feeling. Parfois même je ne m'arrêterai à aucune station, je foncerai, traçant ma propre ligne, créant des courbes, des droites, des pleins et des déliés. Les passagers ? Certains sauteront par la fenêtre quand arrivera leur station, ils sauteront pour descendre, ils sauteront pour monter, agrippés au toit comme Jean-Paul Belmondo. Le tout à des vitesses de grand huit.

On dira tu prends la M-P aujourd'hui ?

Ouais j'pense.

On s'retrouve sur le toit à Odéon ?

Tout le monde sera chamboulé, surtout la belle-mère. Mon geste trouvera une résonance dans sa propre vie. Du coup elle quittera le beau-père un matin, comme ça. Un ras-le-bol, un suréchauffement du serre-tête, une dépression du carré Hermès. Charles-Édouard je pars et ne cherche pas les cartes de bridge je les ai pilées, mixées, assaisonnées à l'envi et tu les as mangées ce midi. Salut le vieux. Et hop, la belle-mère qui foncera à Roissy et partira à l'île Maurice avec le plan d'épargne et quelques bijoux de famille. Première classe saumon champagne, deux films dont un avec des mouches géantes qui attaquent une actrice blonde à forte poitrine coupe au carré impeccable qui monte à l'étage en hurlant plutôt que de sortir par la porte.

Une petite sieste et hop, l'île Maurice. L'aéroport, les odeurs, ça lui donnera envie de desserrer la jupe bleu marine impeccable, de découper le sac à main fantastique en cuir irréprochable pour en faire des sandales près du pied, très chic.

Des yeux noirs, ça lui donnera envie d'ôter le chemisier en soie sauvage pour en faire un voile de mariée tenu par des gens qu'on ne connaît pas et qui n'ont pas de maison de famille au Vésinet.

Le nouvel homme de la belle-mère il lui donnera envie de danser pour lui quand le jour se lève, quand la nuit tombe, nature, nue, sans artifice bleu marine, le poil au vent, les poils au vent.

Un jour elle reviendra la belle-mère pour présenter son homme aux enfants. Ils iront la chercher à l'aéroport, elle aura le teint hâlé, les pieds nus parce qu'elle ne supportera plus les chaussures, elle qui avait une ardoise chez Jean Derminois le seul à vraiment maîtriser l'alchimie de l'escarpin bleu marine indémodable. Eh bah non, pas de chaussure bleu marine, des couleurs chatoyantes sur le dos, la jupe mini, le poil généreux qui flotte dans l'air conditionné de l'aéroport de Roissy où la famille de belle-maman tentera un suicide par ingestion de serre-tête, une tragédie antique. La belle-mère qui dira bah quoi ? avec un accent créole à couper au couteau. Les enfants qui diront non rien en tentant de s'étouffer avec leur Weston tant la vie semble merder totalement, rien de tout ça ne ressemble à ce qu'on leur a appris sur la vie bleu marine, ça ne ressemble même pas à du bleu roi ou du bleu outremer, ça ne répond à aucune nuance répertoriée. C'est dur. Je serai là aussi, je m'avancerai vers belle-maman, la prendrai dans mes bras, dirai salut négro au nouveau beau-papa, partirai d'un rire tonitruant, mettrai une grande claque dans la coupe au bol de mon fils qui recrachera un bout de Weston et pleurera à chaudes larmes dans mon pantalon en cuir. Je lui dirai fais gaffe j'prends mon service dans un quart d'heure j'aurai pas le temps de repasser me changer.

Après ça, mon fils disparaîtra, plus aucune nouvelle. Pas de fax, pas d'e-mail, pas de coup de fil au yacht-club, pas de message sur le portable de Jean-Pierrick qui fait sa fête samedi. Rien. Silence radio. Les jours, les semaines, le temps, tout passera.

Et puis un matin il téléphonera. Il me dira :

« Tu peux venir me voir ce soir ça me ferait plaisir ! »

Ce sera la première fois à presque trente ans qu'il dira maman, plus mère, plus vous, plus elle, juste maman.

J'arriverai à l'adresse donnée, un théâtre surunderground fréquenté par des gens d'une undergroundité indéniable, lunettes noires exclusivement après le coucher du soleil, citations d'auteurs moldo-slovaques morts au XIIIe siècle. On viendra me chercher pour m'installer à ma place, une place de reine.

Là, dans la salle j'entendrai des chuchotements :

— Le metteur en scène a pris un parti complètement fou et novateur.

— Jamais vu le *Roman de renart* sous cet angle-là.

— Un comédien fantastique.

— Chut.

La lumière s'éteindra.

Le rideau s'ouvrira. Musique.

Remix techno-garage de *La Danse des canards* absolument incroyable.

Apparaîtra une femme aux cheveux crépus, non un homme, non mon fils. Talons aiguilles, épaulettes, coupe au bol explosée, bleu aux yeux, rose aux joues, rouge aux lèvres.

Dans la salle à l'entracte on s'extasiera sur le caractère hautement postindustriel qui amène le renard à totalement accepter sa négritude et sa part de féminité.

Jean-Pierrick mon fils sera devenu renard postindustriel.

Dans le deuxième acte, les talons aiguilles auront fait place à des cuissardes rouges, le renard entamera un solo de triangle tout en dévoilant à haute et intelligible voix le montant des fiches de paye des grands patrons internationaux, pour lesquels, il aura défiscalisé avant sa métamorphose.

— Une manière subtile de fustiger le monde contemporain dans toute son horreur, ça va loin, dit-on dans le fond.

Le taxi freine, je me prends l'appuie-tête pleine face au moment où mon mari et moi approchons des 60 ans. Je le vois mon mari, le fils du chef de service de ma mère. Dans trente ans, il fera une dépression et plus tard l'appart du 16e sera totalement sublimé par des peintures postréalistes réalisées uniquement avec des pieds. Mon mari jouera de la flûte de pan en cuissarde et porte-jarretelles, pas facile. Il aura des discussions avec son fils sur un happening qu'ils auront vu à Hambourg où des gens nus lisent des blagues carambar traduites en grec ancien.

Quant à ma fille, elle tentera tant bien que mal de survivre à tout ça. Elle coupera les ponts. En ouvrant un journal quelques années plus tard j'apprendrai qu'elle est devenue parlementaire, qu'elle milite la bible à la main contre l'avortement, l'homosexualité, l'adultère, le concubinage, les étrangers qui ne vivent pas dans leur pays. Elle aura une mise en plis, des lunettes et une dizaine d'enfants. Elle peindra sa honte en bleu marine, nouera sa peur dans un foulard de haine, cachera sa douleur sous du fond de teint éclaircissant.

Le taxi s'arrête. Je ne suis pas du tout devant chez moi mais ça l'arrange de me déposer là vu qu'il a fini son service et que chez moi c'est loin de chez lui. Il m'engueule parce que je n'ai qu'un billet de deux cents, ça ne l'arrange pas, il a besoin de pièces pour le lavomatic, un billet ça l'oblige à aller faire de la monnaie. En descendant du taxi je m'explose dans ma jupe-culotte, je la craque à l'entrejambe. C'est un signe. En rentrant, je nettoie les croûtes sur mes genoux. Je plie mon vêtement hors mode, le range très haut sur une étagère. Je descends acheter un gâteau, j'oublie mon portemonnaie sur le comptoir, la personne qui faisait la queue derrière moi me le rapporte en disant Mademoiselle vous avez oublié ça. Mademoiselle. Je lui dis merci, il me demande mon numéro, je le lui donne. En rentrant je me dis que les scientifiques se sont certainement trompés, c'est forcément à 31 ans que tout commence à tomber.

Donc aujourd'hui à 30 ans et 2 semaines je redeviens l'autre femme, celle dont les ovaires sont insouciants et printaniers, celle qui peut faire des sports incroyables à un niveau de compète. Je passe devant un Gymnas up and go, je m'inscris, pour un an.

LA VÉRITÉ EST AILLEURS

Marian Keyes

Marian KEYES

---

a publié quatre romans, dont Les Vacances de Rachel *(Belfond, 2000 ; Pocket, 2002) et* Le Club de la dernière chance *(Belfond, 2001). Elle vit à Dublin avec son mari et voue une passion aux sacs à main, aux chaussures et aux Magnum au chocolat blanc.*

Traduit de l'anglais par Marie Blaison.

Aéroport international de Los Angeles. Une foule immense s'y bousculait : des passagers – en partance ou venant d'atterrir –, des vedettes de cinéma, des immigrés clandestins, une Anglaise déboussolée prénommée Rose et, en prime, un ou deux extraterrestres fraîchement débarqués d'une autre planète. En fait, il n'y en avait qu'un seul, d'extraterrestre. C'était une petite créature jaune se faisant appeler Bib. Il se prénommait en réalité Ozymandmandyprandialsink, mais il trouvait que le nom de Bib lui correspondait mieux. Bib se trouvait à Los Angeles par erreur : il avait volé un vaisseau pour se payer une petite virée. Il avait prévu d'aller jusqu'à la planète Zéphyr. Éventuellement, il avait envisagé de pousser jusqu'à Kyton, mais pas plus loin. Cependant, comme l'autoroute intergalactique était en travaux, il avait dû, comme tous les voyageurs, emprunter la déviation. Il avait fini par se perdre complètement et s'était retrouvé ici.

Rose Little ne venait pas de débarquer d'une autre planète, mais c'était tout comme. Les douze heures de vol depuis l'aéroport de Heathrow, les huit heures de décalage horaire et la terrible dispute qu'elle avait vécue la nuit précédant son départ contribuaient à lui donner l'impression d'être en pleine psychose. Son corps lui disait que la nuit était tombée depuis longtemps, son cœur lui disait que sa vie était foutue, mais, en ce milieu d'après-midi, le soleil de plomb californien éblouissait et brûlait sans s'en soucier le moins du monde.

Alors que Rose, traînant sa valise derrière elle, se frayait un chemin vers la station de taxis parmi la foule et l'humidité suintante, elle fut interrompue dans sa progression par les cris d'une femme.

— Un extraterrestre ! hurla une matrone en tenue de sport dont la chevelure était tellement gonflée et rigide qu'on aurait dit qu'elle portait un casque.

Elle montrait du doigt quelque chose qu'elle était la seule à voir.

— Oh mon Dieu, regardez, là, juste en face, un petit extraterrestre jaune !

Lasse, Rose se dit que tout cela était très californien. Elle n'avait pas encore quitté l'aéroport qu'elle était déjà tombée sur une folle. Dans d'autres circonstances, ça l'aurait beaucoup amusée.

Bib se dépêcha de devenir invisible. Il était moins une ! Mais il lui fallait tout de même sortir d'ici au plus vite. Il se souvenait en effet de deux ou trois choses qu'il avait dû apprendre à propos de la planète Terre en cours de cultures primitives, les rares fois où il s'était donné la peine d'aller à l'école. Apparemment, Los Angeles était un centre d'observation de la vie extraterrestre et, quelques minutes plus tard, l'endroit serait infesté d'enquêteurs des affaires non classées.

En regardant autour de lui avec angoisse, il remarqua une créature de sexe féminin qui grimpait dans un taxi. Génial. Voilà qui allait lui permettre de filer d'ici. Juste avant que Rose ne claquât la portière, il réussit à se glisser à son tour à l'intérieur de la voiture, sans se faire remarquer. Le taxi démarra, laissant sur place la foule amassée autour de la matrone hystérique.

— Mais voyons, Mirna, les extraterrestres ne sont pas jaunes, ils sont verts. Tout le monde sait ça.

Ce furent les derniers mots que Rose entendit, alors que le taxi s'éloignait du trottoir en dérapant.

Profondément soulagée d'échapper à cette agitation, Rose s'écroula sur la banquette de la voiture climatisée et ne tarda pas à mourir de froid. Jusqu'alors, elle n'avait adressé qu'un regard rapide à son chauffeur. Elle avait été bien trop distraite par Mirna et tout son cinéma pour s'apercevoir qu'il mesurait deux mètres, pesait cent cinquante kilos, avait le crâne rasé et un tatouage de vingt centimètres sur la nuque.

La situation empira : il se mit à parler.

— Je m'appelle Tyrone, lui dit-il spontanément.

— *Et vous êtes effrayant*, pensa Rose avant de lui dire nerveusement comment elle s'appelait.

— C'est votre premier séjour à L.A. ? lui demanda Tyrone.

— Oui, répondirent en chœur Rose et Bib.

Tyrone jeta alors un coup d'œil anxieux dans son dos. Il aurait juré avoir entendu une deuxième voix, à la fois grinçante et rauque, un peu surnaturelle. Les mains sur le volant, il espérait vraiment que ce n'était pas un retour d'acides. Ça faisait bien longtemps qu'il n'en avait pas eu, et il croyait avoir réussi à s'en débarrasser.

Quand le taxi entra enfin dans la ville, Los Angeles était tellement conforme à son image que Rose avait du mal à croire que tout cela – le ciel bleu, les palmiers, les immeubles ondulant dans un air à quarante degrés, les blondes à la poitrine incroyable – était bien réel. Mais quand ils passèrent devant des magasins d'armes, devant des quincailleries ouvertes vingt-quatre heures sur vingt-quatre, devant des motels en préfabriqué avec matelas à eau et films pour adultes, et quand Rose vit autant de cabinets d'orthodontistes que tout ce que devait compter l'Angleterre, elle ne se réjouit pas spécialement. « À Londres, il pleut », se dit-elle pour tenter de se dérider. Mais rien n'y fit.

Elle fit pourtant preuve de bonne volonté et colla son nez à la vitre. Si Bib ne fit pas de même, c'était seulement parce qu'il n'avait pas de nez. Il s'amusait comme un petit fou et trouvait que tout était absolument fantastique dans cet endroit. À commencer par ces créatures de sexe féminin aux cheveux jaunes et à la devanture exubérante. *Encore, encore !*

Tyrone émit un petit sifflement en arrivant devant l'hôtel de Rose.

— Rien que ça ! lui dit-il d'un air admiratif. Vous devez être pleine aux as !

— Pas du tout !

Rose s'empressa de rectifier car on l'avait prévenue que les Américains s'attendaient toujours à de gros pourboires. Si Tyrone pensait qu'elle était riche, elle devrait lui refiler un pourboire de riche.

— C'est pris en charge par ma boîte. Si j'avais dû payer de ma poche, je me serais retrouvée dans un de ces sordides motels avec matelas à eau.

— Alors vous êtes fauchée, hein ?

— Non, pas fauchée, répondit Rose un peu vexée. Mais j'essaie de mettre de l'argent de côté. Ou plutôt j'essayais, jusqu'à hier soir...

Pendant un instant, une terrible tristesse plana dans les airs. Bib et Tyrone adressèrent tous les deux à Rose un regard où se mêlaient une sincère compassion et une curiosité avide. Mais elle gardait le silence. Elle se contenta de se mordiller les lèvres et de cacher son petit visage pâle derrière les boucles de sa chevelure brune.

Mignonne. Dans la même seconde, cette vérité éclata à la face de Tyrone et de Bib. Elle est mignonne. Tyrone trouvait pourtant qu'elle émettait trop d'ondes négatives. Bib ajouta qu'elle n'était pas tout à fait assez jaune pour lui. Mais elle est quand même mignonne, acquiescèrent-ils dans une solidarité de sexe, involontaire mais indéniable.

Elle était si mignonne, d'ailleurs, que Tyrone lui porta sa valise jusqu'à l'accueil et – pour la première fois de sa vie – refusa le pourboire.

— Eh mec ! se dit Tyrone en retournant à sa voiture d'un pas lourd. Y a un truc qui va pas, ou quoi ?

Après avoir été ébloui par le soleil brûlant de ce milieu d'après-midi, Bib mit quelque temps à habituer sa vue à la fraîche pénombre du hall et à s'apercevoir que l'employé de l'hôtel qui était en train de vérifier la réservation de Rose n'était autre que cet acteur nommé Brad Pitt.

Que s'était-il donc passé ? Il savait pourtant que Brad Pitt était une grosse vedette du cinéma terrestre. Pourquoi s'abaissait-il alors à travailler dans un hôtel, aussi chic fût-il. Et pourquoi Rose ne s'était-elle pas encore évanouie ? Il savait de source sûre que cet acteur produisait un effet certain sur les créatures de sexe féminin. Mais il se passa la main dans les cheveux et Bib put s'apercevoir que, en réalité, ce n'était pas tout à fait Brad Pitt. C'était *presque* Brad Pitt, mais il y avait un petit détail qui clochait. C'étaient peut-être ses yeux, un peu trop rapprochés, ou ses pommettes, pas assez hautes... Sa peau avait beau être orange juste comme il fallait, quelque chose n'allait pas.

Avant d'avoir le temps de vraiment réaliser, il vit une autre star du cinéma terrestre s'approcher puis disparaître en emmenant la valise de Rose. Tom Cruise, c'était comme ça qu'il s'appelait, celui-là. Et cette fois, Bib était absolument certain qu'il s'agissait bien de Tom Cruise. Pas de doute : il ne dépassait pas le mètre soixante ! Bib gloussa en son for intérieur, d'un air très satisfait. (Il était très fier de sa propre taille : du haut de ses quatre-vingts centimètres, il réussissait à tomber toutes les filles de sa planète.)

Le pseudo Brad Pitt tendit les clefs à Rose et lui dit en nasillant :

— Parce que c'est vous, on vous a gardé une chambre avec vue sur l'océan. Vous allez voir, c'est vraiment trop mortel, quoi !

Invisible mais néanmoins sincère, Bib adressa à Rose un sourire et un petit signe de tête pleins d'espoir. Tout cela devrait la consoler. En effet, que pourrait-il y avoir de plus agréable qu'une chambre avec vue sur l'océan vraiment trop mortelle, quoi ?

Mais Rose se contenta d'acquiescer d'un air malheureux. Elle allait pour rejoindre sa chambre quand Bib put la voir enfoncer ses ongles dans les paumes de ses mains et demander, à tout hasard :

— Euh, est-ce qu'il y a eu des messages pour moi ?

Alors que Brad Pitt interrogeait son ordinateur, Bib comprit que, s'il avait été une de ces créatures qui respiraient, il aurait certainement retenu son souffle. Brad finit par lever les yeux de son écran et par dire, en arborant un sourire éclatant :

— Non, *m'dame* !

Lire dans les pensées des gens n'était pas le point fort de Bib (il avait « emprunté » quelques vaisseaux spatiaux pendant les leçons de psychisme pour les emmener se dégourdir les ailes), mais les émotions émises par Rose étaient si violentes que même lui était capable de les capter. Il comprit que l'absence de coup de téléphone était un mauvais point, un très mauvais point. Profondément abattu, il se faufila derrière Rose jusqu'à l'ascenseur, dans lequel celui qui aurait pu être le frère de Ben Affleck – mais en un peu plus vieux et en un peu moins beau – se chargea d'appuyer sur les boutons à leur place.

Bib était très excité à l'idée de découvrir leur chambre. Quand ils y pénétrèrent, il fut à la fois impressionné et déçu. Évidemment, elle était certainement de *très bon goût*. Mais Bib, pour sa part, n'aurait pas détesté un matelas à eau et des films pour adultes. Il devait toutefois reconnaître qu'il était bluffé par l'immensité de cette chambre blanche et jaune pâle. Et puis la salle de bains – bleu et blanc, avec les robinets chromés – était plus qu'honnête. Il regarda avec intérêt Rose jeter un coup d'œil rapide à l'ensemble de la pièce et rafler très vite le gel douche, la lotion corporelle, le shampooing, le nécessaire à couture, les limes à ongles, les cotons-tiges et le savon gratuits pour fourrer le tout dans son sac à main. Il comprit qu'elle n'avait pas dû beaucoup voyager auparavant.

On frappa doucement à la porte et elle referma son sac précipitamment.

— Entrez ! lança-t-elle et Tom Cruise, tout sourire et dégoulinant de charme courtois, arriva avec la valise de Rose.

Il faisait tellement de courbettes et prenait son temps de façon si exagérée que Bib commençait à bouillir de jalousie. *Tire-toi, elle n'en a rien à foutre de toi*, avait-il envie de dire à Tom, qui s'avéra au passage ne pas être du tout le vrai Tom. Il ne lui ressemblait que quand il affichait ce fameux sourire qui avait fini par disparaître après un moment passé à aller et venir dans la pièce en s'affairant. C'est exactement à la même seconde que Bib et Rose comprirent ce que Tom attendait. Après avoir fouillé frénétiquement dans son sac à main (le nécessaire à couture en profita pour se faire la malle), elle en sortit un dollar. Tom regarda le billet qu'il avait en main, puis regarda Rose à nouveau. C'est marrant, il n'avait pas l'air satisfait et Bib regretta d'être lui-même toujours fauché.

— Vous en voulez un deuxième ? lui demanda Rose, très nerveuse. Un troisième ?

Ils finirent par s'entendre sur cinq dollars et, instantanément, Tom afficha de nouveau son beau sourire de trois kilomètres de long.

Tom venait à peine de quitter la chambre pour s'en aller extorquer de l'argent à un autre client de l'hôtel que le silence fut troublé. Le téléphone ! Le téléphone sonnait !

Rose ferma les yeux et Bib sut qu'elle remerciait cette chose que les humains appellent Dieu. Pour sa part, il avait l'impression de léviter de soulagement. Rose se précipita et se jeta sur le lit à l'assaut du téléphone.

— Salut, dit-elle d'une voix sourde alors que Bib esquissait un sourire.

Il avait presque les larmes aux yeux. Mais il fut saisi d'angoisse en voyant le visage de Rose : elle n'avait pas l'air contente. En fait, elle semblait même terriblement déçue.

— Oh, Lenny, dit-elle. C'est toi !

— C'est fou ce que tu as l'air heureuse de m'entendre ! (Bib entendit que Lenny se plaignait.) Je mets mon réveil à deux heures du matin, exprès pour m'assurer que mon employée préférée est bien arrivée et qu'elle pourra mener à bien la première mission de son nouveau poste, et voilà comment on me reçoit ! Avec ce « Oh, Lenny, c'est toi » !

— Je suis désolée, Lenny, répondit-elle gênée. En fait j'espérais un coup de fil de Michael.

— Vous vous êtes encore disputés, c'est ça ? (Lenny ne semblait pas particulièrement compatissant.) Suis mon conseil, Rose, et quitte-le. Tu es sur la voie de la réussite, mais ce type t'empêche de progresser et te bouffe toute ta confiance. Pour la première fois, tu as l'occasion de te prouver ce que tu peux faire : ça pourrait être le point de départ de quelque chose de grand !

— Ça pourrait être la *fin* de quelque chose de grand, tu veux dire, rectifia Rose très calmement.

— Il y a d'autres mecs sur terre, lui dit Lenny avec entrain.

— Mais il n'y a que celui-là qui compte.

— Fais ce que tu veux, mais dis-toi bien que tu es ici pour le boulot et que tu dois te montrer professionnelle, la mit-il en garde. Tu as trois jours à passer à L.A., alors souris et explose-les, bébé !

Rose raccrocha et resta allongée sur le lit. Catastrophé et totalement désemparé, Bib la regardait comme si toute vie l'avait abandonnée. Elle resta couchée sans bouger pendant une longue demi-heure, que Bib passa à sautiller d'un coussinet sur un autre – il en avait six – en essayant de réfléchir à ce qui pourrait lui redonner un peu de joie de vivre. Elle finit tout de même par bouger. Il la regarda tâter le matelas puis tester timidement son élasticité. Bib se concentra et mit tout en œuvre pour réussir à lire dans ses pensées. *Sauter sur le lit*. Apparemment, elle aimait sauter sur le lit quand elle prenait possession d'un nouvel endroit. C'était toujours ce qu'ils faisaient, Michael et elle. Eh bien, en l'absence de Michael, elle n'avait qu'à le faire avec une créature à six jambes, haute de quatre-vingts centimètres et jaune moutarde, bref, avec un habitant de la planète Duch qui, de l'avis même de ladite créature, était plutôt beau garçon. *Allez*, lui ordonna-t-il. *On se lève !* Et il la prit par la main à son insu. Très étonnée, Rose se retrouva debout. Elle commença par s'échauffer en pliant et dépliant les genoux plusieurs fois, puis fit quelques petits bonds. Ensuite elle prit de plus en plus d'élan et décolla enfin très haut vers le plafond. Pendant tout ce temps, Bib, invisible, l'encourageait. *Sacrée nana*, se dit-il quand elle se mit à rire. *Mignon*, son rire. Comme un gloussement, mais intelligent.

Rose se demandait ce qu'il lui prenait. Sa vie était foutue et elle sautait sur le lit. Et elle s'amusait même. Voilà qui était plutôt étrange.

Maintenant, il faut manger quelque chose. Bib fit en sorte que cette phrase s'imprimât dans l'esprit de Rose. *Je sais que vous, les humains, vous ne pouvez pas vous passer de ces apports réguliers en carburant. Je suis toujours frappé par le côté aléatoire de votre survie, mais, bon, c'est pas moi qui décide.*

— Oh non, je ne pourrais rien avaler, soupira Rose.

Il faut te forcer.

— Bon d'accord, marmonna-t-elle en prenant un Snickers dans le minibar.

J'aurais quand même préféré quelque chose d'un peu plus consistant.

Mais Rose ne répondit pas. Elle se glissa au lit tout habillée et s'endormit au bout de quelques secondes, en abandonnant son Snickers à moitié mangé sous son oreiller.

Pendant qu'elle dormait, Bib regarda la télé sans le son en veillant sur son sommeil. Il se voyait mal sortir. Pourtant il ne pourrait certainement pas rester longtemps sur Terre. La disparition du vaisseau spatial pouvait en effet être découverte à tout moment. Il aurait alors dû sortir et se balader, draguer les filles, s'amuser dans un endroit appelé le *Viper Room*, tenu par un type qui avait un peu l'air de se prendre pour Bib, un certain Johnny Depp. Mais non, il préférait rester ici avec Rose.

Sous l'effet combiné du décalage horaire et du chagrin, elle se réveilla en sursaut à quatre heures du matin. Comme il souffrit de la voir si malheureuse ! Mais cette fois, il ne pouvait rien pour elle. Il réussit à se brancher sur une longueur d'onde proche de la sienne et put, par bribes, capter ses pensées. Elle avait disputé, le soir précédant son départ, un match plein de cris et de fureur contre ce Michael. Visiblement, il ne voulait pas qu'elle fasse ce voyage. Il l'avait traitée d'égoïste, parce que, selon lui, elle s'intéressait plus à son boulot qu'à lui. Elle lui avait répondu aussi sec que c'était lui l'égoïste, qui voulait la faire choisir entre son travail et son petit ami. Au bout du compte, ce fut leur pire dispute et tout laissait penser que ce serait également leur dernière.

« Ah ces Terriens ! soupira Bib. Des hommes des cavernes, voilà ce qu'ils sont. Et quel ego, quelle obsession de la compétition ! Pourquoi ne parviennent-ils pas à se réjouir de la réussite de leur compagne ? » Bib, pour sa part, aimait une femme forte et heureuse en affaires. Et comme ça, il n'avait pas besoin de travailler. Eh, mais c'est pas vrai, Rose n'était quand même pas en train d'essayer de déplacer toute seule cette énorme valise ? Elle allait se faire mal !

Soufflant et haletant, Rose et Bib traînèrent la valise et la hissèrent sur le lit. Quand elle l'ouvrit pour passer en revue tous les habits qu'elle avait emmenés, Bib comprit qu'elle avait dû faire ses bagages dans un état d'égarement total. La Terre n'avait pas encore supprimé les saisons, pourtant terriblement désuètes et démodées, et, bien que la température de Los Angeles avoisinât les quarante degrés à l'ombre, Rose avait apporté des vêtements de printemps, d'automne et d'hiver en plus de ceux d'été. Un chapeau en fourrure – mais pourquoi diable avait-elle apporté ça ? Et quatre pyjamas ? Pour un voyage de trois jours ? Et maintenant, qu'est-ce qu'elle fabriquait ?

L'air attendri, elle extirpa une photo d'un amas de collants. D'une main délicate, elle l'aplatit pour en faire disparaître les plis et les cornes et la regarda amoureusement.

Bib s'avança doucement pour jeter un coup d'œil et recula aussitôt, apeuré. Ce n'était pas son genre de se laisser intimider par les autres hommes mais il devait reconnaître – et c'était très agaçant – que le type de la photo était très beau. Il n'était pas parfait comme tous ces pseudo-Brad ou Tom mais, d'une beauté plus brute, il n'en paraissait que beaucoup plus sexy. Il devait être tout à fait le genre de gars à posséder un tournevis électrique, à savoir monter des étagères en deux temps trois mouvements, à pouvoir dire avec autorité, penché au-dessus du capot d'une voiture et entouré de six autres types :

— Non, les mecs, c'est l'alternateur, j'vous le dis.

En avalant nerveusement sa salive, Bib en déduisit qu'il devait s'agir de Michael.

Il avait des cheveux foncés épais et frisés, portait un bouc et son incisive un peu cassée ne diminuait en rien sa puissance de séduction. Visiblement, la photo avait été prise en extérieur parce que, à cause du vent, quelques mèches lui étaient retombées sur le front et un de ses yeux n'était que partiellement visible. La façon dont il penchait la tête ainsi que son sourire, un peu forcé, laissaient penser que Michael était sur le point de se détourner au moment où Rose avait appuyé sur le bouton. *Les vrais hommes ne posent pas*, semblait vouloir dire son attitude. Du coup, Bib eut honte de son empressement à faire « Cheese » dès qu'un photographe se présentait devant lui. Mais était-ce sa faute s'il était terriblement photogénique ?

Pendant longtemps – une éternité –, Rose contempla la photo de Michael. Quand finalement elle se décida, non sans réticence, à la reposer, Bib fut consterné de découvrir une larme couler le long de sa joue. Il se précipita pour la consoler mais renonça quand il comprit que ce n'était pas la peine car elle se préparait pour aller travailler. Son cœur était brisé – et il sentait que c'était plus qu'une simple image –, mais son sens du devoir demeurait intact. Il n'en fut que plus admiratif.

Heureusement, parmi toutes les affaires que Rose avait apportées se trouvait un tailleurs gris clair et, lorsqu'elle fut prête à partir pour son rendez-vous de huit heures, elle donnait parfaitement le change. Bien entendu, Bib comprit qu'elle se sentait comme une usurpatrice et qu'elle était convaincue que les gens de la compagnie de Los Angeles découvriraient la supercherie à la seconde même où ils la verraient. Mais, apparemment, ce genre de sentiments était monnaie courante chez les personnes qui venaient de monter en grade. Cela ne durerait qu'un temps. Bib déplora ce manque de confiance en soi et décida qu'il ferait mieux de l'accompagner. Dès que le taxi les déposa devant les bureaux de *DangerChem*, situés sur Wilshire Boulevard, Rose fut aiguillée vers une salle de conférences pleine d'hommes au teint orange et aux larges dents blanches. La petite main de Rose fut broyée par leurs grosses paluches manucurées et tous se déclarèrent « absolument, mais absolument ravi » de faire sa connaissance. Bib fut absolument, mais absolument indigné du temps qu'ils passèrent à la tripoter et réussit à faire un croche-pied à l'un d'entre eux. En plus, ce n'était pas n'importe qui, puisque c'était leur chef en personne (Bib l'avait deviné parce que c'était celui qui avait le visage le plus orange). Mais Bib se ragaillardit vite car deux filles venaient d'arriver pour la réunion. Il crut tout d'abord qu'elles aussi étaient des extraterrestres, mais sans parvenir à déterminer leur planète d'origine. Avec leurs membres squelettiques et anormalement étirés, avec leurs yeux si écartés qu'ils se trouvaient presque de chaque côté de leur tête, elles ressemblaient à des habitantes de la planète Pfeiff. Cependant, quand il essaya de leur parler dans ce qu'il supposait être leur langue (les deux seules phrases qu'il était capable de dire étaient : « C'est votre place ou la mienne ? » et « Si je vous disais que vous avez un corps superbe, est-ce que ça pourrait être retenu contre moi ? »), elles ne réagirent absolument pas. La première s'appelait Tiffany et l'autre Shannen et elles entraient toutes deux dans la catégorie des femmes à cheveux et à peaux jaunes que Bib appréciait tant d'habitude. Mais ses goûts commençaient peut-être à évoluer légèrement…

La réunion se passa bien. Les hommes orange et les femmes jaunes écoutèrent Rose leur exposer sa proposition d'achats. Quand ils lui répondirent que le prix qu'elle offrait était trop bas, elle réussit, d'une voix assurée, à leur débiter les prix de tous leurs concurrents et donc à leur prouver, chiffres à l'appui, qu'ils étaient les plus chers sur le marché. Bib n'en pouvait plus de fierté.

Pendant la pause déjeuner, Bib observa avec curiosité la façon dont Tiffany utilisait sa fourchette pour faire faire des tours d'assiette à une feuille de chicorée rouge. Parfois même, elle plantait sa fourchette dans la feuille de salade qu'elle faisait errer à proximité de sa bouche, avant de la reposer dans son assiette. Il comprit qu'elle *faisait semblant de manger*. Et ça ne lui plut pas. Il résolut de se concentrer sur Shannen. Elle plantait bien sa fourchette dans la chicorée et, parfois, elle en avalait même des morceaux. Il décida que ce serait sa préférée. Par conséquent, quand elle dit qu'elle allait aux toilettes, il se leva de son siège en bondissant pour lui emboîter le pas.

Il n'aurait vraiment pas apprécié qu'on le traite de mateur. Lui-même se considérait plutôt comme un opportuniste. Un extraterrestre qui savait comment profiter au maximum de toutes les occasions qui pouvaient s'offrir à lui. Et surtout, un extraterrestre qui savait se rendre invisible. Mais il se passait quelque chose de bizarre. Il avait suivi Shannen jusqu'au petit coin et elle avait l'air d'avoir envie de vomir. Mais non, voyons voir... *Elle se faisait vomir*. En s'enfonçant les doigts dans la bouche. Elle se brossait maintenant les dents. À présent, elle retouchait son rouge à lèvres.

Et elle paraissait heureuse ! Il avait toujours prétendu que rien dans l'univers ne pouvait le surprendre, mais jamais, au grand jamais, il n'avait assisté à une scène aussi étrange.

Je mériterais d'être nominée aux Oscars, se dit Rose en donnant sa dernière poignée de main de la journée.

Autour de cette table de conférences, elle avait joué le numéro de sa vie. Mais même si ça s'était très bien passé, elle était surtout fière d'avoir pu tenir. Entre le décalage horaire et l'immense tristesse causée par cette dispute, elle était même surprise d'avoir réussi à s'habiller ce matin-là, pour venir, sans sourciller, débattre des coûts fixes et exiger des gros rabais.

De retour à l'hôtel, cependant, elle ne fit rien pour conserver cette fragile bonne humeur puisqu'elle demanda à une doublure de Ralph Fiennes s'il y avait eu des appels pour elle. Ralph secoua la tête.

— Vous en êtes sûr ? demanda-t-elle, alors que tout en elle exprimait le désespoir.

Mais, malheureusement, Ralph en était absolument sûr.

En tentant de se ressaisir, Rose monta à sa chambre en trébuchant. On aurait pu chercher en vain dans tout l'univers quelqu'un d'assez puissant pour l'empêcher de téléphoner à Michael. Un habitant de la planète Duch n'y serait même pas parvenu.

— Je suis désolée de te déranger, dit-elle dès qu'il eut décroché. Tu dormais ?

— Non, répondit Michael.

Rose, dont le moral était au plus bas jusqu'alors, commença à entrevoir un petit espoir. S'il ne dormait pas encore à deux heures du matin, c'était qu'il ne devait pas être tellement joyeux…

— Tu me manques, lui dit-elle, si bas qu'elle eut du mal à entendre le son de sa propre voix.

— Tu n'as qu'à rentrer, alors.

— Je serai de retour vendredi.

— Non, rentre à la maison maintenant.

— C'est impossible, lui répondit-elle avec douceur. J'ai des rendez-vous.

— Des rendez-vous, dit-il amèrement. Tu as bien changé !

En essayant de trouver les mots justes pour formuler sa réponse, Rose se demandait pourquoi c'était toujours une insulte de dire aux gens qu'ils avaient changé.

— Quand je t'ai rencontrée, fit-il sur un ton accusateur, tu n'étais qu'une débutante. Maintenant regarde-toi, avec cette promotion tape-à-l'œil.

Rose se dit qu'une fois de plus, il n'avait pu s'empêcher de remettre ça sur le tapis. Trop de choses avaient changé, et trop rapidement. En l'espace de dix-huit petits mois, elle avait réussi à mener sa barque. De standardiste, elle était devenue superviseuse, puis assistante du directeur de production, puis assistante du directeur général, et enfin vice-directrice de production. Ce n'était pas sa faute : pour sa part, elle s'était toujours trouvée bête comme ses pieds et, loin de le déplorer, elle avait toujours été heureuse comme ça. Comment aurait-elle pu savoir qu'elle était naturellement douée pour les chiffres et qu'elle possédait un sens inné du management ? Elle pouvait remercier ce cher

Lenny, à qui elle devait cette révélation. Mais elle aurait tout aussi bien pu s'en passer. Ça avait été le rêve – et même mieux que ça – avec Michael jusqu'à ce qu'elle commence à monter en grade.

— Pourquoi mon boulot te pose-t-il un tel problème ? lui demanda-t-elle pour la énième fois.

— Mon boulot ! lui répondit Michael avec agressivité. Mon boulot, mon boulot, tu aimes répéter ces deux mots, on dirait.

— Mais non ! Et puis toi aussi tu as un boulot.

— Il y a une légère différence entre être réparateur de photocopieurs et vice-directrice de production.

Michael se tut alors, laissant s'installer un silence tendu.

— Je ne peux pas, finit-il par dire. Je ne peux pas être avec quelqu'un qui gagne plus que moi.

— Mais ce sera notre argent.

— Et si on a des enfants, comment ça se passera ? Si tu espères faire de moi un homme au foyer et un esclave domestique, tu te fourres le doigt dans l'œil, chérie, dit-il avec empressement. Je ne suis pas ce genre de mec.

Elle comprit à sa voix qu'il était en colère et terriblement buté.

Mais je suis faite pour ce boulot, se dit-elle, prise de désespoir et de panique. Elle ne voulait pas tout laisser tomber. Mais plus encore qu'à son travail, elle tenait à ce que Michael l'accepte tout entière.

— Pourquoi tu ne peux pas juste être fier de moi ? laissa-t-elle échapper.

— Parce que c'est impossible. Et tu ferais mieux de redescendre sur terre ; toute seule, tu ne vaux rien, tu as besoin de moi. Réfléchis bien à ça.

Sur ce, il lui raccrocha au nez. Le premier réflexe de Rose fut de le rappeler, mais elle reposa lentement le combiné. Ça n'aurait servi à rien puisque, de toute façon, il ne changerait pas d'avis. Ils avaient souvent des points de désaccord et il campait toujours sur ses positions. Quelle pouvait bien être la solution, alors ? Elle l'aimait. Dès qu'elle l'avait rencontré, trois ans auparavant, elle avait su qu'il était fait pour elle et que, à partir de ce moment, elle allait avoir une vie plus rangée. Ils avaient décidé de se marier l'année suivante, ils avaient même ouvert un compte spécial « robe meringue » : comment pourrait-elle tirer un trait sur tout ça ? Évidemment, si elle renonçait à son travail, tout deviendrait plus simple. Mais cela n'avait aucun sens. Michael ne devait-il pas l'aimer telle qu'elle était ? Ne pouvait-il pas être fier de sa réussite et de ses compétences, au lieu de se sentir menacé par elles ? Mais si elle lui cédait maintenant, comment évoluerait leur vie de couple ? Mais si elle ne lui cédait pas ?.... Elle serait seule. Toute seule. Comment pourrait-elle s'en sortir ? Parce que Michael avait raison, elle n'avait pas spécialement confiance en elle.

Pendant quelques minutes, elle resta assise à côté du téléphone, totalement abattue, à imaginer son existence future en faisant tourner un stylo entre ses doigts. Tout ce qu'elle pouvait voir, c'était une vie qu'elle passerait à sauter seule sur les lits d'hôtels. Elle n'était pas loin de se décourager. *Mais voyons un peu*, se dit-elle tout à coup, en cessant de jouer machinalement avec le stylo – elle avait réussi à faire tout le voyage depuis Hounslow jusqu'à Los Angeles sans l'aide de Michael. Elle avait *aussi* réussi à prendre un taxi pour aller au travail et pour en revenir. Elle s'était même débrouillée toute seule pendant la réunion.

À son grand étonnement, elle se rendit compte qu'elle aurait pu aller pire que ça. Évidemment, elle se sentait tout de même horriblement mal. Elle se sentait terrorisée, inconsolable, malade et abandonnée. Mais elle découvrit avec stupéfaction qu'elle n'était pas au bord du suicide. Tellement habituée à ce que Michael lui répète que, sans lui, elle était une vraie catastrophe ambulante, elle n'avait jamais essayé de se prouver le contraire...

Elle ne savait que penser de cela. Elle était encore allongée sur le lit lorsque son regard fut attiré par la fenêtre. À cause de toute cette histoire, elle avait complètement oublié la vue « trop mortelle », qui, pour tout dire, n'aurait pas pu être plus splendide : la plage de Santa Monica, le soleil vespéral qui colorait la mer dans des tons de rose argenté, le sable nacré et très fin s'offraient à ses yeux émerveillés. Le long de la promenade surplombant la mer, de beaux autochtones faisaient du skateboard et du vélo. Un couple au physique irréprochable filait sur un tandem avec son bébé – parfait, sans aucun doute – installé dans un siège jaune fixé sur le porte-bagages. On aurait dit un petit empereur. Un autre couple grand et mince faisait du roller; tous deux portaient des lunettes de soleil et écoutaient leur baladeur laser. Main dans la main, ils glissaient en effectuant des mouvements parfaitement synchronisés. Ils avaient la grâce de deux danseurs.

— Cassez-vous la figure! souhaita vivement Bib. Allez, écorchez-vous les genoux! (Il avait remarqué que même cette partie de leur corps était bien bronzée.) Tombez en plein sur vos visages refaits!

Il avait espéré pouvoir dérider Rose de la sorte. Mais, malheureusement, son vœu ne fut pas exaucé et ils continuèrent à glisser de plus belle.

Prise d'une mélancolie douce-amère, Rose les regarda s'éloigner. Puis, à sa grande stupéfaction, elle décida qu'elle allait essayer à son tour. Pourquoi pas? Il n'était que dix-huit heures trente et on pouvait louer des patins juste à côté de l'hôtel.

En ayant peine à réaliser ce qu'elle était en train de faire, elle enfila un pantalon et sortit de sa chambre en courant. Cinq minutes plus tard, elle était en train de chausser sa paire de rollers. Elle s'élança timidement sur une petite portion de la promenade. «Incroyable, je me débrouille plutôt bien», réalisa-t-elle au comble de l'étonnement.

Bib cramponnait la main de Rose alors qu'elle allait et venait sur la promenade. Il avait dû batailler ferme pour la convaincre de sortir. Et elle n'était *vraiment* pas douée! S'il ne l'avait pas tenue par la main, elle se serait vite retrouvée sur les fesses. Toutefois, cette nouvelle preuve de vulnérabilité le fit la chérir davantage. Bib avait suivi les événements de la soirée avec une grande curiosité. Il avait été soufflé par le machisme de ce type qui ne manquait décidément pas de toupet. Il aurait aimé arracher le téléphone des mains de Rose pour communiquer son enthousiasme à Michael, lui dire combien elle était merveilleuse et lui raconter comment elle avait réussi à mater toute une assemblée de puissants hommes orange. Puis, quand Michael avait raccroché au nez de Rose, Bib avait rassemblé tout ce qu'il avait de volonté pour convaincre Rose de ne pas le rappeler. Il avait fait des efforts considérables pour que Rose se souvienne qu'elle s'était débrouillée merveilleusement bien depuis son arrivée dans cette ville étrangère et menaçante. Mais c'était tellement évident qu'elle aurait dû s'en apercevoir toute seule.

Attention, attention! la prévint-il silencieusement en préférant fermer les yeux.

Rose faillit en effet venir s'échouer sur une femme qui cramponnait un petit garçon à bicyclette.

— Excusez-moi, haleta Rose. Je viens à peine de commencer.

— Pas de mal! répondit le petit garçon. Moi aussi je débute. Je m'appelle Tod, et ma mère, c'est Béthanie. Elle m'apprend à faire du vélo.

La pauvre Béthanie, qui tenait fermement le porte-bagages du vélo pour que son fils ne tombe pas, se trouvait dans l'obligation de courir aussi vite que Tod pédalait. Bib la regarda en compatissant: il la comprenait, puisque lui aussi devait courir aussi vite que Rose patinait. Et son rythme s'accélérait à mesure que son assurance grandissait.

— Ouaaaaah! hurla-t-elle en parcourant quatre bons mètres à toute vitesse.

Bib finit par la lâcher et elle se retrouva par terre.

Quand elle rendit les patins, ses genoux étaient écorchés mais ses yeux pétillaient.

— Je me suis bien amusée, annonça-t-elle d'un ton enjoué.

Toute joyeuse, elle rejoignit son hôtel en courant sur la plage alors que Bib la suivait en soufflant, pas très détendu car il n'arrêtait pas de faire des nœuds avec ses six jambes.

Elle se réveilla au milieu de la nuit. L'ivresse et la joie de la veille au soir s'étaient dissipées pour finir par disparaître totalement. Elle avait froid, elle se sentait vieille et seule et elle avait peur. Elle ne s'en sortirait jamais sans Michael, elle ne pouvait concevoir sa vie sans lui à ses côtés.

Mais elle repensa à ses débuts en rollers. D'habitude, elle n'était pas spécialement audacieuse et avait besoin de la présence de Michael pour essayer de nouvelles choses. Elle avait pourtant réussi à faire ça toute seule. C'était déjà une consolation.

— Je suis une femme qui peut faire du roller toute seule, se répéta-t-elle jusqu'à ce qu'elle réussisse à se rendormir.

Quand elle se réveilla, s'habilla et partit travailler, elle avait la sensation diffuse qu'elle était plus solide qu'à l'accoutumée et qu'en elle croissait une force nouvelle.

Au retour de sa journée de travail, elle était épuisée, mais fière d'avoir tenu bon alors que les autres avaient voulu manœuvrer pour l'amener tout doucement à un compromis. À l'accueil de l'hôtel, elle tomba sur Brad Pitt. Apparemment, il venait de terminer son service.

— La journée s'est bien passée ? lui demanda-t-il.

Rose acquiesça poliment.

— Vous bossez dans quelle branche ? la questionna-t-il.

Rose ne répondit pas tout de suite. Elle trouvait toujours cette question très embarrassante. Comment expliquer qu'elle travaillait pour une société fabriquant des portes de W-C ? Et même pour l'un des leaders sur le marché des portes de W-C.

— En fait, euh, on s'occupe des gens, lui dit-elle.

Elle avait quelques raisons de faire la timide. Elle imaginait les Américains coincés sur ce sujet, puisqu'ils préféraient parler de *lieux d'aisances* plutôt que de toilettes.

— Vous vous occupez des gens pendant des tournages ?

Brad sautait sur toutes les occasions. Sa carrière pouvait démarrer à tout moment – un jour, il avait bien vu le réalisateur de *Buffy contre les vampires* dans la salle d'attente de sa pédicure et, une autre fois, il était rentré dans la moto d'Aaron Spelling[1] – et il préférait donc se tenir toujours prêt.

— Oui, ça nous est déjà arrivé, lui dit Rose pleine d'assurance.

Avec la rapidité de l'éclair, un sourire éclatant illumina le visage de Brad qui s'empressa de se rapprocher de Rose.

— Je m'appelle Brice, lui susurra-t-il. Me feriez-vous l'honneur de venir boire un verre avec moi ce soir ?

Un beau jeune homme l'avait invitée à venir boire un verre ! Quel dommage que plus rien ne puisse la consoler ! Parce que ça, ça aurait été juste ce qu'il fallait. Mais au moment où elle allait décliner l'invitation, elle se mit à hésiter. Au lieu de rester assise, toute seule, dans sa chambre à

---

1. Producteur de séries à succès dont *Beverly Hills* *(N.d.l.T.)*.

attendre que le téléphone sonne, ne ferait-elle pas mieux de sortir ?

— D'accord, répondit-elle sans conviction.

Brice eut l'air étonné. D'habitude, les femmes étaient enthousiastes à l'idée de passer un moment en sa compagnie. Puis il fit claquer ses doigts.

— Ah oui, ça y est, j'ai compris ! Vous êtes anglaise, c'est ça ? C'est votre fameux flegme, comme dans les films de James Ivory. J'adore ! Rendez-vous à l'accueil à dix-huit heures trente.

Il se passa la main dans les cheveux et disparut. Une fois dans sa chambre, Rose se précipita vers le téléphone qu'elle décrocha. L'effort qu'elle dut fournir pour ne pas composer le numéro de Michael la rendit toute tremblante. Elle réussit à se pousser jusque sous la douche. Les États-Unis, terre d'opportunités... Au moins, elle pouvait essayer. Après tout, Brice était vraiment très beau garçon.

En piochant dans l'amas de vêtements étalé sur son lit, elle réussit à se composer une tenue tout à fait présentable. Une robe noire courte – mais pas trop – et des sandales noires hautes – mais pas trop. En se regardant dans le miroir, elle crut cependant y voir une inconnue. Qui était cette célibataire qui avait rendez-vous avec un autre que Michael ?

Quand les portes de l'ascenseur s'ouvrirent, Brice faisait les cent pas devant l'accueil. Ses cheveux décolorés brillaient sur son front doré et ses dents blanches resplendissaient dans un sourire étincelant. Le moral de Rose décolla d'un coup. Les choses n'allaient pas si mal que ça. Quand ils se dirigèrent vers la voiture de Brice, elle s'aperçut qu'à chaque fois qu'ils passaient devant une vitre, il arrangeait sa coiffure. Mais elle fit semblant de n'avoir rien remarqué.

Le bar était faiblement éclairé et calme.

— Comme ça, on peut vraiment se parler, quoi, dit Brice dans un sourire qui augurait bien de la suite des événements.

Le mercure qui indiquait le degré de bonne humeur de Rose continua alors à grimper. Dès qu'ils eurent passé leur commande, Brice entama la discussion promise.

— … et alors j'ai joué le rôle du vendeur dans *Clueless*[1]. Mais cette partie a été complètement supprimée au montage. Enfin, le réalisateur m'a dit que j'avais été super, vraiment super. J'ai réalisé une performance d'acteur exceptionnelle, j'ai donné tout ce que j'avais, mais ce putain de producteur m'avait trop dans le nez, quoi…

Rose acquiesça d'un air compatissant.

— … bien sûr, c'est moi qui aurais dû jouer le rôle de Joseph Fiennes dans *Shakespeare in Love*. C'était un rôle vraiment fait pour moi, c'est ce qu'ils ont dit à mon agent. Mais bon, il y a les magouilles internes, c'est trop dégueu, quoi. Tu trouves pas ?

Rose acquiesça une seconde fois. Bien qu'il lui fasse le récit détaillé de ses malheurs, il continuait à afficher ce sourire étincelant. Mais, alors que, persistant dans cette voie, il reprit la parole, Rose s'aperçut qu'il ne la regardait même pas quand il lui parlait. Cependant, son sourire plein de connivence était toujours sur ses lèvres. À tout hasard, elle se retourna pour vérifier s'il ne souriait pas à une fille assise derrière elle. Et elle vit un miroir. Elle comprenait tout, à présent. Brice flirtait avec la personne qu'il aimait par-dessus tout. Lui-même.

Il parlait toujours et encore. Il aurait pu être parmi les plus grands. Mais des réalisateurs malveillants, des producteurs cruels, des vedettes s'acharnaient contre lui car ils se sentaient menacés par son talent et sa beauté.

— Enfin, assez parlé de moi. (À bout de souffle, il avait fini par s'arrêter.) À toi de me dire ce que *tu* penses de *moi*.

Au trente-sixième dessous, Rose eut du mal à prononcer un mot. Avec Brice, elle se sentait encore plus seule que si elle était restée dans sa chambre.

— Tu m'en voudrais beaucoup si je rentrais ? Je suis morte de fatigue. Ça doit être le décalage horaire.

— Mais ça fait à peine une demi-heure qu'on est arrivés, protesta Brice. Juste quand on commence à bien discuter.

À son grand désarroi, Brice proposa de la raccompagner à l'hôtel. Et même jusqu'à sa chambre. Devant la porte, elle réalisa qu'il était sur le point d'essayer de l'embrasser.

1. Série tirée du film du même nom, réalisé en 1995 par Amy Heckerling et mettant en scène de riches étudiants de Beverly Hills (*N.d.l.T.*).

Elle se résigna – elle n'avait pas la force de s'y opposer. Il la regarda dans les yeux et, avec douceur, lui caressa la joue d'un doigt. Il avait beau être l'homme le plus ennuyeux de la terre, Rose ne put s'empêcher de le trouver très intéressant. Après tout, il était tellement beau. Lentement, Brice approcha ses lèvres des siennes, puis s'arrêta.

— Qu'est-ce que tu fais ? murmura Rose.

— Gros plan, murmura Brice à son tour. Un gros plan de trois secondes sur mon visage, puis le cadre s'élargit et on passe au baiser.

— Non mais je rêve !

Rose introduisit la clef dans la serrure, s'engouffra dans sa chambre et lui claqua la porte au nez.

— Eh ! (Brice était abasourdi mais il garda la tête haute.) Les Anglaises, toutes des emmerdeuses. Ça me rappelle trop Judi Dench[1], quoi ! Elle ferait pas partie de ta famille, par hasard ? Une Anglaise tout à fait dans ton genre...

— Casse-toi ! lui lança-t-elle.

Sa voix tremblait car elle essayait de retenir ses larmes. Rose ne s'était jamais sentie plus mal. Elle était dans un état absolument pitoyable. Était-ce tout ce qu'elle pouvait espérer ? Des narcissiques ennuyeux à mourir et nombrilistes ?

Dès le départ, Bib avait été contre le fait que Rose aille boire un verre. Il détestait par-dessus tout ces hommes qui croyaient qu'il suffisait d'un sourire dévastateur pour tomber les filles. Il avait essayé de mettre Rose en garde contre Brice, mais elle n'avait rien voulu entendre et – mais que se passait-il maintenant ? Il y avait quelqu'un devant la porte de sa chambre, quelqu'un qui frappait et voulait entrer. C'était une voix d'homme : peut-être était-ce Brice qui tentait sa chance une seconde fois ?

— Ouvre cette putain de porte ! lui ordonna la voix.

Sous les yeux effarés de Bib, Rose se dirigea comme une somnambule à travers la pièce et ouvrit grand la porte. Dans l'embrasure se tenait un homme. Un homme que Bib reconnut. Mais ce n'était aucune de ces pseudo-vedettes de cinéma, c'était...

---

1. Célèbre actrice anglaise qui a récemment obtenu l'Oscar du meilleur second rôle pour son interprétation de la reine Élisabeth dans *Shakespeare in Love (N.d.l.T.)*.

— Michael !

Bien que ça lui fasse mal de l'admettre, Bib dut reconnaître que Michael avait belle allure. Avec ses épais cheveux frisés, sa chemise en jean froissée et avec l'extrême virilité qu'il dégageait, il faisait passer tous les soi-disant Tom et Brad pour des efféminés pomponnés.

— Tu me laisses entrer ? dit-il d'un ton sec.

— Oui.

On aurait dit que Rose était sur le point de s'évanouir.

— Qu'est-ce que tu fais là ? demanda-t-elle à Michael alors qu'il s'avançait dans la pièce.

— J'avais envie de t'embrasser, lui répondit-il.

Puis il attira Rose contre ses pectoraux puissants et musclés et l'embrassa de façon si insistante et si sensuelle que Bib se sentit mal.

Il finit par relâcher son étreinte et annonça à Rose qui semblait toute tourneboulée :

— Je suis là pour qu'on liquide ce problème une bonne fois pour toutes, bébé. Il faut régler ça, nous deux et cette connerie de boulot.

— Et tu as pris l'avion jusqu'ici ? demanda Rose abasourdie.

— Ben ouais, évidemment.

Hummm, se dit Bib. On ne pouvait pas dire qu'il avait le sens de l'humour. Toute personne normalement constituée aurait répondu par quelque chose comme :

— Non, j'ai sauté à cloche-pied pendant dix mille kilomètres.

— J'arrive pas à y croire. (Rose aurait pu passer pour une personnification de l'étonnement.) On est fauchés mais tu as traversé la moitié de la planète pour sauver notre couple. Je n'ai jamais rien vécu d'aussi romantique.

Et Bib dut reconnaître que Michael, qui arpentait la chambre en ayant l'air emporté et passionné, aurait fait un Heathcliff[1] très crédible.

Il a vraiment l'air d'avoir un sale caractère, conclut Bib.

— Tu viens avec moi maintenant, lança tout à coup Michael. Tu plantes ton boulot là, on se marie et ce sera le

1. Héros des *Hauts de Hurlevent* d'Emily Brontë (*N.d.l.T.*).

bonheur ! Toi et moi, on est faits pour être ensemble. On faisait vraiment la paire jusqu'à cette promotion. C'est juste à partir de ce moment-là que les choses se sont gâtées.

À ces mots, l'expression de joie qu'on pouvait lire sur le visage de Rose céda la place à la souffrance et à l'hésitation.

— Allez ! dit Michael qui semblait s'impatienter, fais tes bagages. Je t'ai réservé une place à côté de moi pour le retour.

Mais Rose, indécise, était incapable de faire le moindre geste. Elle resta appuyée contre un mur sans bouger et l'atmosphère devint de plus en plus pesante. Bib était en nage. Il ne possédait pourtant aucune glande sudoripare.

Ne fais pas ça, la supplia-t-il, désespéré. *Tu ne dois pas te sentir obligée de lui obéir. S'il t'aimait vraiment, il n'exigerait jamais de toi un tel choix.*

Mais – horreur – il put voir Rose sortir son pyjama de sous son oreiller et le plier lentement.

— Où est ta valise ? lui demanda Michael. Je vais t'aider.

Rose lui montra du doigt où elle se trouvait et commença à enlever ses affaires de toilette de la coiffeuse pour les ranger dans un sac. Elle ouvrit ensuite l'armoire pour en extraire deux ou trois choses qu'elle y avait suspendues. Bib eut l'impression que ses mouvements devenaient plus rapides et plus assurés. Par conséquent, totalement paniqué, il alla puiser au plus profond de lui-même toute l'énergie et toute la volonté qu'il pouvait y trouver pour les communiquer à Rose.

Tu n'as pas besoin de cet homme, lui dit-il. *Tu n'as pas besoin d'un homme qui te traite comme sa chose, sans imaginer que tu puisses avoir des pensées ou une vie propres. Tu es belle, tu es intelligente, tu es douce. Tu rencontreras quelqu'un d'autre qui t'aimera pour ce que tu es vraiment. En fait, si tu es assez large d'esprit et si tu n'as rien contre les couples mixtes, moi-même je me porte volontaire…* Mais il ne poursuivit pas. Ce n'était pas le moment de s'écarter du sujet.

— Je m'occupe des affaires qui sont dans la salle de bains, la prévint Michael, déjà dans l'autre pièce.

Rose ouvrit alors la bouche et Bib pria pour qu'il en sorte les mots qu'il voulait entendre.

— Non, dit-elle.

Bib, soulagé, se mit à chanceler.

— Non, répéta Rose. Laisse tomber. Je ne peux pas partir ce soir. J'ai une réunion demain.

— Je le sais bien, bébé, dit Michael d'un ton sec, comme s'il faisait des efforts surhumains pour se dominer. Mais je crois avoir été clair: je veux que tu viennes avec moi *maintenant*.

— Ne me force pas à faire ça!

Le visage de Rose n'était que douleur.

— Le moment est venu de faire ton choix, dit Michael en la regardant très durement. C'est moi ou ton boulot.

Un silence intolérable suivit, jusqu'à ce que Rose répète une nouvelle fois:

— Non, Michael, je ne rentre pas.

Le visage de Michael fut déformé sous le coup de l'amertume et de l'incrédulité.

— Je ne savais pas que tu aimais ton boulot à ce point.

— Tu te trompes, continua Rose. Là n'est pas la question.

Michael la regarda d'un air dédaigneux et Rose continua:

— Quand on aime quelqu'un, on lui permet de changer. Si le mariage, c'est pour la vie, il faut que tu saches que je risque de ne plus être la même en l'espace de dix, vingt ou trente ans. Comment tu prendras ça, Mikey?

— Mais je t'aime, insista-t-il.

— Pas assez. En fait, tu ne m'aimes pas vraiment, lui répondit-elle tristement.

Il sembla sonné pendant un moment, puis laissa exploser sa colère.

— Tu ne m'aimes pas.

— Si, je t'aime. Tu ne peux pas t'imaginer combien je t'aime. (Sa voix était à la fois calme et ferme.) Mais je sais ce que je veux.

— Ah oui, et depuis quand?

Michael ne put dissimuler sa surprise.

— Je ne sais pas. (Elle aussi semblait surprise.) Depuis que je suis arrivée ici, peut-être.

— Ça a un rapport avec Lenny? Tu vas te tirer avec lui?

En guise de réponse, Michael reçut en pleine figure un éclat de rire qui en disait long.

Michael était maussade et plein de ressentiment.

— Alors, si je comprends bien, tu ne rentres pas à la maison avec moi.

— J'ai du travail, dit Rose à voix basse. Je prends l'avion demain soir.

— Dans ce cas, ne compte pas sur moi pour venir t'attendre.

Et, en faisant le fier – attitude machiste que Bib ne pouvait pourtant s'empêcher d'admirer –, Michael fit demi-tour. Il claqua la porte derrière lui, un silence retentissant se fit entendre, puis Rose éclata en sanglots. *Mais qui aurait pu le lui reprocher ?* pensa Bib.

Plus de Michael. Cette pensée n'était pas loin d'être intolérable. Elle s'étendit sur le lit et se souvint de la sensation qu'elle éprouvait quand elle lui passait la main dans les cheveux : ils étaient si rêches, mais – qui l'eût cru ? – également si soyeux. Elle ne les caresserait plus. Jamais plus. Elle pouvait sentir son odeur, comme s'il était encore dans la chambre : ce curieux parfum, à la fois sucré et musqué, qu'il était le seul à dégager. Ça lui manquerait terriblement. Leur complicité lui manquerait également – eux qui se connaissaient si bien qu'ils se comprenaient sans avoir besoin de finir leurs phrases ni même leurs mots. Elle vieillirait aux côtés de quelqu'un d'autre. Tout était vraiment terminé, elle le savait bien. Il n'y aurait plus de disputes, plus de tentatives pour faire changer l'autre d'avis.

Ils s'étaient si souvent affrontés, avec violence ou âpreté. Mais, à présent, dans sa chambre ne planaient plus que le silence et la désolation. C'était un calme qui signifiait que tout était perdu. Rose était passée des remous de la rage et de la colère aux eaux calmes et immobiles de l'irréversibilité.

Elle se demanda ce qu'elle pourrait faire de sa vie, à présent. Comment pourrait-elle s'occuper en attendant que sonne l'heure de sa mort ?

Du roller. Cette réponse surgit d'elle-même. Sa réaction immédiate fut de se dire de cesser d'être ridicule. Comment pourrait-elle aller faire du roller ?

Mais pourquoi pas finalement ? Que pourrait-elle faire d'autre avant d'aller se coucher ? Et, malgré tous ces événements, il n'était encore que vingt heures trente. Elle mit un pantalon – tant pis si l'une des jambes lui avait servi à s'essuyer les yeux – et, une fois dehors, traversa la plage en courant. Elle fut surprise de découvrir combien elle était ragaillardie par ces glissades rapides. La fierté de se sentir une bonne patineuse y était pour quelque chose. Et elle était vraiment excellente, surtout si on tenait compte du fait que ce n'était que sa deuxième tentative. Elle avait, en particulier, un très bon équilibre.

Le petit Tod, qu'elle avait vu la veille, était encore là, avec sa mère, toujours condamnée à de dures souffrances. Béthanie était toute rouge et essoufflée d'avoir dû courir derrière son fils en le cramponnant alors qu'il parcourait inlassablement, dans un sens et dans l'autre, les mêmes cinq mètres de promenade. Rose lui adressa un sourire compatissant.

Puis elle regagna sa chambre et, contre toute attente, réussit à s'endormir. Au matin, elle se réveilla pour aller travailler. Là, avec une habileté qui laissa l'équipe de Los Angeles en état de choc, elle réussit à négocier un rabais de trente pour cent alors qu'elle-même avait décidé d'en demander seulement vingt. En soufflant sur la fumée s'échappant de son pistolet imaginaire, elle leur serra la main si fort qu'ils en tressaillirent. Puis elle rentra à l'hôtel pour faire ses bagages. Mission accomplie…

Bib était au supplice. Qu'allait-il faire ? Allait-il accompagner Rose en Angleterre ou rentrer chez lui sur sa planète ? Bien qu'il en pinçât pour Rose – et même un peu trop –, il avait le sentiment de n'être pas vraiment son type d'homme. Il se dit alors que lui apparaître, dans toute sa splendeur jaune moutarde, serait une très très mauvaise idée. Ça le rendait malade de ne pas pouvoir le faire : il lui avait suffi de deux jours pour tomber amoureux d'elle.

Mais est-ce que ça irait pour elle ? Elle *croyait* que ça allait, mais que se passerait-il quand il l'aurait abandonnée et qu'elle n'aurait plus personne pour lui donner confiance en elle ? Retournerait-elle voir Michael ? Ce serait *vraiment* terrible.

Il était préoccupé et se faisait du mauvais sang, ce qui n'était pas son habitude. Mais il trouva la réponse à ses interrogations le soir même du départ de Rose. Elle avait deux heures à tuer avant son vol de nuit et, au lieu de broyer du noir dans sa chambre, elle se précipita vers la promenade pour une dernière séance de roller. Bib n'était pour rien dans cette histoire : la décision venait d'elle seule. Il aurait pourtant préféré passer quelques instants tranquilles en sa compagnie, plutôt que de se traîner à ses côtés en essayant de ne pas se laisser distancer alors qu'elle glissait sans s'arrêter, riant de plaisir.

Béthanie et Tod étaient à nouveau là. Encore et toujours, Béthanie courait derrière la bicyclette, en tenant fermement Tod qui pédalait sur quelques mètres. Dans un sens puis dans l'autre, ils parcouraient toujours la même portion de promenade, jusqu'à ce que, soudain, Béthanie lâche Tod et qu'il continue à avancer. Quand il réalisa qu'il pédalait tout seul, sans personne pour l'aider, il chancela un instant, avant de se rétablir.

— J'y arrive tout seul, hurla-t-il enthousiaste. Regarde, maman, j'y arrive sans toi.

— Ce n'est qu'une question de confiance en soi.

Béthanie sourit à Rose.

— C'est ce qu'il me semble, effectivement, acquiesça Rose en patinant avec grâce, juste avant de heurter un coureur.

Alors que Bib l'aidait à se relever, il réalisa quelque chose d'important. *Évidemment*, comprit-il tout à coup. Il avait été, en quelque sorte, les roulettes de Rose et, sans qu'elle pût rien en savoir, il lui avait donné confiance en elle : confiance pour aller travailler dans une ville inconnue, confiance pour se séparer d'un homme tyrannique. Et, tout comme Tod n'avait plus besoin de sa mère pour faire du vélo, Rose n'avait plus besoin de Bib. Elle se débrouillait toute seule à présent, il le sentait. Tout, depuis son exploit pendant la dernière réunion, jusqu'à sa décision d'aller faire du roller sans que Bib l'y incite, montrait qu'il y avait en elle une force et une confiance qu'il sentait inébranlables.

Il était heureux pour elle. Sincèrement heureux. Mais il ne pouvait se faire à l'idée que le moment était venu de la quitter. Bib se demanda quelle était cette sensation nouvelle dans sa poitrine, avant de réaliser au bout de quelques secondes que c'était son cœur qui, pour la toute première fois, se brisait.

L'aéroport de Los Angeles grouillait de monde. Mais ce n'était pas seulement dû au flot habituel des voyageurs.

— Ce sont des chasseurs d'extraterrestres, apprit à Rose l'hôtesse du bureau d'enregistrement. Apparemment, il y a quelques jours, quelqu'un a repéré un petit homme jaune ici.

« Des extraterrestres ! se dit Rose, en toisant avec mépris toute cette foule surexcitée et fébrile, armée de compteurs Geiger et de détecteurs de métaux. Franchement ! Non mais, ils se sont vus ? »

Lorsque Rose boucla sa ceinture, elle était loin de s'imaginer que son avion était surveillé par une créature jaune de quatre-vingts centimètres qui faisait tout son possible pour retenir ses larmes. « Les grands garçons ne pleurent pas ! » se réprimanda-t-il, en regardant le taxi volant de Rose parcourir la piste de décollage, jusqu'à ce qu'il ne puisse presque plus rien distinguer. De loin, il vit l'appareil pointer son nez vers le ciel et devenir tout d'un coup une petite chose flottante ridiculement légère. Il le fixa jusqu'à ce qu'il ne soit plus qu'un point perdu dans le bleu, puis retourna à contrecœur vers l'endroit où il avait caché son vaisseau, en fendant les hordes désireuses de faire sa connaissance. Il était temps de rentrer.

En Angleterre, la température était fraîche pour une journée d'été. L'avion atterrit : Rose allait devoir commencer sa vie sans Michael. En attendant de pouvoir sortir, Rose essaya de se libérer de toute cette tristesse douce-amère qui pesait sur sa poitrine.

Mais, même si elle ressentait un terrible manque, elle savait que ça irait. Au plus profond de son chagrin, dans l'œil du cyclone, il y avait la certitude qu'elle s'en tirerait. Elle était seule et elle survivait. Qui plus est, elle avait l'intime conviction qu'elle ne resterait pas seule jusqu'à la fin de ses jours. Et elle y croyait dur comme fer. C'était idiot car elle venait à peine de redevenir célibataire, mais elle éprouvait l'étrange et réconfortante sensation d'être aimée. Elle se sentait entourée et portée. Surtout, elle se sentait plus forte.

Après avoir rangé son livre dans son sac et enfilé ses chaussures, elle se dirigea vers la sortie. En bas des marches, elle huma l'air léger d'Angleterre, à mille lieues de la chaleur lourde de Los Angeles. Puis elle s'arrêta un instant sur la piste et contempla le vaste ciel qui enserrait et écrasait tout l'aéroport, puis s'étendait à l'infini. Sans savoir ni pourquoi ni comment, elle avait la certitude que quelque part, il y avait un homme qui l'aimerait pour ce qu'elle était. Elle en était sûre et certaine.

Avant de monter dans le bus qui allait l'emmener au terminal, elle marqua une pause et parcourut une dernière fois l'immensité bleue. Non, aucun doute là-dessus, elle le sentait au plus profond d'elle-même. Aussi sûr que le soleil se lève tous les matins, il est là. Quelque part…

RUDY

Lisa Jewell

Lisa Jewell

---

*est âgée de trente-cinq ans et vit dans le nord de Londres avec son merveilleux mari et leur chat. Après avoir été licenciée de son emploi de secrétaire, elle s'est consolée en faisant le pari d'écrire un livre. Pari gagné puisqu'elle est à présent écrivain à plein temps et qu'elle a déjà publié deux romans en Grande-Bretagne (*Ralph's Party *en 1999 et* Thirtynothing *en septembre 2000).*

Traduit de l'anglais par Marie Blaison.

À l'aide d'une vieille brosse à dents, Rudy nettoie ses santiags en daim brun. Il envoie valser les quelques miettes d'un vieux repas qui traînaient sur son tee-shirt gris et chasse la mouche qui s'était posée sur son treillis beige en coton peigné. Face au miroir, il lisse ses cheveux marron et brillants sur ses oreilles et ébouriffe sa frange. Sa lèvre supérieure s'enroule sur elle-même pour lui permettre d'inspecter attentivement sa dentition. Le voilà prêt à sortir.

Il traverse son appartement très peu meublé. Seule est exposée sa collection de guitares – deux Fender, une douze cordes, deux guitares acoustiques et une basse. Il referme la porte derrière lui et emprunte l'escalier étroit. Il doit descendre en se tournant légèrement de profil car ses pieds sont trop grands pour les marches. Son chien Mojo, dont les pattes viennent griffer les lattes nues, le suit de tout près.

Dehors, Rudy porte les mains à ses yeux pour les protéger du soleil. La lumière du jour ne pénètre jamais dans son appartement et cette luminosité soudaine le fait larmoyer. Il n'a plus de lunettes de soleil parce qu'il les perd toujours.

Il se dirige vers Parliament Hill. Bien qu'il ait plus de deux kilomètres à parcourir, il préfère marcher. Rudy se déplace toujours à pied. Il ne croit pas en la voiture, il déteste les transports en commun londoniens et l'idée d'avoir à se frayer un chemin dans cette jungle urbaine sur un petit vélo de rien du tout lui donne des sueurs froides. Rudy prend un taxi quand on le lui impose et monte en voiture quand on le lui propose. Sinon, il marche.

Rudy est ce qu'on peut appeler un non-conformiste. Il n'a pas de boulot. Il joue de la musique dans le métro, signe en bas d'une feuille et perçoit ses indemnités. Il n'a pas de petite amie. Il passe à peu près une nuit sur deux avec une certaine Maria, mais ne veut pas la considérer comme sa petite amie. Il ne regarde pas la télé, ne lit pas les journaux, n'ouvre jamais de livre, refuse d'acheter des disques. Il est végétarien et habite au-dessus d'un vendeur de kebabs. Bref, il transgresse les lois. Même la masse de son corps, la taille de ses pieds, la longueur de ses doigts sont non conformistes.

Il est grand, très grand – il mesure environ un mètre quatre-vingt-dix – et plaque son épaisse chevelure rebelle derrière ses oreilles. Il se dégarnit légèrement sur le sommet du crâne mais lui seul le sait – sauf évidemment quand il est assis ou qu'il se trouve en compagnie de quelqu'un de plus grand que lui (ce qui n'arrive pas souvent). Il a hérité de son père certaines caractéristiques italiennes : il possède des sourcils fournis, une bouche expressive et des cils immensément longs. D'ailleurs, lorsqu'elles le voient pour la première fois, la plupart des femmes s'écrient :

— Oh là là, ce que vos cils sont longs !

C'est très gênant.

Il fait attention à lui, se lave les cheveux tous les matins, se rase tous les jours, s'achète de nouveaux vêtements de temps en temps. Des vêtements agréables à porter, dans des matières très tactiles : de grands pulls tricotés main, des pantalons de moleskine, d'immenses santiags pointure quarante-huit, de larges vestes en cachemire. Il achète tout d'occasion, bien entendu, car, neufs, ce genre d'articles coûteraient beaucoup trop cher pour lui. Mais quand on sait exactement ce qu'on veut et dans quel magasin on peut le trouver, c'est fou ce qu'on peut dénicher pour trois francs six sous.

Rudy est âgé de trente-trois ans et n'a jamais eu à travailler dans un bureau, à répondre au téléphone ni à rédiger une note de service. Il n'a jamais connu cet extrême abattement qui caractérise le moment où on ouvre son bulletin de paie pour s'apercevoir que le patron *ne nous a pas* augmenté sans nous prévenir, que notre indice fiscal *n'a pas* changé du jour au lendemain, que ce *n'est pas* le bordel à la compta et qu'on *n'a pas* reçu trop d'argent par erreur. Il n'a jamais eu à se lever avant dix heures du matin, à rester tard au bureau, ni à se farcir une soirée entre collègues. Il ne porte une cravate que pour les mariages ou les enterrements et se fait couper les cheveux quand ça lui chante. Il peut emmener son chien au travail, aller déjeuner quand il en a envie et faire durer sa pause autant qu'il le veut. Il n'a pas à être gentil avec les gens qu'il n'aime pas (sauf avec la police qui vient le déloger à tout bout de champ). Il n'a pas à prendre des cours du soir ni à retenir par cœur les objectifs d'une société. Il n'a pas à faire semblant d'être malade pour rester chez lui à regarder la télé et ne panique pas si quelqu'un de son service achète une plus belle voiture que la sienne. Mais surtout, bonheur suprême, il n'a pas à verser un seul centime d'un salaire durement gagné à ces sales voleurs du fisc. En fait, la seule chose qu'il a en commun avec un employé de bureau, c'est qu'il doit sortir pour fumer.

Il s'allume alors une cigarette, une Craven A, fine et blanche. Il l'allume avec un briquet en forme de pistolet, offert par Maria pour son anniversaire, et fume en marchant.

Les rues de Kentish Town, baignées par ce beau soleil d'août, ne désemplissent pas de femmes merveilleuses, vêtues de merveilleux petits hauts courts, de merveilleux dos-nus, de merveilleux minishorts, de merveilleuses et minuscules robes bain de soleil. Leurs peaux couleur miel, or ou fraise forment un délicieux patchwork. Certaines sont maigres comme des clous, certaines trop musclées, certaines grasses, certaines voûtées. Mais toutes sont absolument magnifiques. Il pourrait tomber amoureux de chacune d'entre elles.

À mesure qu'il avance, il sent sa libido monter.

Arrivé dans le parc, Rudy ramasse un bâton qui lui paraît convenir – il mesure environ une trentaine de centimètres, semble offrir une bonne prise, aucune de ses extrémités n'est pointue – et le lance très haut dans le ciel. Il tournoie un petit moment dans les airs avant d'atterrir au pied d'un marronnier d'Inde au feuillage luxuriant. Mojo arrive sous l'arbre avant que le bâton soit retombé, s'arrête en faisant un beau dérapage et revient un peu sur ses pas pour bien se positionner. Il saisit le bout de bois avec sa mâchoire puissante et le ramène à Rudy.

— Ça c'est un bon chien!

Rudy enfouit ses doigts dans le pelage chaud et épais de Mojo pour lui gratter le cou. Il ramasse le bout de bois que le chien a déposé à ses pieds et le lance à nouveau. Il observe pendant un petit moment l'animal lancé au galop puis tourne les yeux vers le banc situé en bas de la colline. Est-elle là? Les mains dans les poches, il entame la descente abrupte qui conduit au banc. Quelqu'un y est assis, mais à cette distance, difficile de dire s'il s'agit d'un homme ou d'une femme. Il presse le pas. Mojo, de nouveau en vue, vient le rejoindre alors que, de son allure décidée, il est arrivé en bas de la colline. Ses bottes en daim à semelles de caoutchouc couinent sur l'allée goudronnée un peu collante.

La vision floue qu'il avait jusqu'alors de cette masse indéfinie assise sur le banc se précise enfin. Il distingue des épaules nues et des cheveux bruns. C'est peut-être elle. Mais peut-être pas. Les cheveux sont longs et attachés – à présent, il en est sûr, c'est bien elle – par une pince en plastique noir qui, selon Rudy, évoque une serre d'aigle. C'est un objet qu'il adore.

Elle se tourne un bref instant pour regarder un highland terrier débordant d'énergie se lancer à la poursuite d'un pigeon. Vu de profil, son nez est parfaitement droit, comme s'il avait été poli par un sculpteur. Sa bouche esquisse un très léger sourire et elle porte une nouvelle fois cette robe que Rudy aime tant. C'est une robe en velours froissé, teinte dans des dégradés se déclinant en une dizaine de tonalités de bordeaux et de vert bouteille. Elle a de très fines bretelles et, comme Rudy a pu le remarquer la seule fois où il a eu le plaisir de voir cette fille marcher, une jupe dont le tombé et la forme semblent avoir été conçus pour qu'elle se soulève au moindre souffle de vent, découvrant ainsi quelques centimètres de jambes superbes. Mais, aujourd'hui, il n'y a malheureusement pas de vent. Le soleil brille, l'air est calme et il fait incroyablement chaud: aucun nuage à l'horizon, excepté des petites taches vers l'est qui semblent avoir été laissées dans le ciel par quelque enfant aux doigts sales. Comme de bien entendu, le parc de Parliament Hill est bondé en cette journée caniculaire. Partout, les gens sont allongés dans l'herbe, à moitié nus, en train de se faire bronzer.

Rudy s'est approché du banc et réfléchit à son prochain déplacement. Où s'asseoir ? Tout là-bas, à l'autre extrémité du banc, très loin d'elle ? Vers le milieu du banc, en se mettant plus près d'elle sans toutefois empiéter sur son « espace personnel » ? Ou bien doit-il carrément tenter sa chance et venir s'installer juste là, à côté d'elle ? Sa respiration devient pesante et difficile alors qu'il tente de rassembler tout son courage pour s'asseoir. J'y vais, j'y vais pas ? J'y vais, j'y vais pas ? J'y vais, j'y vais pas ? Allez, vas-y... vas-y, allez... putain... vas-y ! Il respire à présent si fort que la fille tourne la tête et croise son regard. Elle a l'air un peu mal à l'aise. Merde. Il reprend son souffle, se met à l'autre bout du banc et sort un vieux livre tout abîmé de la poche intérieure de sa veste. C'est quoi déjà ce bouquin ? Ah oui, c'est cette espèce de merde que Maria lui a prêtée il y a un an ou deux.

— Oh, tu vas adorer. C'est tellement drôle et ça sonne tellement juste. Ça parle des hommes, de leur vie, de leurs relations avec les autres. Il faut absolument que tu le lises.

Il s'était alors contenté de lui sourire et de la remercier. Il avait fourré le livre de poche à l'intérieur de son gilet en se disant : « Dans dix ans, Maria, est-ce que tu auras enfin compris que je n'aime pas lire, que je n'aime pas les livres, que je n'aime pas les mots, que je n'aime pas entendre les pensées des autres résonner dans ma tête ? Combien de livres vas-tu me prêter avant de comprendre que tout ça ne m'intéresse absolument pas ? » Mais un jour, il avait remarqué que la fille à la robe de velours lisait un livre du même auteur. La semaine précédente, il avait donc ressorti ce bouquin et s'était mis à le lire. Et il trouvait ça drôle. C'était l'histoire d'un type qui tient un magasin de disques dans le nord de Londres et qui a de gros problèmes relationnels. Ça aurait même pu lui faire penser à sa propre vie s'il avait eu un boulot ou s'il avait eu des relations avec quelque personne que ce soit.

Rudy ouvre son livre et se racle la gorge assez fort. Comme c'est étrange, on dirait qu'il voudrait se faire remarquer... La fille tourne légèrement la tête dans sa direction et Rudy décide de transformer son raclement de gorge en une franche quinte de toux. Mais la fille reprend sa première attitude et semble replonger encore plus profondément dans le livre posé sur ses genoux.

Aucune bienveillance, se dit Rudy. Mmmh... intéressant. Très intéressant. Pas même une once de sollicitude. Soit c'est une salope sans cœur, soit elle est seulement très timide. Rudy opte pour l'hypothèse de la timidité. Ça cadre mieux avec tout ce qu'il a pu s'imaginer sur elle. Si elle s'avérait être une salope sans cœur, eh bien, cela signifierait juste qu'il est en train de perdre son temps en beauté et de gâcher tous ses samedis depuis six semaines.

Six semaines plus tôt... C'est à ce moment qu'elle lui était apparue pour la première fois, comme surgie du néant, et qu'elle avait fait irruption du jour au lendemain dans sa vie. La première fois qu'il l'avait vue, il marchait si vite qu'il n'avait pu saisir au passage que la masse floue du velours froissé et des cheveux soyeux. La deuxième fois, il était passé assez lentement devant elle pour distinguer un nez parfait et un livre de poche. La troisième semaine, il s'était approché d'elle par l'arrière et avait été séduit par la pince en plastique noire qui dégageait son visage et dont les extrémités plongeaient brutalement dans sa chevelure épaisse. La quatrième semaine, il avait eu assez de cran pour venir s'asseoir sur le banc à ses côtés, mais s'était relevé presque aussitôt et avait continué sa route. C'était seulement la semaine précédente que lui était venue l'idée géniale du bouquin. Cela justifiait sa présence sur le banc et lui permettait de s'occuper, rendant du même coup la situation moins saugrenue et moins embarrassante.

La fille à la robe de velours lève un bref instant les yeux de son livre et sourit très légèrement à Mojo, qui, étendu sous le banc, lui adresse un regard suppliant.

Rudy est ravi. Personne ne sera jamais aussi sympathique à ses yeux qu'un inconnu adressant une remarque flatteuse ou un geste affectueux à son chien. La fille du banc avait regardé gentiment Mojo dès le premier jour, de la même façon qu'elle venait de regarder le highland terrier qui était passé en courant devant elle. Visiblement, elle aime les chiens, ce qui est un bon point. En réalité, c'est même un point essentiel, puisque Mojo est le meilleur ami de Rudy. Maintenant, si elle aimait aussi Muddy Waters et BB King et si elle savait également jouer un peu de guitare flamenco, elle ne serait pas loin d'être la femme idéale.

Mais, bien sûr, il ne le saura jamais. Il ne va pas lui parler, ni quoi que ce soit. Ce n'est pas dans ses habitudes. Parce qu'il faut dire que la fille à la robe de velours et à la pince à cheveux n'est pas la première avec qui Rudy partage un banc à Parliament Hill. Loin de là. Cette année, il y a eu la femme au vernis à ongles bleu et au petit chapeau, précédée de la femme au piercing dans le nez et au sac à dos en cuir, puis de la femme au sac en paille et aux barrettes en diamant, de la femme aux boucles d'oreilles pendantes et aux chaussures en peau de serpent et enfin de la femme au bracelet de cheville ethnique et aux grosses bagues en argent. Rudy aime les accessoires. Pas pour lui bien entendu, mais lorsqu'ils sont portés par des femmes. Il en raffole. Les femmes peuvent se dissimuler derrière leurs vêtements, ou en suivant les exigences de la mode, mais, à travers leurs accessoires, elles livrent tous leurs secrets.

Qu'a donc appris Rudy sur cette inconnue, sur la fille à la robe de velours ?

Elle est célibataire, c'est certain. D'ailleurs toutes les filles du jardin le sont : pourquoi viendraient-elles s'asseoir sur un banc, dans ce parc, un samedi après-midi si elles avaient quelqu'un pour leur tenir compagnie ?

Le velours suggère à Rudy qu'elle est sensuelle, réceptive aux matières et qu'elle aurait volontiers le goût du luxe. Il l'imagine tout à fait s'arrêter, en rentrant du travail, chez un chocolatier belge très chic et n'acheter qu'une seule truffe au champagne, emballée dans une jolie petite boîte. Cette fille n'est pas du genre à se ruer sur des Mars, à manger des Kitkat en allant au travail, à cacher des Twix dans le tiroir de son bureau, à engloutir des gâteaux Cadbury quand elle croit que personne ne peut la voir. Ce qu'elle recherche, c'est juste un instant de pure volupté.

Il l'imagine ramener son chocolat chez elle, toute frissonnante d'impatience et puis se préparer un vrai thé, pas un vulgaire sachet qu'on jette dans l'eau chaude.

Il l'imagine avec un chat, un persan peut-être, ou bien un angora, en tout cas avec un félin au long pelage. Elle lui achète peut-être un morceau de poisson de temps en temps ou bien lui poche un peu de blanc de poulet dans du lait.

En achetant cette robe, elle avait dû également se faire plaisir.

Elle avait dû la repérer dans une vitrine, en tomber amoureuse et économiser pendant des semaines. On avait dû la lui envelopper dans du tissu et lui tendre un sac en papier brillant avec des anses de ficelle tressée. Elle garde toujours ce sac, dans le fond de son armoire, en souvenir de ce moment de bonheur.

La fille à la robe de velours glisse ses doigts entre les deux prochaines pages de son livre. Ce qu'elle vient de lire la fait rire très doucement. Elle passe à la page suivante et soupire de contentement.

Rudy s'éclaircit la gorge à nouveau et lui adresse un coup d'œil furtif. N'importe quel témoin de la scène serait persuadé qu'il va lui parler, qu'il en a enfin trouvé le courage. Grossière erreur ! Rudy n'éprouve pas le besoin de lui parler, il n'éprouve pas le besoin de faire sa connaissance, lui qui en sait déjà tellement à son sujet. Il n'a jamais parlé à aucune de ces femmes. Ça ne servirait qu'à tout gâcher. Il préfère faire leur connaissance en silence. De cette façon, il ne s'apercevra jamais qu'elles sont peut-être bornées, vulgaires, ennuyeuses, idiotes, superficielles, qu'elles ont peut-être un accent terrible ou une horrible voix, ou que, peut-être, elles n'ont absolument aucune envie de lui parler. Mais vraiment aucune envie ! Mieux vaut ne pas essayer. Mieux vaut se contenter d'être assis à leurs côtés et de les humer, de les deviner à partir des indices qu'elles sèment un peu partout sans s'en rendre compte. Le langage de leur corps, leurs bijoux, leur livre, leurs accessoires. Leurs réactions face à Mojo, leurs réactions face à lui, leurs réactions face au temps qu'il fait et face à tout ce qui les entoure. Rongent-elles leurs ongles ou les laissent-elles pousser ? Portent-elles les cheveux courts ou longs ?

Leurs chaussures sont-elles propres ou pas très nettes ? On en apprend certainement plus sur la perception qu'une personne a d'elle-même en repérant ce genre de petits signes qu'en une année de psychothérapie.

Mais qu'en est-il des sentiments, me demanderez-vous ? Qu'en est-il des contacts, qu'en est-il du sexe ? En fait, voyez-vous, Rudy ne ressent pas le moins du monde le besoin d'avoir des contacts physiques avec ces femmes. Pour ce genre de choses, il a Maria, la barmaid du *Lady Somerset*. Cette petite coquine de Maria, avec son Wonderbra, son rouge à lèvres voyant, son minuscule petit cul et ses dangereuses hanches dont les os saillants évoquent des nageoires de requins. Elle fait la moitié de sa taille et lui met au moins dix ans dans la vue. Elle est toujours partante pour n'importe quoi, n'importe quand. Peu lui importe de discuter, d'être aimée, de sortir, ou que sais-je encore... Ce qu'elle aime, c'est le rejoindre chez lui après la fermeture du pub et se frotter contre son immense corps jusqu'à ce qu'il en ait assez. Il la trouve super, mais elle est pourtant bien loin de correspondre à son image de la femme idéale. Avant tout, elle est bien trop maigre. Mais elle comble absolument tous ses besoins, et en faisant preuve de fantaisie. C'est pour cela qu'il l'aime.

La fille à la robe de velours regarde sa montre (très ordinaire, avec un bracelet en cuir, on dirait qu'elle la porte au poignet depuis des années), corne la page où elle s'est arrêtée, referme son livre et le glisse dans son sac (un sac polochon en cuir). Elle se lève, met son sac en bandoulière et s'apprête à partir.

À ce moment se produit un événement extraordinaire. Elle s'arrête, pivote sur elle-même et regarde Rudy. Elle le fixe pendant au moins dix minutes – à en croire Rudy – et entrouvre ses lèvres, très lentement. Ses joues commencent à rosir et elle se met à se tordre consciencieusement les mains.

Elle lui sourit.

— Salut, lui dit-elle.

Un peu raide, elle lève un bras en signe d'au revoir et s'éloigne peu à peu.

— Ouais, bafouille Rudy, faisant tomber son livre à ses pieds en sursautant. Ouais, à la prochaine, ajoute-t-il quelques secondes trop tard, alors qu'elle est déjà loin. À la prochaine.

Il la regarde gravir la colline, les mains dans les poches et la tête dans les épaules.

Non !

C'est pas possible !

Mais qu'est-ce qu'elle nous a fait ? Qu'est-ce qu'elle nous a fait, bordel ?

Rudy se penche pour ramasser son livre, le visage baigné de sueur. Elle lui a parlé. La fille à la robe en velours lui a parlé. Elle lui a dit « salut ». Qu'est-ce que ça peut bien signifier ? Qu'est-ce qu'elle peut bien lui vouloir ?

Il fronce les sourcils et remet le livre dans la poche intérieure de sa veste. Pourquoi lui a-t-elle parlé ?

Il entrevoit alors soudain la terrible vérité. Elle est venue là dans le seul but de le rencontrer. Chaque semaine, le même banc, à la même heure. C'est évident. Elle... elle... elle le poursuit. Il est poursuivi par une femme folle, obsédée, seule, en manque d'affection et déséquilibrée. Quelle horreur !

Il se lève prestement et regarde autour de lui pour s'assurer qu'elle n'est plus en vue. Ça va, elle a disparu.

— Viens mon chien !

Il frappe sur ses cuisses et Mojo le rejoint alors qu'il longe la colline.

Il faut absolument qu'il aille boire un verre. Ses mains tremblent un peu et son front est légèrement humide. Arrivé sur l'allée goudronnée, il presse le pas. Vite, vers Hightate Road ! Vite, vers le *Lady Somerset* ! Et, en prenant bien la précaution de se retourner de temps en temps, il se dépêche de filer.

À TOUTE ALLURE

Isabel Wolff

Isabel Wolff

---

est née dans le Warwickshire et a suivi des études d'anglais à Cambridge. Ses trois romans ont été traduits en français : Les Tribulations de Tiffany Trott *(Lattès, 1999 ; Pocket, 2000),* Les Aventures de Minty Malone *(Lattès, 2000 ; Pocket, 2002) et* Avis de grand frais *(Lattès, 2002 ; Pocket, 2003)… Elle écrit de nombreux articles pour la presse anglaise, signe un édito dans le magazine* P-S *et s'occupe de la revue de presse quotidienne pour l'émission* Breakfast News *diffusée sur la BBC1. Elle vit à Londres et ne fait pas partie de l'association des Amis de la Royal Academy.*

Traduit de l'anglais par Marie Blaison.

— C'est certainement quelqu'un d'intelligent, se dit Jane en gainant ses cils clairs de mascara bleu marine. Oh oui, se dit-elle en réfléchissant mieux, Gérald est quelqu'un de très intelligent.

C'est ce qu'elle aimait chez lui. C'est ce qui l'avait attirée quand elle l'avait vu pour la première fois, un samedi après-midi, trois mois auparavant. C'était dans la salle de réunion des Amis de la Royal Academy. En faisant la queue pour avoir un café. Voilà comment ils s'étaient rencontrés. Ils avaient tendu la main pour prendre un petit pot de crème exactement à la même seconde. Ils avaient ri, puis rougi, puis avaient poliment murmuré :

— Après vous.

Et puis, il l'avait tout à coup regardée dans les yeux et lui avait dit :

— Vous ne trouvez pas que les œuvres de jeunesse de Kandinsky sont un peu... débiles ?

Jane, prise de court, n'avait pas répondu tout de suite. En plus, elle était trop occupée à observer cet homme étrange qui, à présent, lui versait de la crème dans son café comme s'ils se connaissaient depuis des années.

— Débiles ? Eh bien... répondit-elle avec un petit haussement d'épaules amusé. Je ne vois pas trop ce que vous voulez dire.

Il mit un morceau de sucre roux dans son café, puis un deuxième.

— Oui, débiles, du latin *debilis*, commença-t-il à expliquer en remuant vigoureusement son café pour dissoudre le sucre. Faibles, si vous préférez.

— Faibles ?

— Oui, sans grande substance, ni recherche. Un peu faciles, ajouta-t-il avec assurance.

Il fit tinter trois fois sa cuillère sur le bord de sa tasse avant de lui demander :

— Voulez-vous qu'on aille s'asseoir ?

Jane avait souri en guise d'acquiescement et l'avait suivi jusqu'au fauteuil en cuir noir situé près de l'entrée. C'est bien ce qu'on lui avait dit, releva-t-elle avec une ironie amusée. La salle des Amis de la Royal Academy était un lieu de drague bien connu. Tout le monde savait ça. Et, visiblement, ce type essayait de la draguer. Vraiment, s'était-elle dit, quel culot ! Mais c'était précisément pour ça qu'elle avait accepté son invitation. Il était toujours en train de parler de Kandinsky – sa période de transition... le cubisme... meilleur que Picasso... Klimt... Et, alors qu'il parlait, Jane, assise, souriait et acquiesçait poliment en l'observant du coin de l'œil. Livresque. C'était le mot. Encyclopédique même. Il ressemblait à Stanley Spencer. Des lunettes rondes à monture d'écaille. Une touffe d'épais cheveux bruns ébouriffés. Des petits traits qui semblaient perdus au milieu d'un doux visage rond. Pas un beau visage, avait-elle pensé avec un pincement de cœur. Non. Pas beau du tout. Mais pas hideux non plus, avait-elle remarqué avec bon sens. Et c'était alors qu'elle avait repris espoir. Tout à fait accidentellement, elle avait légèrement baissé les yeux pour examiner sa silhouette. Il n'était pas mince. Mais il n'était pas gros non plus. Il n'était pas grand. Mais il avait de larges épaules. Trapu. C'était le mot juste. Et habillé chic, avec un blazer bleu marine et un pantalon gris. Un quadragénaire trapu qui savait parler. Célibataire, avait-elle supposé.

— Est-ce que vous venez ici ?.... Mais elle s'était arrêtée juste à temps. Enfin, je veux dire, est-ce que vous faites partie des Amis de la Royal Academy depuis longtemps ?

Il avait siroté son café avant de reposer sa tasse.

— Ça fait des années, avait-il répondu. Je fais aussi partie des Amis du Warburg Institute et de la Tate Gallery.

Elle en avait été toute remuée. Oh oui. Elle *adorait* les hommes intelligents...

Jane se mit une touche de blush, passa un coup de brosse dans ses cheveux blonds courts et vaporisa un soupçon d'*Allure* sur son décolleté légèrement poudré. Elle regarda sa montre. Sept heures moins dix. Comme d'habitude, elle serait en retard. Elle était toujours en retard quand elle avait rendez-vous avec Gérald. Elle savait qu'il ne fallait pas arriver à l'heure. Habituellement, il ne s'agissait que de cinq ou six minutes. Parfois, quand elle se sentait plus sûre d'elle, elle pouvait avoir huit minutes de retard, voire dix. Car Jane manœuvrait Gérald avec prudence, comme un pêcheur espérant ferrer un gros poisson. Elle le titillait. Elle prenait son temps. Elle évitait de faire quoi que ce soit qui pût l'alarmer ou le brusquer. Parce que Gérald n'était clairement pas le genre d'homme qu'il fallait brusquer. Elle descendit lentement les escaliers, se regarda une dernière fois dans le miroir de l'entrée, puis prit son sac et sortit. Elle pensait à la soirée culturelle qui l'attendait. Il y en avait eu tant avec Gérald. Ils étaient allés voir *Le Roi Lear* au Barbican et Edward Lear à la Tate Gallery. Ils étaient allés voir du Hodgkin à la Hayward Gallery et écouter du Chostakovitch au Festival Hall. Ils étaient allés voir une pièce de Pinter à l'Almeida et le Ballet Rambert au Sadlers Wells. Et elle commençait à trouver que, après ces trois mois, il serait temps qu'il… Oui, il serait grand temps.

Le cœur de Jane se mit à battre plus fort lorsqu'elle arriva dans Kentish Town Road. Ce soir, elle ferait avancer les choses. Elle lui donnerait un petit coup de pouce. Après tout, il avait déjà eu l'occasion de se rendre compte qu'ils avaient des tas de points communs. Comme elle, il aimait l'opéra (il allait à Glyndebourne tous les ans). À ce propos, Jane eut tout à coup une vision enchanteresse : elle se vit assise à côté de lui sur un plaid en mohair, à rire et à siroter du champagne. Gérald aimait aussi le théâtre, et le cinéma, du moment qu'il restait intellectuel. Et les concerts, bien sûr. Il allait très souvent au concert. Et c'était un passionné d'arts visuels. Pas de doute, ils avaient énormément de points communs, se dit Jane en pénétrant dans la station de métro, à Kentish Town. Bien entendu, ils avaient aussi quelques différences. Par exemple, Gérald était doué pour les maths, tandis qu'elle… (Mais tout le monde avait reconnu que, cette année-là, les sujets du brevet avaient été particulièrement difficiles.) Gérald, lui, était un génie des maths. Il avait eu la mention très bien à sa licence de maths, à Oxford. Un jour, il lui avait dit qu'un de ses passe-temps favoris était de réfléchir à l'univers. Une autre chose qu'ils ne partageaient pas, c'était la télévision. Il n'en avait pas. « Rien à voir ! » lui avait-il dit. Jane, en revanche, travaillait à la télévision, comme productrice indépendante. Un autre point de désaccord : elle était catholique et Gérald ne croyait qu'en l'homme. Elle n'était pas pratiquante, certes, mais elle savait que pour rien au monde, elle ne pourrait abjurer son catholicisme. Il n'y avait rien à faire, c'était inscrit en elle. Gérald, quant à lui, avait foi en son athéisme. Jusqu'à en devenir presque intégriste – « Tu vois, je sais avec certitude que Dieu N'EXISTE PAS », lui avait-il annoncé en remontant ses lunettes sur son nez. « J'en suis sûr. Il ne peut pas en être autrement ! » Ces déclarations avaient quelque peu consterné Jane, qui pensait qu'il y avait peut-être une petite chance qu'il existe. « Mais bon, il me semble que c'est absolument impossible de n'avoir que des points communs avec son amant potentiel », se dit-elle avec philosophie en introduisant son ticket dans le portillon automatique. Et puis Gérald s'intéressait à elle. Ça crevait les yeux. Elle le savait, parce que, immanquablement, le matin qui suivait chacun de leurs rendez-vous, il lui téléphonait pour lui dire : « Bon Jane, va chercher ton agenda. » Et ils fixaient la date de leur prochaine sortie, généralement quatre ou cinq jours plus tard.

Jane laissait toujours à Gérald le soin de la rappeler. Elle savait que c'était la meilleure solution. Et, bien qu'elle ne fût pas une manipulatrice dans l'âme, elle sentait que ses efforts de prudence payaient. En effet, il s'était mis à lui téléphoner quand il était en déplacement pour sa banque. Il l'avait appelée deux fois de Glasgow et même, une fois, de Paris. Elle avait alors éprouvé une joie tranquille. Et, pendant qu'ils bavardaient, elle l'avait imaginé dans sa chambre d'hôtel dominant la Place Vendôme, avec, non loin de lui, la Seine qui scintillait dans la lumière automnale. « Oh oui, il est vraiment mordu », se dit-elle en montant dans la rame. Et c'était la raison pour laquelle il prenait son temps. Mais, à présent, elle avait envie d'appuyer très légèrement sur le bouton « avance rapide ».

Gérald avait quarante-cinq ans. Dix ans de plus que Jane. Il ne parlait pas beaucoup de son passé. Jane savait seulement qu'il était divorcé depuis huit ans (il était grand temps qu'il replonge !) et qu'il considérait Susie, son ex-femme, comme une « bécasse ». Ça avait un peu refroidi Jane. Elle avait senti son cœur se serrer quand il le lui avait dit, au restaurant, lors de leur deuxième rendez-vous. Elle lui avait adressé un regard de reproche et lui avait doucement murmuré : « Oh, Gérald ! » Puis, d'un air coupable, il lui avait expliqué qu'il avait quitté Susie parce que, bien que « très belle », elle était « bête ». Jane fut surprise d'apprendre que Gérald, qui n'était pas exactement une beauté, ait pu être marié à une femme très belle. Mais d'un autre côté, oui, d'un autre côté… d'un autre côté, il était riche.

Pour sa part, Jane évitait soigneusement de parler d'elle, bien que Gérald, parfois, l'y incitât. Elle aimait assez quand il devenait un peu curieux, mais elle veillait à ce que ses réponses restent prudentes et légèrement évasives.

— Eh bien, disait-elle d'un ton détaché. J'imagine que je n'ai jamais rencontré la bonne personne… C'est tout ce qu'il y a à savoir.

Elle ne lui dit jamais que si, par hasard, elle tombait sur son ex, Philip, il aurait certainement passé un sale quart d'heure.

— Oh oui, avait-elle continué avec un petit sourire plein de regrets, l'important c'est de s'assurer qu'il s'agit de la bonne personne.

Alors que le métro la conduisait vers le sud de Londres, Jane vérifia une nouvelle fois son maquillage et enleva une peluche qui traînait sur le revers en velours de son manteau. Ils allaient à l'opéra, voir *Hansel et Gretel*, au Coliseum. Comme toujours, c'était elle qui avait pris des billets et, comme toujours, il l'emmènerait dîner après le spectacle. « Je m'occuperai du divertissement, avait-elle plaisanté au début qu'ils se voyaient, et toi du ravitaillement. » Et, tout en sachant pertinemment qu'il gagnait une fortune, elle avait toujours veillé à payer sa part. Jane descendit à la station Leicester Square et regagna la surface. Elle prit St. Martin's Court, puis tourna à droite. Elle apercevait à présent l'opéra et la foule qui se pressait sur les marches. Elle apercevait Gérald, également. Il l'attendait près du guichet. Alors qu'il ne l'avait pas encore remarquée, elle lui fit un signe de la main et fut heureuse de constater qu'il avait l'air de se sentir légèrement concerné.

— Excuse-moi, je suis en retard, souffla-t-elle en lui tendant une joue froide. Mais mon téléphone n'arrêtait pas de sonner. Impossible de décoller de chez moi !

Elle mentait effrontément. Personne ne l'avait appelée. Elle jeta un coup d'œil aux vêtements de Gérald : il avait opté pour un costume prince-de-galles. Il lui allait très bien, et, même si Gérald était loin d'être beau, il était toujours très chic. C'était déjà ça. Elle se débarrassa vite de son manteau alors que la sonnerie annonçant le début de la représentation commençait à retentir. Sous son manteau, elle portait un cardigan en cachemire bleu clair et une jupe courte en velours couleur bronze. Elle sourit à Gérald et se passa une main manucurée dans les cheveux avant qu'ils n'empruntent l'escalier qui menait au premier balcon.

« J'adore ça », se dit-elle lorsqu'ils s'assirent pendant que la lumière baissait. « J'adore le moment où le rideau se lève, où le silence se fait et où nous nous retrouvons tous les deux ensemble drapés dans l'obscurité. » Persuadée que son profil droit était le meilleur, elle essayait toujours de s'installer à gauche de Gérald. Elle croisa ses jambes en pensant qu'il entendrait peut-être le doux frottement de ses bas de luxe l'un contre l'autre. Elle espérait aussi qu'il avait remarqué les délicats reflets de sa jupe en velours remontée sur ses cuisses et qu'il avait respiré sa chaude fragrance sucrée et vanillée. « Ce soir », pensa-t-elle alors que la musique commençait. « Ce soir, peut-être. » Parfois, quand ils étaient au théâtre, elle plaçait son coude gauche sur l'accoudoir de Gérald. Et s'il faisait de même, avec son bras gauche, ils pouvaient sentir leurs corps se frôler. Se frôler encore. Et encore. Puis l'un d'entre eux retirait sa main.

Pendant l'entracte, Gérald était transporté : « Post-romantisme… l'harmonie wagnérienne… les mélodies folkloriques… le génie de Richard Strauss… » Jane l'écoutait, en buvant son vin rouge. Elle se sentait brûler de l'intérieur : elle était heureuse d'être avec cet homme si intelligent. Heureuse. Heureuse, *sauf que…* Peu après, pendant le dîner, elle décida qu'elle allait essayer de placer une fine allusion. Mais Gérald était toujours dithyrambique au sujet de la musique du XIXe siècle. Au moment où le serveur apporta le café, cependant, il y eut tout à coup un moment de silence pendant lequel leurs yeux se rencontrèrent. Jane sentit que le bordeaux blanc, en passant dans son sang, lui avait donné du courage.

— Gérald… hésita-t-elle. Gérald, je voudrais…

— Schönberg, s'exclama-t-il.

— Quoi ?

— Je suis désolé. Schönberg. Au Barbarican. Je viens juste de m'en souvenir, lui dit-il, jeudi prochain. On y va ?

— Quoi ? Oh, oui, oui, accepta-t-elle. Schönberg, ça peut être super !

— Mais tu allais dire quelque chose, s'excusa-t-il. Je suis vraiment désolé de t'avoir coupé la parole. Vas-y, je t'écoute.

— Ah oui, j'allais dire quelque chose ? dit-elle d'un air distrait. Oh, oui, ça me revient maintenant, mais ça n'était pas très important. Euh… je voulais juste te demander si tu aimais Liszt.

Après le repas, comme toujours, Gérald reconduisit Jane jusqu'à la bouche de métro. Il la reconduisait toujours jusqu'à la bouche de métro, avant de rentrer en taxi à sa maison de Earl's Court. Ils flânaient, côte à côte. Gérald marchait sur le côté extérieur du trottoir car il tenait à se montrer correct en toute circonstance.

— Encore une soirée merveilleuse, lui dit-il gaiement alors qu'elle fouillait dans son sac à la recherche de son ticket. Encore une soirée fantastique. Fantastique ! Quel plaisir ! (Il l'embrassa sur la joue.) Schönberg, répéta-t-il d'un ton enjoué. Je t'appelle demain, Jane. Bye !

— Bye ! répéta-t-elle en lui adressant un faible sourire avant de tourner les talons.

Dans le métro, elle évita de poser les yeux sur le jeune couple d'amoureux assis en face d'elle, dont les membres étaient entortillés comme les brins d'une corde. Et, même si Jane réussissait toujours à garder sa lèvre supérieure rigide, sa lèvre inférieure lui donnait du fil à retordre. Elle décida alors de respirer profondément – inspiration, expiration ; inspiration, expiration… – et plaça son livre juste devant son visage. Une fois sortie du métro, à Kentish Town, elle marcha en gardant les yeux fixement rivés au sol. Puis elle arriva à son appartement, ferma la porte d'entrée, poussa une exclamation désespérée et éclata en sanglots.

Le lendemain, après déjeuner, le téléphone se mit à sonner.

— Jane, c'est Gérald. Comment vas-tu ?

— Je suis... déconcertée, répondit-elle sans prendre le temps de réfléchir.

Trop tard pour avoir des remords, maintenant !

— Déconcertée ? répéta-t-il. À propos de quoi ?

— À propos de toi, Gérald, répondit-elle calmement.

— Oh ! Mais pourquoi donc ?

— Eh bien... parce que... (Elle continua, après avoir inspiré lentement)... parce que ça fait trois mois et demi qu'on se voit et tu ne m'as même pas pris la main !

Voilà. C'était dit. Elle avait ouvert une brèche et l'eau allait s'y engouffrer.

— Ah... commença-t-il prudemment.

— Je ne sais pas ce que tu veux au juste.

— Ce que je veux ? Euh... ah..., bégaya-t-il. Eh bien... eh bien... voilà qui est très étonnant. (Il réussit enfin à retrouver ses esprits.) Oui ! Cette conversation est vraiment *très* étonnante !

Jane respira profondément.

— Eh bien moi, ce que je trouve étonnant, poursuivit-elle avec calme, c'est que tu continues à m'inviter, sans jamais rien faire.

— Rien faire ?

— Oui, tous ces rendez-vous..., ajouta-t-elle d'une voix lasse, semaine après semaine... Et rien... rien... Écoute, ça ne sert à rien de faire le timide avec moi.

— Moi, timide ? s'exclama Gérald indigné. Timide ? Je ne suis pas timide !

— Ah bon ?

— Bien sûr que non !

— Mais on est *ensemble*, quand même !

— Ensemble ?

— C'est quand même bien toi qui as commencé à me draguer, souviens-toi, à la Royal Academy.

— Je ne t'ai pas « draguée », dit-il en tombant des nues. Je voulais juste faire la conversation. Me montrer poli.

— Oh ! Et je peux savoir pourquoi tu m'as invitée à sortir après ça ? Et pourquoi tu as *continué* de m'inviter à sortir ? Voilà mon problème, Gérald : je ne comprends pas ce que tu veux.

— Oh, je vois !

— Je pensais que tu avais envie de... enfin..., soupira-t-elle, de me connaître un peu plus intimement.

— Mais j'en avais envie, enfin je veux dire, j'en *ai* envie, rectifia-t-il.

— Mais je crois qu'on se connaît suffisamment, maintenant, Gérald. Et pour parler franchement, je trouve que tes manœuvres d'approche sont un peu... (Elle se retint pour ne pas dire frustrantes.)... lentes.

— Oh, je *vois*. Eh bien, Jane, cette conversation est *vraiment* des plus étonnantes, répéta-t-il sur un ton qui semblait à présent amusé. Ma chère, je n'avais tout simplement pas réalisé que tu étais insatisfaite, ajouta-t-il. Je... je... (Les mots lui échappaient.) Mais, à présent, je sais ce que je dois faire ! s'exclama-t-il soudain. Parfaitement, je sais ce que je dois faire. Et je vais le faire !

Sur le moment, Jane regretta sa franchise. Elle sentait ses entrailles se tordre et se nouer.

— Oui, continua-t-il très excité. Je sais ce que j'ai à faire et à notre prochaine rencontre, je te prendrai la main !

— Écoute, Gérald, dit-elle d'un ton las. Tu n'as pas à te sentir obligé...

— Je le sais, mais j'en ai envie, moi !

— Tout ce que je veux, ajouta-t-elle patiemment, c'est savoir si tu considères notre amitié comme une simple... amitié.

— Eh bien, pour moi, c'est important de commencer par être amis, lui dit-il. Très important ! Tu vois, avec la femme que j'ai fréquentée avant toi, on a été amis pendant un an avant que...

— *Un an ?* répéta-t-elle. Bonté divine !

— ... Mais maintenant que je sais ce que tu ressens, je vais... enfin... (Puis il abrégea.) Je sais *exactement* ce que je vais faire.

Lorsque Jane raccrocha le téléphone, elle avait le cœur gros. Cette discussion avec Gérald, pour savoir si oui ou non, il allait lui prendre la main, n'était pas vraiment ce qu'elle attendait. Ce qu'elle voulait, c'était qu'il le fasse. Et elle attendait ça depuis des semaines. Elle voulait simplement qu'au moment opportun, il lui prenne la main, et entre les deux siennes, si possible. Mais rien. Jamais. Pas le moindre contact. Rien que ces sempiternelles sorties culturelles pendant lesquelles ils s'asseyaient côte à côte, comme des inconnus intimes dont les manches se frôlaient à peine. Elle s'était parfois demandé s'il n'était pas gay.

« Non, *il n'est pas gay* », se rassura-t-elle une nouvelle fois alors que, un peu plus tard dans la journée, elle se dirigeait vers Harley Street. « Il est juste un peu distant avec les femmes. C'est souvent le cas chez les intellectuels. Mais maintenant, au moins, il connaît mes sentiments. Je ne peux plus laisser traîner ça trop longtemps. » Elle monta jusqu'à la salle d'attente du docteur Sharp. Le docteur Sharp était sa gynécologue. Jane n'osait pas parler de ce genre de problèmes avec son généraliste, qui était un vieil ami de la famille. Elle portait bien son nom[1], se dit Jane en s'installant sur la table d'examen et en regardant ses pieds pris dans les étriers.

— C'est certainement une candidose, dit-elle tout de suite.

« Effectivement, je me suis montrée un peu candide, ces derniers temps », pensa Jane.

— Affection plus communément désignée sous le nom de « muguet », continua le docteur Sharp en s'enfonçant dans les profondeurs avec un gant en latex. Ça doit vous démanger ?

— Oui.

— Vous avez eu des rapports, récemment ?

— Non, répondit Jane qui avait l'air de le regretter amèrement.

— Ça vous est déjà arrivé ? Je veux parler du muguet, pas des rapports sexuels.

— Non.

— Toutefois, dit le docteur Sharp en prélevant quelques cellules, il pourrait également s'agir d'une vaginose d'origine bactérienne. Je vais... (Jane tressaillit.) faire analyser ça. *Gardnerella vaginalis*, si vous voulez le nom latin.

Jane préférait ça. Ça sonnait comme une variété de clématite.

1. *Sharp*, en anglais, veut dire « pointu » (*N.d.l.T.*).

— La *gardnerella* est souvent liée à un état d'anxiété, expliqua le docteur Sharp à Jane qui remettait ses collants. Mais il n'y a aucun souci à se faire, ajouta-t-elle. Ça se traite très bien. Je vous écrirai pour vous tenir au courant des résultats.

Le mardi, Jane reçut une lettre du docteur Sharp l'informant qu'elle n'avait qu'un muguet bénin qui disparaîtrait comme il était venu avec le traitement qu'elle lui prescrivait. En allant rejoindre Gérald au Frederick's ce jeudi-là, elle passa à la pharmacie.

— Lisez la notice bien attentivement, conseilla le pharmacien alors que Jane glissait le petit paquet dans son sac.

Puis elle se dirigea vers le restaurant en respirant profondément. Finalement, Gérald et elle n'allaient pas écouter Schönberg. Pour une fois, ils allaient juste dîner, et parler. Et, même si Jane était soulagée d'avoir clarifié la situation, elle se sentait comme Gary Cooper dans *Le train sifflera trois fois*. Elle avait fait attention à sa toilette. Rien de trop sexy. Juste une robe grise très chic Jasper Conran. Elle poussa la porte du restaurant et vit Gérald, assis près du bar sur un canapé bleu foncé. Jane s'était imaginé qu'il aurait l'air un peu nerveux. Mais elle s'était trompée. Il était tout sourire.

— Notre table ne sera pas prête avant un quart d'heure, lui expliqua-t-il en se levant. Tu veux boire un verre ?

— Oui, s'il te plaît, dit-elle alors que le garçon la débarrassait de son manteau. Je prendrais volontiers un verre de vin blanc.

Gérald passa commande auprès du garçon avant de se rasseoir. Puis il regarda Jane, fit un signe de tête et tapota le canapé avec un œil légèrement égrillard. Jane commençait à se sentir nouée. Elle s'assit à l'autre extrémité du fauteuil et posa son sac entre eux deux. Gérald se contentait à présent de la regarder en souriant d'un air entendu. Elle avait envie qu'il cesse ce petit jeu.

— Tu as eu une journée chargée ? lui demanda-t-elle.

Il acquiesça de la tête. Elle sirotait son verre de vin nerveusement pendant qu'il lui parlait de la fusion qu'il essayait de mettre en place.

— Et pour *toi*, la journée a été bonne ? s'enquit-il avec un petit sourire amusé et conspirateur.

— Euh, oui, dit-elle. Très bonne.

Et elle lui parla du projet qu'elle allait proposer à Channel 4 : un documentaire sur les hommes qui font appel à la chirurgie esthétique. Et, pendant qu'elle parlait, Gérald, qui était tourné vers elle, lui souriait en levant un sourcil.

— Tu vois, la proportion des hommes ayant subi une intervention de chirurgie esthétique a considérablement augmenté ces dix dernières années, expliqua-t-elle. En fait, le chiffre a même augmenté de vingt pour cent et la plupart des hommes qui y ont eu recours disent que c'était pour plaire à leur femme ou à leur petite amie. J'en ai parlé au directeur des programmes de Channel 4 – c'est un type très sympa, d'ailleurs. Je pense à une série en trois parties, dans lesquelles...

Soudain, Gérald ouvrit grand la main et ses doigts potelés se refermèrent sur ceux de Jane. « Me voilà prise à mon propre piège », se dit Jane qui sentait son visage s'empourprer.

— Gérald... commença-t-elle. Gérald, quand je disais...

— Tu as raison, Jane, l'interrompit-il en faisant ainsi montre, pour une fois, d'impolitesse. Il est grand temps que je te prenne la main et, quelle main, si je puis me permettre !....

Jane aurait aimé pouvoir lui retourner le compliment mais la main de Gérald était chaude et moite. Il lui souriait toujours. Elle sentit son estomac se serrer alors qu'il imbriquait ses petits doigts épais entre les siens.

— Écoute, Gérald..., ce n'était pas du tout ce que je voulais dire, je...

Mais il continuait à l'agripper comme s'ils étaient sur le point de s'enfuir. Puis, elle s'aperçut avec horreur qu'il commençait à pencher la tête vers la sienne...

— Un autre verre, madame ?

C'était le garçon. Il lui sauvait la vie.

— Oh oui, s'il vous plaît. Très volontiers, lui répondit-elle.

Mais malgré la présence du garçon, Gérald continuait à broyer ses doigts dans sa grosse main.

— Je t'en prie, Gérald, dit-elle doucement après s'être rendu compte qu'ils commençaient à attirer les regards.

— Tu sais ce que je vais faire maintenant, Jane ? murmura-t-il d'une voix rauque en glissant vers elle.

— Non, lui répondit-elle sans mentir. Aïe.

— Je vais *t'embrasser* !

— Non, Gérald, je t'en prie, ne fais pas ça. Pas ici. Ce n'est vraiment pas l'endroit, je...

— *Ahaaaa !* (Il souriait d'un air satisfait.) Tu es gênée, proclama-t-il triomphalement. Tu ne te sens pas à l'aise. Et je dirais même plus : tu es toute chamboulée ! Mais je m'en moque, je vais t'emb...

— Monsieur ! (C'était à nouveau le garçon. Il lui sauvait la vie une seconde fois et c'était lui qu'elle avait envie d'embrasser.) Votre table est prête à présent. Si vous voulez bien me suivre.

Jane se sentit terriblement soulagée de s'asseoir en face de Gérald car, à présent, la table ferait rempart entre eux deux. Qui plus est, il aurait certainement du mal à lui prendre la main pendant qu'elle tiendrait ses couverts. Elle siffla le reste de son vin, trop rapidement. Gérald était en train de parler de T.S. Elliot.

— J'ai *vraiment* envie de m'attaquer à *La Terre désolée*, déclara-t-il en remontant ses lunettes sur son nez. Tu ne connaîtrais pas une bonne œuvre critique ?

— Euh, il me semble que le bouquin de Helen Gardner est la référence en la matière, dit-elle. Ça s'appelle *L'Art de T.S. Elliot*, je me rappelle l'avoir lu à la fac, c'est... oh, merci.

Le garçon était en train de remplir son verre. Gérald le regarda faire et agita sa main droite en désignant Jane, puis dit en murmurant de façon théâtrale :

— Vous ne trouvez pas qu'elle est *belle* ?

— Gérald, vraiment !....

— Si, monsieur, répondit poliment le garçon.

Une fois qu'il se fut éloigné, Gérald tendit le bras pour prendre à nouveau la main de Jane. « Ça m'apprendra », se dit-elle avec amertume, alors qu'elle sentait son visage baigné de sueur.

— Tu es gênée ! répéta-t-il en jubilant. Tu es gênée, n'est-ce pas ?

Il y avait une fine couche de buée sur ses lunettes. Il se pencha au-dessus de la table et lui prit encore la main. Elle avait envie de crier : « Gérald, non ! Gérald, non ! Arrête ! » Mais il fut forcé de se rasseoir correctement car on leur apporta leur assiette de bar. Jane eut du mal à manger alors, à la place, elle but. Elle réussit à descendre la quasi-totalité d'une bouteille à elle seule.

— Taxi… marmonna-t-elle alors qu'ils récupéraient leurs manteaux. Il me faut un taxi…

— Bien sûr qu'on va prendre un taxi, se réjouit Gérald. On va chez toi ou chez moi ? ajouta-t-il avec un sourire entendu.

— Quoi ? Écoute, je suis désolée… J'ai trop… bu, G'ld. Était… super… mais… aïe… rentrer… *chez moi*.

Ils remontèrent Upper Street, et Jane leva son bras droit dès qu'elle aperçut la lumière orange d'un taxi.

— Merci G'ld, bafouilla-t-elle. Super… bientôt.

Elle lui tendit la joue, mais il la saisit par les épaules et colla ses lèvres molles et caoutchouteuses contre celles de Jane.

— Helen G'dner, cria-t-elle par la vitre du taxi qui démarrait. *L'Art de Tiessel't*. Peux t'le prêter, si t'veux.

Gérald resta planté là pendant un moment, pauvre silhouette solitaire. Puis il tourna les talons et disparut.

Il ne lui téléphona pas le lendemain. Ça ne la dérangea pas : sa gueule de bois rendait pénible toute prise de parole. Mais le samedi son mal de crâne carabiné avait disparu. Elle était juste un peu dans le brouillard. Elle voulut téléphoner à Gérald, mais tomba sur le répondeur. « Il me rappellera », se dit-elle. Mais elle se trompait. Il ne la rappela ni le samedi, ni le dimanche. Et il ne décrochait toujours pas. Le lundi, se sentant délaissée, elle se demandait ce qu'il fallait faire quand elle se souvint tout à coup de son traitement. Elle ouvrit le sachet. Il contenait quelque chose qui ressemblait à une torpille et un petit tube de crème blanche. Comment diable utiliser ces machins ? Elle n'avait jamais eu besoin de ce genre de choses auparavant. Une fois n'est pas coutume, il n'y avait aucune notice. Elle décida alors d'appeler le docteur Sharp.

— Je suis désolée, mais le docteur Sharp est absente jusqu'à vendredi, lui apprit la secrétaire. Si ce n'est pas pour une urgence, je vous conseille de lui envoyer un mot.

Jane prit alors son papier à lettres et écrivit : « Cher docteur Sharp, mon traitement contre le muguet m'est arrivé sans notice. Pouvez-vous me dire, je vous prie, si cette espèce de torpille blanche est un ovule ou un suppositoire ? Jusqu'où dois-je l'introduire ? Et est-ce que la pommade peut être appliquée directement à l'intérieur du vagin ? »

Voilà, ça devrait être bon, se dit-elle. Puis elle décrocha son téléphone et composa le numéro de Gérald.

— Gérald, c'est Jane. Comment vas-tu ?

Il y eut un moment de silence à l'autre bout du fil.

— Ça va, dit-il d'un ton neutre. Mais je suis… occupé.

— Oh, dit-elle, surprise de se sentir si déçue. Peut-être qu'on pourra se voir quand tu auras un peu plus de temps, enchaîna-t-elle tout de suite. Il y a une nouvelle production du *Chevalier à la Rose* à l'Opera House, est-ce que je dois m'occuper des billets ?

— Non, répondit-il sèchement. Non merci.

Jane sentit son visage s'embraser.

— Je croyais que tu aimais Richard Strauss, dit-elle.

— C'est vrai.

— Alors, pourquoi ce refus ?

— Je veux y aller. Mais pas avec toi.

— Oh ! (Les genoux de Jane se mirent à flageoler.) Je peux savoir pourquoi ?

— Écoute… laisse tomber, veux-tu ? dit Gérald visiblement agacé. Ce n'est pas la peine d'en faire tout un plat !

— Je vois, répondit-elle. (Elle secoua la tête.) Ou plutôt, je ne vois pas du tout. Pour tout dire, je trouve ton attitude des plus bizarres. Tu es fâché ? ajouta-t-elle avec douceur, en faisant quelque peu machine arrière. Parce que j'ai un peu exagéré ?

— Non, répondit-il. Pas du tout. C'est juste que… (Il soupira.) C'est juste que je me suis rendu compte que je ne pourrai jamais être… *amoureux* de toi.

— Oh ! Eh bien… Tu ne me trouves pas séduisante ? demanda-t-elle, désespérée, alors que son cœur cognait dans sa poitrine.

— Hum. Non, répondit-il avec brusquerie. Non, je ne te trouve pas séduisante.

— Oh. Eh bien alors… fit-elle. Super ! Mais c'est quand même une *légère* surprise. Surtout après ton comportement étrange au Frederick's. Mais je te remercie pour ta franchise, Gérald. Je te remercie *du fond du cœur*. Au revoir.

Elle reposa le téléphone et hurla : « BRAN-LEUR !!! Quel *salopard* ! P… de *malade* ! Quelle espèce de… » Oh mon Dieu, jamais plus elle n'oserait mettre les pieds au *Frederick's* ! Elle alla à la cuisine pour se faire une tasse de café.

Comment ose-t-il ? se dit-elle en faisant claquer la porte du placard. Comment ose-t-il lui dire une chose pareille alors qu'il l'invite depuis trois mois ? Comment OSE-t-il lui dire une chose pareille après tous ces mamours en public ? Jane se dirigea vers son bureau et ouvrit son bloc de papier à lettres. Voilà. Il allait voir ce qu'il allait voir. « Franchise *tout à fait* déplacée… » écrivit-elle. « Manque *total* de courtoisie… comportement *embarrassant* au *Frederick's*… attitude *terriblement* contradictoire… pas *exactement* une sinécure… *aucune* envie de te revoir… *Bien le bonjour* ! » Jane relut sa lettre avec une immense satisfaction, l'envoya au bureau de Gérald et se précipita vers la boîte aux lettres la plus proche pour la poster en même temps que le mot adressé au docteur Sharp.

« Je suis VRAIMENT heureuse d'avoir fait ça », se dit-elle le lendemain dans le métro qui la conduisait à Channel 4. « Ce sale malade. Ce salaud détraqué. Il sera vert, mais il ne me répondra pas. »

Deux jours plus tard, Jane entendit le clapet de sa boîte aux lettres qui se refermait, ainsi que des enveloppes qui tombaient à l'intérieur. Il y en avait trois : deux factures et la réponse du docteur Sharp. Jane ouvrit l'enveloppe couleur huître. Perplexe, elle plissa le front. « Chère Jane », avait écrit le docteur Sharp. « J'espère que votre muguet a disparu grâce au traitement que je vous ai prescrit. J'avoue avoir été un peu surprise de recevoir la lettre ci-jointe (c'était le mot de Jane à Gérald). Vous avez dû me l'adresser par erreur. C'est le genre de choses qui arrivent quand on agit avec précipitation. Je vous la renvoie, au cas où ce serait important. Amicalement, Janet Sharp. »

WIM WENDERS EST UN HOMME LIBRE

Roberta Corradin

Roberta Corradin

---

est née en 1964 dans un petit village italien situé à quelques kilomètres de la frontière française. Après dix ans de journalisme, elle vient de reprendre des études classiques et prépare un mémoire sur « la gastronomie dans la satire latine du Ier siècle ap. J.-C. ». Cela ne l'empêche pas pour autant de continuer à collaborer avec une dizaine de journaux italiens, dissimulée sous neuf pseudonymes différents, ni de publier de nombreux ouvrages. Son troisième livre, Déshabillez-moi, *est paru chez Florent Massot Présente en 2001.*

Traduit de l'italien par Marie Blaison.

Ingrédients : pommes de terre, pommes de terre et pommes de terre. Du concentré de tomate, du lait, de la pâte d'anchois, un soupçon de crème et de l'aneth pour abuser vos invités. Et, bien entendu, lui, l'inévitable persil. Sans oublier une boîte de saumon en conserve (si les excès de la vie ne vous font pas peur, prenez-en deux).

Je suis une oie. Ils sont nombreux à me le dire. Enfin, façon de parler, tiennent à préciser certains informateurs particulièrement délicats. Je dois bien l'admettre – et je n'essaierai même pas de me défendre : je suis une oie car je gobe et j'avale n'importe quoi. Je crois à tout ce qu'on me raconte à condition qu'on y mette un tant soit peu de conviction. Sans cette odieuse gamine assise au deuxième rang en CE2 – une chipie incapable de garder le moindre petit secret, une peste qui recrachait instantanément tout ce qui pouvait lui arriver aux oreilles –, je croirais encore au Père Noël et à ses rennes. Je croirais que les enfants naissent dans des choux. En fait, c'est parce que je ne m'interroge jamais sur le pourquoi des choses, je me contente de prendre note, comme une secrétaire consciencieuse. Le monde est un assemblage de phénomènes, et moi je les enregistre les uns après les autres. Leurs liens ? Les liens sont une prison pour la pensée : pourquoi devrais-je m'en préoccuper ? C'est une perte de temps, et mieux vaut commencer à éplucher les pommes de terre pour le repas.

Voilà comment a commencé cette histoire : il y a quelques jours de ça, je devais dîner avec Paolo, qui est en maîtrise d'histoire du cinéma et qui a déjà sa rubrique de critique de films dans un petit journal (mais son plus grand mérite est d'avoir les yeux bleus). En pleine conversation, on passe devant un cinéma et il s'interrompt pour me dire :

— Ils passent le dernier Wim Wenders ici, je ne l'ai pas encore vu.

« C'est dingue, quel cinéaste prolifique », me dis-je. *Buena Vista Social Club* vient à peine de sortir qu'il a déjà tourné un autre film. Sur l'affiche en plus pur style Tinto Brass[1] (inspirée, dans son graphisme, par le slogan – « le cul plutôt que la tête » – qui a rendu ce cinéaste vénitien célèbre dans le monde entier), je lis *La Cochonne de Los Angeles*. Mais ça ne me choque pas plus que ça car, après tout, Wim Wenders est un homme libre et il a bien le droit d'intituler ses œuvres comme bon lui semble. Je propose d'aller voir le film après le dîner : Paolo est à croquer quand il m'explique les subtilités du montage, la beauté de la photographie, le choix des musiques. Voilà que l'autocuiseur se met à siffler : je baisse le feu et, dans huit minutes, les pommes de terre seront prêtes à être écrasées. Paolo me regarde en silence. Il avait peut-être d'autres projets pour après le repas. Je me délecte d'avance, tout en essayant de ne rien laisser paraître. Finalement, nous nous attardons à table, et, comme d'habitude, il est question de mes projets. Mais qu'est-ce qu'ils ont, pourquoi tous ceux qui sortent avec moi sont tellement intéressés par le sujet ? Je commence à me demander s'il ne s'agit pas d'une technique de drague déguisée... Le fait est que Paolo, comme tous les autres, choisit de me tourmenter.

— Mais comment peux-tu étudier la papyrologie ? Tu n'as donc pas réfléchi à ton avenir ? As-tu bien conscience qu'il y a vraiment peu de postes offerts aux enseignants de lettres ? Te rends-tu compte combien la carrière universitaire est difficile ?....

Quel changement de registre : il est passé du ténor amoureux à la basse tragi-comique moralisatrice. Pour ma part, je pense seulement à m'amuser sans me projeter dans le futur, en étudiant ce qui me plaît. Et puis, c'est lui qui

1. Réalisateur de films X italien (*N.d.l.T.*).

ose me donner des leçons, ce Mereghetti[1] d'opérette!....

Malgré moi et mes réponses aigres-douces, nous ne finissons pas la soirée au cinéma. Le lendemain soir, en revanche, avec Claudio et Quintino – deux intellos purs et durs –, on opte pour le ciné.

— Qu'est-ce qu'on va voir?

— Le dernier Wim Wenders, proposé-je angélique, *La Cochonne de Los Angeles*.

Et là, ils se mettent à se rouler par terre en hurlant de rire, tapent des poings sur le sol, bavent et, à cause de la contraction causée par le fou rire, risquent la paralysie des mâchoires. Ils ont tenu à rencontrer Paolo qui m'a fait gober ces bêtises et je les reçois tous les trois à dîner ce soir. Je n'ai pas un sou, mais je les ai invités volontiers. Il me restait, dans la réserve, une boîte de saumon datant de ma période faste, quand je travaillais à la librairie. À la base de pommes de terre écrasées, j'ajoute un peu de lait et de crème, du sel et du concentré de tomate qui donne à l'ensemble une belle couleur rosée – les choses sont bien faites: c'est exactement le rose du saumon! La pâte d'anchois, pour évoquer la saveur du poisson. Des graines d'aneth réduites en poudre pour embrouiller les idées. « Mais regarde ce que cette fille sait faire avec les épices. » Pas d'approximations s'il vous plaît: l'aneth n'est pas une épice, c'est une herbe aromatique. Et des brins de persil, grâce auquel mes chers amis intellectuels feront d'eux-mêmes le lien avec le poisson. Évidemment. Et puis le saumon en boîte. Si j'enlève la peau et les arêtes, que reste-t-il? Il reste le lien. Contrairement à moi qui suis une oie, certains cueillent les liens aussi facilement que des petites fleurs dans une prairie, les capturent comme ils captureraient des poissons dans une mer poissonneuse. Consciente de mes limites intellectuelles – corollaire de ma volaillitude –, je bâtis de nouveaux liens, inattendus et détournés, en me consacrant à des activités féminines et culinaires: dans le cas présent, je donne à ce mélange, enrichi de façon significative par l'ajout du saumon réduit en miettes, la forme d'un poisson. Un beau poisson allongé: on dirait un petit saumon, jeune et inexpérimenté, prêt à

1. Célèbre critique cinématographique italien (*N.d.l.T.*).

mordre à l'hameçon. Je le décore avec des yeux de câpres et des écailles en fausse mayonnaise préparée avec du yaourt parce que l'huile d'olive coûte trop cher et que je dois tenir avec la même bouteille jusqu'à la fin des vaches maigres, c'est-à-dire jusqu'à ce que la librairie ait à nouveau besoin de quelqu'un le dimanche matin.

Les voici, mes hommes. Ils m'attendent, assis autour de la table avec leur serviette sur leurs genoux et leur fourchette en pole position. Mais cette fois, ce sont eux les oies. Ils m'accueillent en m'applaudissant parce qu'il n'y a pas de fumée sans rôti et qu'il n'y a pas de faux poisson en forme de poisson, agrémenté de persil et de rondelles de citron, sans un beau saumon, tout juste sorti de son court-bouillon. C'est d'ailleurs ce que confirme mon complice félin qui se lèche les babines en laissant bien en évidence dans sa gamelle un reste de peau rose argent sans aucune équivoque possible. Merci minou.

En ce qui me concerne, je ne sais pas vraiment ce que je ferai après la fac, quand j'aurai ma maîtrise de papyrologie, ce qui sonne un peu, il est vrai, comme pourrir au logis. Je sais en tout cas que mes pensées seront libres de se mouvoir jusqu'à rentrer en d'improbables collisions, que leurs frictions pourront créer, produire de nouveaux titres et peut-être aussi de nouveaux films, mais également des plats de poisson sans poisson et de la mayonnaise sans huile. Parce que je ne me cantonne pas à ce que je sais déjà, parce qu'en définitive je ne m'enferme jamais dans une idée préconçue. Wim Wenders libre à jamais ! Qu'il tourne tous les films qu'il a envie de tourner, et qu'il se sente libre de choisir le titre qu'il veut, comme je le ferais à sa place. Et puis, ce n'est peut-être pas si mal *La Cochonne de Los Angeles*. Je parie que ces trois-là, qui sont en train de s'empiffrer, ne voudront même pas aller le voir après le repas comme on était convenus. Gavés de liens de causes à conséquences, ils objecteront que le saumon, bien que léger, les a trop nourris pour qu'ils puissent bouger avant quelque temps, qu'il est trop tard pour aller au ciné, qu'ils ont oublié leur bon de réduction chez eux. Ils resteront là, autour de ma table, inertes sacs de pommes de terre qu'ils sont.

ACCÈS TOUTES ZONES

Jane Owen

Jane Owen

---

*a expérimenté une foule de métiers avant de devenir écrivain (professeur d'équitation, maquilleuse effets spéciaux, photographe, organisatrice de soirées, présentatrice télé, manager de groupe de rock...). À ce jour, elle a publié deux romans en Angleterre (*Camden Girls*, chez Penguin et* Take Me To Your Dealer*) ainsi qu'une pièce de théâtre (*The Angelraven*). Elle vit à Chalk Farm en compagnie de Bafta, son colley, et partage son temps entre l'équitation, l'écriture et les soirées.*

Traduit de l'anglais par Marie Blaison.

Jeudi matin

36 Marlboro Light, 9 Beck, 12 vodkas Red Bull, 1/2 dose d'ectasy, joints en nombre indéterminé et pelotage illicite – deux fois – d'un strip-teaser déguisé (à l'origine) en agent de la circulation. T.B.

Me suis réveillée dans mon lit en position de prière. Brutalement saisie d'un horrible pressentiment : si c'était le résultat d'un terrible jeu sexuel avec Lui (l'Éternel Masculin) ? Mais ai déduit, en découvrant mon pantalon en tire-bouchon autour de mes chevilles et un talon aiguille Manolo de huit centimètres enfoncé dans ma fesse gauche, que j'avais dû m'endormir comme ça, en essayant de me déshabiller. Visage collé à la couette, incliné d'une façon étrange et inconfortable. Comme si j'avais dormi la bouche ouverte, en bavant beaucoup.

Me suis traînée en titubant jusqu'à l'étage du dessous pour prendre un café. Accueillie par un regard noir. É.M. très très mécontent. Impossible de me souvenir de ce qui s'est exactement passé la nuit dernière, mais je Lui fais confiance pour me le rappeler à de nombreuses reprises avant la fin de la journée. Quelque chose à voir avec un agent de la circulation à moitié habillé et une bouteille d'huile d'olive, mais pour les détails, ma mémoire me trahit. Quand j'ai demandé au call-boy de me hisser sur la table pour simuler une fellation (les termes employés hier étaient plus crus), ça se serait probablement mieux passé si on avait fait partie du groupe venu pour fêter un anniversaire. Mais on était juste le couple d'inconnus de la table d'à côté. Sur le moment, ça m'a paru beaucoup plus marrant que ce dîner en Sa compagnie et cette conversation sur les mérites comparés de Lycos et d'Alta Vista. Surtout qu'après un quart d'heure sur ce sujet, je pensais qu'on était en train de parler d'obscures îles grecques où passer nos prochaines vacances et que j'essayais déjà de trouver des excuses pour me débiner.

Jeudi soir

2 bouteilles de chardonnay, 15 Marlboro Light, quelques joints, 2 Caramac et 1 Toblerone. Pas T.B.

J'y crois pas. Ai cuisiné, *vraiment* cuisiné. Pas mis les pieds chez Marks & Spencers. Et ai essayé de me conduire en bonne femme d'intérieur. Juste quand ce stupide regard désapprobateur commençait à quitter Son visage stupide, le téléphone se met à sonner. « Ne décroche pas », me dit l'É.M. Ai essayé, mais alors ma Meilleure Amie commence à s'épancher sur le répondeur à propos d'un « accès toutes zones » et d'une soirée organisée pour fêter la fin de tournée d'un groupe, vendredi soir. Me précipite vers le téléphone pour la faire taire avant qu'É.M. n'explose et manque de me casser le gros orteil en le cognant – très fort – contre cette stupide table basse, alors que ma M.A. continue à s'épancher à propos de chanteurs en pantalons en cuir, beaux à en crever. C'est pas juste ! J'veux y aller ! Mais suis déjà sortie deux fois avec les copines cette semaine. Et comme on dit : une fois, ça va, trois fois… (Je tiens un bon rythme.)

Suis montée tôt et ai fait semblant de tomber dans un sommeil profond, à la limite de la perte de conscience, dès que ma tête a rencontré l'oreiller.

Vendredi matin

Réveillée avec Son visage au-dessus de ma tête. Ai cru que l'É.M. avait une attaque et me suis mise à crier, mais en fait, ce n'était qu'un sourire sensuel. Après le petit déjeuner (café et cigarette), ai consulté mes mails. M.A. a envoyé tous les détails des réjouissances de ce soir et, alors que je faisais semblant de dormir la nuit dernière, j'ai mis au point un plan redoutable ne demandant qu'à être mis à exécution. M.A. n° 2 a aussi envoyé un mail. Est fortement tentée par un jeune mec et est quasiment sûre, de toute façon, que Sa Moitié se tape une autre nana. Mais est-ce que c'est une raison ? Mon opinion personnelle, c'est qu'une fois que tu te mets à baiser à droite à gauche, c'est que ton histoire est foutue, il ne faut pas se voiler la face. Quand tu es amoureux, tu n'as pas envie de coucher avec quelqu'un d'autre. Ne sais pas si cette réflexion lui sera d'un grand secours, mais lui envoie quand même. Me refais du café et commence à mettre mon plan à exécution. Propose d'inviter tous Ses amis chiants qui habitent dans le coin pour une soirée Trivial Pursuit. É.M. saute sur l'occasion. Phase 1 réussie. Dois sortir acheter des chips et des canettes. Pourvu qu'il ne veuille pas venir avec moi. Les gens pourraient croire qu'on est ensemble.

Vendredi soir

Pour l'instant, le plan marche comme sur des roulettes. Pile poil quand je fumais un joint dans la salle de bains, M.A. a téléphoné en larmes et a supplié l'É.M. de laisser Bibi venir la soutenir et la consoler. Lui, forcément, ne peut rien refuser à une femme en détresse et puis Il a cette soirée organisée avec Ses copains comme lot de consolation. Le hasard fait bien les choses… Me suis changée entre-temps dans la salle de bains et si tout se passe bien, le taxi devrait arriver au moment où la minuterie du four se mettra à sonner – dans quarante-deux secondes exactement –, ce qui me permettra de me ruer dehors le plus vite possible pour que les invités ne remarquent pas la robe à paillettes, et tous les accessoires qui vont avec, et ne puissent pas se dire que ce n'est pas exactement la tenue appropriée pour aller consoler sa meilleure amie.

Samedi soir
47 Marlboro Light, 7,5 bouteilles de champagne, 6 grandes tequilas frappées, 1,5 gramme d'héroïne (environ), 1 pop star. T.T.T.B. !

Oh mon Dieu ! OH MON DIEU ! J'en reviens pas ! C'est moi qui ai fait ça ? Je suis pas près de m'en remettre ! Oh mon Dieu !

L'évasion a marché du tonnerre. Mais M.A. a failli tout faire capoter en arrivant dans une gigantesque Mercedes noire aux vitres teintées et non dans un taxi ordinaire (Toyota pourrie avec sièges en moumoute). Mais l'É.M. était trop occupé à sortir les vol-au-vent du four pour remarquer que je filais vers l'Arena de Wembley dans un style aussi décadent. Limousine et champagne offerts par le dernier coup de M.A. qui nous file des laissez-passer « accès toutes zones » plastifiés à mettre autour du cou. Mais il y a un truc qui me chiffonne. Ne sais toujours pas vraiment de quel groupe il s'agit. N'ai jamais suivi de près l'actualité du rock – en supposant que c'est bien un groupe de rock.

Ai décidé d'éviter de me faire passer pour une fan et de profiter de l'hostilité – euh, pardon, de l'hospitalité – de notre hôte et de son champagne. Pendant ce temps, M.A. minaudait et battait des cils devant son nouveau coup. Et dire que c'est une fausse blonde ! En arrivant, me suis éclipsée aux toilettes pour aller sniffer un petit coup en vitesse. Ai entendu quelqu'un, dans les toilettes d'à côté, en train de faire exactement la même chose que moi et suis sortie juste à temps pour voir une légende du rock essuyer sous son nez les traces de son méfait. Voyez-vous ça ! La légende s'empresse de remettre ses lunettes de soleil miroir (je comprends pourquoi elle en porte) et sort en souriant d'un air gêné. J'essaie de rejoindre les autres, mais me dis que j'aurais dû tourner à gauche plutôt qu'à droite, parce que, putain, je suis complètement perdue. Tunnels interminables et succession de putains de portes qui se ressemblent toutes. Prise de panique à l'idée que je pourrais errer pendant des années dans les tunnels de Wembley, tel le spectre d'un enfant abandonné condamné à chercher éternellement la sortie. Me mets à marcher aussi vite que mes talons me le permettent, négocie mal le virage et atterris contre l'homme le plus beau du monde. Fais tomber mon sac à main, qui se renverse complètement. Le regarde, muette, s'agenouiller pour tout ramasser. Reste sans voix devant une telle beauté. Grand, sexy, longs cheveux noirs, yeux bleus bleus bleus, et une bouche, mon Dieu quelle bouche ! Au fait, tant que vous êtes par terre...

Mais un mec à badge appelle Adonis et me voilà de nouveau seule dans le couloir. Réussis à retrouver la salle des hostilités juste à temps. Le groupe va commencer son concert et les invités vont être escortés jusqu'aux places réservées à la presse, devant la scène. On est encore dans le noir, il fait chaud et ça sent la sueur. C'est plein de gens aux cheveux longs, tout en jean, avec des tee-shirts de tournées dont les dates remontent aux années 1980. Me dis que j'aimerais autant que la plupart de ces personnes ne s'approchent pas trop et puis bang ! les lumières s'allument, le son rugit, la tension monte, pif, paf, « Merci » et là dans la poursuite, il y a le mec à genoux ! Ne me remets pas d'être passée pour une gourde devant cet illustre Dieu du Rock et m'administre mentalement de – gros – coups de pied dans les deux tibias. Comme ensorcelée, regarde le Dieu du Rock se pavaner, se trémousser, onduler du bassin, emprunter d'un pas décidé la passerelle menant aux places réservées à la presse et faire un clin d'œil à Bibi. M.A. verte de jalousie. Le groupe est certainement excellent, mais impossible de me concentrer sur la musique. N'ai pu que regarder, alors que le Dieu du Rock faisait son numéro, dégoulinant de sueur – ce que j'ai bizarrement trouvé très séduisant –, sous les acclamations et les hurlements de huit mille fans. Malgré les trois rappels, ai trouvé que ça se terminait beaucoup trop tôt. Quasiment sûre que le Dieu du Rock m'a fait un deuxième clin d'œil, mais ai décidé d'avoir le triomphe modeste.

M'apprête à retourner en coulisses et, quand les lumières se rallument, suis soufflée de découvrir le sol jonché de petits mots, numéros de téléphone, clefs de chambres d'hôtel et de sous-vêtements, tous destinés au Dieu du Rock. Personnellement, je l'imagine mal répondre à toutes ces invitations, mais on ne peut pas empêcher les filles de rêver. En route vers la soirée. Gonflée à bloc. Champagne à gogo dans la limousine et pléthore de conseils de la part de M.A. sur l'art de draguer les pop stars. Soirée mexicaine, quelque part sur la route W9. Filles préparant les tequilas frappées, orchestres de mariachis, enchiladas, pleines caisses de dos exquis et un lama noyé dans une foule remplissant une grande cour et deux salles. Le Dieu du Rock est arrivé avec son groupe et leur entourage. Est immédiatement assailli par une horde de groupies, dont des centaines de filles absolument splendides. Ai compris très vite le caractère désespéré du plan de M.A. « Il suffit d'accrocher son regard. » Rien de plus facile. À condition qu'il s'arrache les yeux et me les jette. Me vois mal lutter contre tous ces assauts préparés de longue date et toute cette silicone et me venge sur la tequila frappée. M.A. a prétendu qu'il avait l'air de chercher quelqu'un du regard, mais, personnellement, suis restée dubitative. D'ailleurs, il a disparu. Merde. Où est Miss Tequila ?

Ai quitté la soirée à deux heures et demie. Ai décidé de ne pas interrompre M.A. en plein dirty dancing avec son nouveau coup et ai appelé un taxi. Si elle continue à danser comme ça, j'espère pour elle qu'elle porte des sous-vêtements. En quittant la boîte, suis abordée par deux armoires à glace équipées d'oreillettes qui saisissent Bibi et la poussent dans une grosse voiture noire. Pas le temps de dire ouf que je suis à l'intérieur, en compagnie du Dieu du Rock en personne. Lui ai dit sans détour ce que je pensais de ce rapt indigne. Enfin, c'est ce que j'aurais dû faire. En fait, suis restée la bouche ouverte en me demandant combien de temps j'allais tenir avant de m'évanouir. Pendant ce temps, le Dieu du Rock s'excusait de l'affront que Bibi avait eu à subir et insistait sur le fait qu'il m'attendait dehors depuis deux heures environ, en me proposant du champagne. Très difficile de résister. Ça aurait été impoli, voire grossier, de refuser. Cherche désespérément un truc spirituel, sexy, cool à lui dire mais ne parviens même pas à prononcer correctement mon nom quand il me le demande. Je reste là comme une débile, à contempler ce qui doit être l'homme le plus beau que j'ai jamais rencontré. Juré craché. Tout se met à tourner autour de moi et, prise d'angoisse, me dis que je suis peut-être en train de tomber amoureuse. En fait, c'est la bagnole qui quitte le parking. À peine le temps de finir le champagne qu'on est arrivés à un hôtel chicos de Holland Park. Dans le couloir, réussis à passer pour une crétine finie en prenant un décor en trompe-l'œil pour une vraie porte et en fonçant dedans. Et hop, droit dans le mur ! La suite du Dieu du Rock est un monument à l'excès. Des tas de bouquets, de corbeilles de fruits et de bouteilles de champagne enveloppés dans de la Cellophane que les sommités du show-biz – ou, tout du moins, leur secrétaire – envoient aux stars de son envergure. Sans oublier le décor à motifs, couleurs et textures multiples : tentures en soie et tringles à rideaux, canapés mous et tables basses dorées, inévitables grosses lampes hideuses installées un peu partout dans la pièce et le plus grand lit à quatre places du monde. Me jette dessus avec tellement d'enthousiasme que je rebondis et me retrouve par terre. Heureusement, alors qu'il ouvre le champagne, se roule un joint et sniffe un rail de coke, le Dieu du Rock a l'air de trouver toutes ces démonstrations de maladresse plutôt mignonnes et attendrissantes. Jamais vu un homme faire plusieurs choses en même temps auparavant et suis plutôt épatée. Puis il m'embrasse. Ouah !!

Ensuite, nos fringues volent à travers la chambre. On passe du lit au balcon, du balcon à la douche, nous tartinant de fruits rouges et les rinçant avec du champagne, nous attachant au lit avec des bas, penchés au-dessus du canapé, nous roulant sur le tapis et nous voilà de retour sur le lit pour le bouquet final. Sans l'ombre d'une hésitation, je déclare que jamais de ma vie on ne m'a fait l'amour en me faisant frissonner de la colonne vertébrale, en me titillant les orteils, en me suçant les mamelons, en me faisant plier le dos, battre le cœur, rougir l'aine, déverser des flots de sueur, en me fessant, en me mordant le cou, en m'arrosant la bouche, en me léchant le visage, en me labourant le dos, en m'embrassant de cette façon.

Après, il a ouvert une autre bouteille de champagne et on a parlé pendant des heures. Quand le soleil s'est levé sur Londres, on s'est assis sur le balcon pour finir le champagne. J'arrivais pas à y croire. Ai dû le traîner à nouveau sur le lit pour être bien sûre de ce qui m'arrivait. La deuxième fois, ça a été plus lent. *Beaucoup plus* lent. Si lent. Presque immobiles, aines et visages collés, en se regardant toujours dans les yeux. Sexy petit fils de pute. Ai fini par m'endormir tout enchevêtrée dans ses bras et ses jambes.

Réveillée vers onze heures. Panique totale. Coincée sous le Dieu du Rock. Je rêve ou les hommes, quand ils dorment, sont beaucoup plus lourds ? Ai eu du mal à le faire basculer. Ai couru à travers la chambre comme une biche effarouchée, en essayant de rassembler tous mes vêtements, en faisant gaffe de ne pas oublier mes deux chaussures ni mes bas, toujours attachés aux barreaux du lit. Le Dieu du Rock me propose de commander le petit déjeuner mais je préfère un taxi. On dirait que j'ai oublié de lui dire que j'avais déjà un petit ami, enfin, plutôt un partenaire et créancier (entre autres) de longue date. Maintenant, le Dieu du Rock se dit blessé et offensé. Non, non, je déconne pas ! Le taxi a intérêt à se dépêcher. Désagréable impression d'être dans la merde. Pas T.B.

Réception de l'hôtel pleine de riches touristes américains, regard fixe et bouche ouverte devant Bibi en robe de soirée et bas sérieusement filés. Sprint en direction du taxi. Dieu merci, ai pensé à emmener mes lunettes de soleil. Interroge la boîte vocale de mon portable. On dirait que l'É.M. a appelé toutes les quarante minutes. Oh, oh… Peut-être pas une bonne idée de rentrer directement à la maison. Préfère passer d'abord par chez M.A.

M.A. est à la fois curieuse et furieuse. Me dit qu'elle s'inquiétait pour moi. Oui, parfaitement. Quand je l'ai quittée, elle se contorsionnait sur la piste de danse. Elle semble à présent avoir recouvré tout sens moral. En tout cas, quand É.M. a appelé, M.A. a eu la présence d'esprit d'inventer une histoire mettant en scène Bibi, elle-même et une bouteille de tequila. Roulé dans la farine, Il se figure donc que je suis en train de cuver dans la chambre d'amis. Après m'avoir sermonnée, M.A. veut maintenant tous les détails, même les plus scabreux. Lui demande de mettre de l'eau à chauffer pendant que je prends une douche rapide. À Son prochain coup de fil, faire semblant d'être dans le colletard et promettre de rentrer le plus vite possible à la maison.

Voilà, voilà. Qu'est-ce que j'ai dit à M.A. n° 2, déjà ? Si tu te tapes quelqu'un d'autre, c'est que tu n'es plus amoureux. Et c'est ce que j'ai fait. Je me suis tapé quelqu'un d'autre. Alors, c'est que je ne le suis pas. Et si ne suis pas amoureuse, qu'est-ce que je fous là ? Sans compter que j'ai promis à l'É.M. d'aller avec Lui en Cornouailles pour voir cette éclipse à la con. Horreur. Des heures entières coincés dans les embouteillages sur des routes qui remontent à cette foutue époque du roi Arthur, juste pour se retrouver sur une plage surpeuplée avec des centaines d'étrangers, sans oublier les représentants de la presse locale avec leurs lunettes spéciales et leurs jeunes reporters surexcités, et pour regarder le ciel s'assombrir. Je vois d'ici la putain de une. Ça promet. Attention. Je L'entends qui rentre. Il vient d'aller chercher à manger. Je ferais mieux d'aller regarder *Casualty* avec Lui. Suis déjà assez dans la merde. De toute façon, ma gueule de bois passe et avaler une bonne assiette de curry devant la télé me semble une idée fantastique. Et, éventuellement, une bouteille de vin…

Dimanche matin
2 bouteilles de vin, 1/2 bouteille de Baileys, 17 Marlboro Light, 8 pétards.

Pas tout à fait assez pour une gueule de bois carabinée mais assez pour entretenir ma gueule de bois chronique. Ai passé la soirée dernière à éviter tout contact physique avec l'É.M., sous prétexte que toutes mes terminaisons nerveuses étaient douloureuses suite à cette supposée orgie de tequila. Ai quand même dû me taper *Casualty* et, bien que je sache pertinemment que c'est du cinéma, le sang et les tripes m'ont salement remué l'estomac. Ou bien c'était la culpabilité. Me sens vraiment très coupable. Principalement parce que je ne me sens pas coupable. Pas de m'être tapé le Dieu du Rock. Certainement pas. Une des meilleures expériences de ma vie. Me sens coupable de ne pas pouvoir Lui raconter. C'est frustrant. Mais si j'y réfléchis bien, c'est pas si grave. N'ai pas arrêté de me repasser dans la tête, encore et encore, les meilleurs moments de cette nuit de passion avec le Dieu du Rock et l'épisode complet me semblerait à présent très irréel. J'arrive toujours pas à croire que j'ai vraiment fait ça. Si ça se trouve, je rêve complètement. J'aurais pas l'air con d'avouer un truc que j'ai seulement imaginé.

Quand me suis réveillée, É.M. s'est mis à geindre pour faire l'amour et ai donc décidé, pour préserver l'harmonie de notre foyer, de me recoucher et de penser au Dieu du Rock. À peine a-t-Il commencé qu'Il se retire en hurlant des inepties à propos d'un truc qu'Il aurait senti à l'intérieur de Bibi. Quel genre de truc ? Ses clefs de voiture ? Rien à faire, Il est absolument persuadé d'avoir senti un truc au bout de Sa queue. Personnellement, reste assez sceptique. É.M. finit par faire le lien entre cet objet étranger et une éventuelle infidélité de ma part. Je décide alors de réagir (l'attaque étant la meilleure défense) en m'y mettant aussi et en ayant l'air mortellement offensée par Ses insinuations. Comment ose-t-Il ? Enchaîne en lui disant que j'en ai plus qu'assez qu'Il ne me fasse pas confiance. Son immonde jalousie, etc., etc., etc., et vais prendre un bain en fulminant. Mais n'ai toujours pas bien compris ce qu'Il voulait dire.

Prends mon bain en regardant le poisson nager autour de la fausse Rolex qu'on a mise dans son bocal pour Noël dernier. J'aimerais avoir la mémoire courte moi aussi. Me dis parfois que ça ne doit pas être si mal d'oublier les choses trois secondes après qu'elles se sont produites. Hummm. Commence à me laver, un peu distraitement, en ressassant encore et encore ce qui vient d'arriver quand, soudain, je me rends compte que mes entrailles se font la malle. Je porte la main à mon entrejambe et, alors que l'horreur laisse vite place à l'incrédulité, trouve quelque chose émergeant des profondeurs de mon anatomie : quelque chose de doux, glissant, légèrement gluant, sortant de Bibi. Pendant un instant, me viennent à l'esprit des réflexions sur la rétribution divine et sur l'existence d'un Dieu vengeur mais je chasse tout de suite cette idée stupide. Ce truc est en train de flotter à la surface et de se trimbaler, à moitié immergé, comme une méduse poisseuse. Osant à peine respirer, l'attrape en faisant très attention. Une capote. Une capote ! La capote du Dieu du Rock ! Oh, mon Dieu ! Tout ce foin pour un rapport sexuel protégé ! Et qu'est-ce que je dois en faire, maintenant ? La lui renvoyer ? Je crois bien que c'est à toi, je me trompe ? Nuit merveilleuse – mais t'aurais pas oublié ça ? Ou bien la garder pour la montrer à mes petits-enfants durant le prochain millénaire ? Eh bien oui, votre grand-mère s'est payé du bon temps quand elle était jeune, vous savez. Crise de rire. De plus en plus violente au fur et à mesure que tout se remet en place dans ma tête. C'est donc *ça* qu'É.M. sentait avec sa bistouquette. En plus, Il avait dû supporter un flot d'injures et mes remarques sur le degré de tristesse d'un homme osant porter des accusations aussi stupides et non fondées sur sa compagne. Fou rire inextinguible. Pauvre gars. Me sens presque désolée pour Lui. Mais cette histoire de capote… Quand, finalement, j'ai réussi à me calmer, me suis fait cette remarque : la prochaine fois que tu décides de te taper une pop star, ne la laisse surtout pas s'endormir à l'intérieur de toi.

UN I-MÂLE QUI FAIT MAL

Wendy Holden

Wendy Holden

---

est âgée de trente-sept ans. Elle a été journaliste pendant quatorze ans avant de se consacrer pleinement au roman. Son premier livre, Simply Divine *(paru en Angleterre chez Headline) est inspiré de son expérience de rédactrice au magazine* Tatler. *Elle est également l'auteur de* The Full Monty, *publié en France chez Pocket en 1998. Son dernier roman,* Bad Heir Day, *qui met en scène des personnes âgées maltraitées par leurs enfants cupides, vient de paraître en Grande-Bretagne chez Headline.*

Traduit de l'anglais par Marie Blaison.

Le mail s'afficha sur l'écran de Georgie. « Il fait. Si. Chaud – Jxx »

Georgie le contempla, fort déçue. Quatre mots. C'était bien la peine de l'ouvrir, ce fichu machin. C'était la même chanson avec la plupart des mails. En fait, ils n'étaient ni plus ni moins que le pendant électronique des prospectus pour les pizzas Salmonella ou des courriers du fisc qu'on trouve dans sa boîte aux lettres, alors que le bruit du clapet nous avait fait nous précipiter. La déception totale. De quoi rester sur sa faim en tout cas.

En écrivant cela, Jenny ne mentait pas. On étouffait. La climatisation du bureau suivait fidèlement les écarts de ce temps hystérique, mais, malheureusement, avec un léger décalage. Ces températures caniculaires – sans doute une réponse à la vague de froid de la semaine précédente – coïncidaient avec le troisième jour de ciel bleu, de soleil resplendissant et de bronzette intensive des employés de bureau dans les parcs pendant leur pause déjeuner. L'été avait débuté par une vengeance.

Georgie, épuisée par la chaleur, promena son regard sur l'ensemble du bureau en nage. Les téléphones qui sonnaient en hurlant comme une colonie de perruches dans la jungle ajoutaient à l'ambiance tropicale. Tout le monde, depuis les employés de base jusqu'à la secrétaire de rédaction, avait de grosses auréoles sous les bras. Dans le cas de la secrétaire de rédaction, cependant, rien d'extraordinaire : Véra n'était visiblement pas au fait des dernières avancées en matière de technologie antitranspirante et une légère odeur de camembert flottait tout autour d'elle, même en plein cœur de l'hiver.

En face de Georgie, Jenny, qui tendait le bras pour décrocher son téléphone, avait vraiment l'air de souffrir. Son visage était écarlate et des gouttes de sueur perlaient au-dessus de sa lèvre supérieure, surmontée d'un léger duvet. Pourquoi diable ne s'épile-t-elle pas, se demandait Georgie. Pas étonnant qu'elle n'arrive à rien avec les hommes : l'embrasser, ça doit être un peu comme se bécoter avec Georges Clemenceau. En plus, on ne peut pas dire que sa façon de s'habiller soit très engageante. Tiens, d'ailleurs, en parlant de vêtements...

— Qu'il aille se faire foutre, ce F, dit Georgie en tapant furieusement sur son clavier. La touche du F est encore bloquée. Merde alors, juste quand je dois écrire un papier de quatre cents mots sur la façon de se fringuer de Ffion Jenkins[1]. Qu'il aille vraiment se faire foutre !

Mais Jenny ne l'écoutait pas. Georgie remarqua qu'elle avait effectivement l'air de planer très haut au-dessus du bureau depuis qu'elle avait raccroché son téléphone. Il avait dû se passer un événement capital. Georgie supposa que Jenny voudrait cacher cette extraordinaire nouvelle au reste de l'équipe, d'une curiosité notoire. Mais ce n'était même pas la peine d'essayer de se murmurer discrètement quelques mots : deux écrans d'ordinateurs volumineux et indélogeables occupaient tout l'espace qui les séparait l'une de l'autre. Pour apercevoir sa collègue, Georgie devait se pencher sur les côtés jusqu'à manquer de tomber de sa chaise.

Cela faisait longtemps qu'elles avaient décidé de ne plus communiquer que par mails. Pourtant, Georgie s'aperçut vite que les messages de Jenny étaient au moins dix fois moins drôles que les siens. Mais enfin, tout le monde ne pouvait pas être doué comme elle pour l'écriture. C'est d'ailleurs pour cela que Jenny supervisait les articles du journal alors que Georgie signait les meilleurs d'entre eux. Et puis Jenny était un peu rasoir, certes, mais il fallait bien se trouver une copine de bureau, tant pis si c'était une céli-

---

1. Épouse de William Hague, chef du parti conservateur anglais (*N.d.l.T.*).

bataire désespérée de trente et quelques années épluchant les petites annonces des pages rencontres du *Guardian*.

— C'était mon *blind date*. Jx, tapa Jenny, en réponse au mail interrogatif de Georgie.

Blind date. Georgie se fit violence pour chasser le petit sourire condescendant qu'elle sentait monter sur ses lèvres. Elle ne souhaitait pas particulièrement ménager la susceptibilité de Jenny, mais elle ne voulait surtout pas courir le risque de devoir se passer du récit irrésistible de cette pathétique quête.

— C'était le type de l'annonce ? Gx.

Elle eut du mal à retenir un ricanement. Les personnes qui passent ce genre d'annonces sont peut-être désespérées, mais ceux qui y répondent sont encore plus pitoyables. Pauvre Jenny !

— Oui, c'était lui. On a rendez-vous ce soir. Jx.

— Tu sais à quoi il peut ressembler ? C'est la première fois que vous vous voyez, non ? Comment vas-tu le reconnaître ? Gx.

C'était embêtant, ce bisou. Mais Jenny lui en envoyait un à chaque message, ce qui laissait bien entrevoir le vertigineux vide affectif dont elle souffrait. Elle ne pouvait pourtant pas le supprimer : cela aurait pu passer pour une marque de froideur et elle aurait encore risqué de ne plus jamais entendre le récit complet de cette vie sentimentale catastrophique.

— On ne s'est jamais vus, mais je le reconnaîtrai à ses vêtements. Jx.

— C'est-à-dire ? Cravate et blazer ? Gx.

Georgie savait bien que son mail était un peu limite. Mais le « soldat solitaire » du dernier rendez-vous était un colonel d'Andover à la retraite, portant un foulard, un blazer et une moustache de morse, à mille lieues du jeune officier surentraîné du SAS que Jenny s'était imaginé. Évidemment, Georgie espionna, en se penchant légèrement sur le côté, les réactions de Jenny : elle put la voir rougir à la lecture de ce dernier message.

— Non, des chaussettes avec des petits chiens. Jx.

On ne peut pas tout se dire par mail, surtout quand les mots qu'on veut employer comportent la lettre *f*. Georgie se pencha et fixa Jenny, le regard plein de mépris.

— *Des chaussettes avec des petits chiens ?* s'écria-t-elle. Tu te fous de moi ?

Trois bureaux derrière, l'assistant leva les yeux avec intérêt. Georgie fit la grimace avant de repartir à l'attaque.

— D'ailleurs, comment feras-tu pour les repérer : il ne sera quand même pas en short ce crétin ?

Le visage de Jenny, déjà rendu écarlate par la chaleur, s'empourpra davantage alors qu'elle tapait furieusement sa réponse.

— Il m'a dit qu'il serait assis et que ses chaussettes seront facilement visibles. Mais c'est facile de ricaner quand on a un petit ami. Jx.

— Petit ami, si on veut... Gx.

Georgie cliqua sur « envoyer » en faisant la moue. Évidemment, elle avait Tim, ce qui dans l'absolu était plutôt bien. Mais, en fait, Tim était un pigiste sans le sou (mauvais point) qui avait laissé ses ambitions – si on pouvait encore parler d'ambitions dans ce cas – très loin derrière lui (mauvais point). Il était toutefois beau garçon (bon point) : pendant cette soirée de Noël organisée par le journal à laquelle ils s'étaient rencontrés, il était vraiment sorti du lot des pseudo-auteurs miteux (bon point, même si ce n'était pas bien difficile). Mais ses goûts vestimentaires laissaient pas mal à désirer (mauvais point). En plus, ils ne faisaient pas beaucoup l'amour ces derniers temps (mauvais point). Enfin, ils ne se disputaient pas non plus (bon point). Mais à quoi ça servait d'être avec quelqu'un si, à défaut de faire l'amour, on ne se disputait même pas, se demanda Georgie.

— Où est-ce que vous avez rendez-vous ? Gx.

— À Odeon Leicester Square. Ensuite on ira chez Pizza Express. Jx.

Georgie fit un petit sourire narquois en envoyant sa réponse. Quel programme fantastique ! Un petit pincement au cœur, qui ressemblait à de l'envie, la troubla pourtant. Ça lui aurait plu de flirter un peu. Évidemment, pas avec un homme portant ce genre de chaussettes craignos, mais c'était l'été, et elle avait des montées de sève. Ce qui n'était pas le cas de Tim, malheureusement. D'ailleurs, ce dernier était encore au lit quand elle était partie travailler : visiblement, il avait passé toute la nuit à finir un article. Pas de chance, pensa Georgie. Il pourrait s'organiser un peu mieux. Ça le ferait peut-être réfléchir si elle voyait quelqu'un d'autre.

— Tu as des slips de rechange dans ton sac ? Gx.

La réponse s'afficha sur l'écran de Georgie.

— Félicitations, j'ai trouvé que ton papier sur les hommes et leurs fantastiques talents de danseurs était super drôle. Tu pensais à nos soirées au lycée ?

Georgie écarquilla les yeux. De quoi est-ce que Jenny voulait parler ? L'article en question était déjà paru dans le journal plusieurs semaines auparavant. Bien sûr c'était un bon article, et même son meilleur, d'après l'avis autorisé du rédacteur en chef. Mais Jenny avait fréquenté l'école de Roedan, une institution dont les fêtes devaient présenter quelques points communs, selon Georgie, avec la scène du bal dans *My Fair Lady*. Que pouvait-elle savoir des démonstrations de dandinement confus et de pelotage baveux qui caractérisaient les soirées dansantes du lycée d'Elmhurst ?

Georgie lut la fin du message.

— Tu ne dois pas te souvenir de moi : David (Dave) Anderton (lycée d'Elmhurst).

Georgie reçut tout à coup une décharge de deux mille volts, sans que le dangereux enchevêtrement des fils des ordinateurs, qui courait juste à ses pieds, y fût pour quelque chose... Se souvenait-elle de David (Dave) Anderton ? Autant se demander si le pape est catholique, le lilas mauve, la violette... violette et si nos amours sans espoir de l'adolescence sont bien celles qui nous ont causé les plus beaux transports. Bien sûr qu'elle se souvenait de David (Dave) Anderton, même si dix ans s'étaient écoulés depuis cette dernière journée en classe de terminale où elle lui avait adressé un ultime regard lourd de désir. Depuis ce jour, elle ne l'avait plus revu, ni lui, ni qui que ce soit du lycée.

Message !

— J'aimerais mieux qu'on évite de parler de mes sous-vêtements, merci. Jx.

Georgie ricana, consciente que si sa collègue n'occupait plus ses pensées, la question des sous-vêtements restait plus que jamais d'actualité. Il s'agissait à présent de ceux de Dave Anderton. Elle n'avait pourtant jamais eu l'occasion de les voir. Georgie avait été raide folle de lui pendant ses deux dernières années de lycée, mais Dave n'avait rien su de la passion qui la dévorait. C'est par peur d'être éconduite qu'elle avait caché ses sentiments. Il faut dire qu'à l'époque Georgie n'était encore que Georgina, une créature godiche, lourdaude, plutôt asexuée et portant des lunettes. Le souvenir de cette période la fit rougir.

Dix ans. Des années pendant lesquelles elle avait tout fait pour devenir, d'abord, la meilleure des journalistes féminines – en réussissant qui plus est à travailler pour un journal à gros tirage –, mais également mince, bronzée et raffinée. La boulotte Georgina était devenue la coquette Georgie. Avec deux tailles de moins qu'en terminale, les cheveux plus blonds (merci à Stefano de chez Toni and Guy), quelques centimètres en plus (le talent de Jimmy Choo fut salué par l'ensemble du bureau) et avec des yeux d'un bleu plus profond (grâce à des lentilles de couleur, puisque ses lunettes avaient déjà eu depuis longtemps l'honneur d'être solennellement écrasées par un talon Gucci en acier), comme elle souhaitait que Dave Anderton pût la voir maintenant !

En rejetant ses cheveux en arrière et en faisant la moue à son écran, Georgie choisit la commande « répondre ». Elle lui écrivit qu'évidemment, elle se souvenait de lui, que le monde était petit, qu'elle était très étonnée que lui se souvienne d'elle après toutes ces années, surtout qu'à l'époque elle passait plutôt inaperçue et elle était plutôt rasoir...

Le cœur de Georgie se mit à battre plus fort quand elle cliqua sur « envoyer ». Ça pourrait être drôle d'organiser une petite rencontre. Le revoir, et plus encore le voir la revoir. Le voir jauger la silhouette svelte, le décolleté pigeonnant, les cheveux brillants dont elle n'avait pas pu s'enorgueillir au lycée. Remplacer le souvenir d'une Georgina en train de jouer au tennis dans une hideuse jupette plissée qui la boudinait, par l'image de Georgie, en bas résille, vêtue d'une jupe coupée pour laisser voir des jambes deux fois moins épaisses que celles qu'il avait pu connaître.

— Qu'est-ce qui te fait ricaner comme ça ? Jx.

Georgie réalisa qu'elle n'avait jamais réellement cessé de se demander ce que ça aurait pu donner, tous les deux. Mais elle n'avait toujours pas digéré l'histoire entre Dave

Anderton et la belle Susan Stringer, la capitaine de l'équipe féminine de hockey à la peau hâlée et aux jambes interminables.

— Quelque chose de pas gentil. Gx.

Quoi qu'il en soit, la balle était à présent dans le camp de Dave Anderton : c'était à lui de répondre.

— Amuse-toi bien avec Chaussettes à Toutous ! lança bruyamment Georgie alors que tout le monde s'en allait.

Georgie ricana lorsque sa collègue, plantée devant les ascenseurs, lui adressa un regard noir. Chose rare, Georgie éteignit son ordinateur à regret. Plus de mails pour ce jour-là. Mais elle recevrait certainement des nouvelles de Dave le lendemain.

— Alors, comment c'était ? Gx.

C'était dans un état d'esprit totalement différent de celui de la veille au soir que Georgie avait abordé cette nouvelle journée de travail. Tim n'était pas rentré avant minuit et demi, ce qui l'avait déjà énervée. Mais elle s'était mise dans une rage folle quand il avait prétendu être sorti pour travailler sur un article dont il ne pouvait rien dire sous prétexte que Georgie travaillait pour un journal concurrent.

— Si tu étais un peu plus ragoûtant, lui avait-elle lancé, je pourrais presque croire que tu vois quelqu'un d'autre.

Cependant, il y avait bien plus grave ce matin-là : Dave Anderton était resté désespérément muet ! La touche F de son clavier, toutefois, fonctionnait à nouveau, ce qui valait peut-être mieux pour elle, vu l'état de Georgie.

— Ça s'est bien passé. Jx.

En jetant un coup d'œil dans la direction de Jenny, Georgie fut heureuse de voir qu'elle était rouge comme une pivoine. De toute évidence, cela avait été un vrai désastre. Ils avaient probablement trouvé si peu de choses à se raconter qu'ils avaient dû finir par parler de l'implantation régionale des restaurants Pizza Express.

Georgie frissonna. La climatisation avait finalement rattrapé la météo et se déplacer dans le bureau glaçait tout autant qu'ouvrir la porte d'un congélateur. Pourtant, l'odeur de transpiration de Véra n'avait pas disparu. Qu'il aille se faire voir ce Dave, pensa Georgie en tapant furieusement la phrase d'attaque de l'article que la responsable de la rubrique mode lui avait commandé dès son arrivée. Il devait s'agir d'une réflexion critique sur l'une des pièces incontournables de nos garde-robes contemporaines. Pour l'instant, Georgie s'était contentée de recopier les instructions qu'on lui avait transmises : « Pour ou contre la veste en cuir ? À finir impérativement pour dix-sept heures. »

Mais pourquoi donc n'avait-il pas répondu ? Elle était presque gênée de se sentir si déçue.

Message !

— Je ne m'en souviens pas, mais c'était il y a dix ans ! D.

L'esprit de Georgie, très occupé à mener un grand débat sur le double ou le simple boutonnage, s'emballa tout à coup. Il lui avait répondu. Elle relut attentivement le message, en passant son contenu au peigne fin pour faire le tri entre deux catégories : les bons et les mauvais points. Il y a dix ans : mauvais point. Ça les faisait passer tous les deux pour des vieux croûtons. Mais il ne se souvenait pas d'elle grosse et chiante, ce qui, incontestablement, était un bon point.

Message !

— Réunion dans cinq minutes. N'oublie pas. Jx.

Merde. Cinq – ou plutôt quatre, à présent – minutes pour se préparer à la réunion sur les articles du matin. Georgie feuilleta frénétiquement les journaux, en arrachant sauvagement les pages qui pouvaient faire naître en elle des ébauches d'idées. Elle peaufinerait tout ça pendant la discussion. Elle en aurait tout le temps si elle réussissait à se placer le plus loin possible du rédacteur en chef, de façon à présenter ses suggestions la dernière, et à lui dévoiler les quelques centimètres de jambe destinés à l'adoucir…

— Qu'est-ce qui s'est passé pendant la réunion ? demanda Jenny alors qu'elles allaient sortir pour faire les magasins pendant leur pause de midi. Tu as dit trois fois rien. Même quand le rédacteur en chef t'a félicitée pour ton article sur la discrimination dont souffrent les barbus de nos jours, tu as à peine eu l'air de réaliser.

— C'est parce que je suis un peu embêtée en ce moment, lui répondit Georgie. Un amour de lycée qui essaie de reprendre contact avec moi.

— Ah bon ? Comment ça se fait ?

Une vague d'agacement submergea Georgie. Bien sûr,

l'un dans l'autre (comme elle espérait sincèrement qu'ils se retrouveraient bientôt…), elle ignorait ce qui avait pu pousser Dave Anderton à donner signe de vie. C'était peut-être le destin, c'était peut-être une histoire inachevée qui voulait connaître sa propre fin, c'était peut-être une fantaisie du sort… Naturellement, Jenny et la fantaisie, ça faisait trois… Pour toute réponse, Georgie se contenta de soupirer de façon outrée.

Jenny regarda Georgie d'un air hésitant. « Il t'a peut-être vue dans le journal dernièrement ? C'est vrai qu'il y a eu quelques belles photos de toi…

Georgie eut la sensation d'être heurtée de plein fouet par un train à grande vitesse. Mais bien sûr que c'était ça. Il avait peut-être découvert la dernière Georgie Lee – deuxième version –, plus étincelante et plus percutante que jamais, dans une de ses chroniques régulières intitulées « Le style de… ». Selon ses propres dires, la photo illustrant son dernier article en date, sur le style de *Chapeau Melon et Bottes de Cuir*, où on la voyait en talons aiguilles et combinaison moulante en latex noir, était particulièrement éblouissante. Elle avait juste eu un mal fou à marcher pendant quelques jours et son estomac se ressentait encore d'avoir été aussi comprimé.

Alors que Jenny se dirigeait vers Marks & Spencer pour s'acheter un sandwich, Georgie continua dans High Street, en passant en revue dans sa tête une multitude de nouvelles possibilités. Si telle était la raison de cette réapparition mystérieuse – et il y avait peu de chances qu'il en soit autrement – la situation était inespérée. Ils pourraient aller plus loin et se consacrer pleinement à cette cyber-folie. Une romance électronique, en quelque sorte. Flirter sur le net, voilà qui serait idéal pour passer l'été. Ce n'était pas un hasard si son fournisseur d'accès était *excite*…

Georgie ajusta son léger cardigan fuchsia sur ses hanches osseuses et prit plaisir à faire claquer ses fines chaussures – le genre de chaussures dont le prix est inversement proportionnel à la quantité de cuir utilisée – sur le trottoir brûlant. Elle avait fait disparaître toutes les preuves photographiques connues de son adolescence en taille quarante-quatre, mais il n'y avait qu'une seule façon, réalisa-t-elle au comble de l'excitation, de mettre la main sur le fantôme qui traînait encore dans la mémoire de Dave Anderton: il fallait *mettre la main sur lui*.

— Tu habites à Londres? Gx.

Voilà qui était fait. Après avoir longuement hésité, elle avait finalement osé ajouter un baiser.

Message!

— À Freezywater. D.

Georgie avala sa salive. *Freezywater*. Où est-ce qu'il pouvait bien se trouver ce trou? Enfin, au moins il avait l'air de savoir ce qu'il voulait, même s'il avait gardé ses distances (pas de baiser en retour). Il avait répondu sur-le-champ. À ce rythme, pensa Georgie très excitée, ils seraient bons pour un déjeuner coquin dès le lendemain. Ou même pour un apéritif encore plus coquin... Elle l'imaginait encore plus grand, plus élancé, plus distingué que la dernière fois qu'elle l'avait vu. Mais avec le même sourire, d'un blanc éclatant, avec la même mèche blonde.

— Ça ressemble à quoi, Freezywater? Je m'excuse mais je ne suis même pas certaine de savoir où ça se trouve. Gx.

Georgie remarqua que Jenny était revenue à son poste de travail les bras encombrés d'une foule de sacs provenant de grands magasins. Chaussettes à Toutous ne doit pas avoir totalement disparu, alors. Ça doit être le rendez-vous de la dernière chance, pensa Georgie avec mépris. De toute façon, Jenny n'était pas en position de faire la difficile.

— Alors comme ça, on soigne sa plastique? Tu revois Chaussettes à Toutous ce soir? Gx.

Georgie fut agacée de voir que Jenny, très gênée, s'empourprait. C'était quoi son problème, bordel? Elle était encore plus rouge que quelqu'un qui vient de péter pendant une représentation à la Royal Opera House.

Message!

— Ça se trouve dans le Hertfordshire. C'est un coin super. On peut jouer au golf tout près et il y a plein d'associations sympa: les membres du Rotary Club, en particulier, sont de sacrés numéros! D.

Georgie ne savait quoi en penser. Dans sa jeunesse, Dave Anderton n'était pas exactement un saint. C'était le capitaine des équipes de foot, de cricket et de rugby et tout le monde disait qu'il fumait derrière le garage à vélos et s'envoyait en l'air dans les vestiaires. Il avait été le premier des élèves du lycée à posséder une voiture et il épatait régulièrement ses camarades en faisant des dérapages sur le parking pendant la pause de midi et en explosant le rétroviseur du proviseur. Visiblement, il y avait eu des changements. Et puis, c'était qui ce « on » ? Sa petite amie ?

— Au fait, je ne t'ai pas encore demandé si tu étais marié. Tu as des gosses ? Gx.

Elle avait modifié quatre fois la formulation de son message pour trouver le ton approprié à un mail. Elle cliqua sur « envoyer » et s'assit dans le fond de son siège, épuisée par l'effort qu'elle avait dû fournir. Ce n'était pas si simple ! Elle n'aurait jamais imaginé que le i-flirt pût s'apparenter à une partie d'échecs entre grands maîtres. Il fallait méditer sur chaque syllabe, examiner les interprétations possibles pour chaque virgule. Pour l'instant, loin d'être la cyber-autoroute de leurs désirs les plus débridés, leur correspondance était si chaste qu'elle aurait pu faire passer les romans de Jane Austen pour de la littérature érotique.

Ce dernier message resta sans réponse pendant le reste de l'après-midi. Ça y est, je l'ai fait fuir, se dit-elle en paniquant et en espérant qu'il n'en était rien.

— C'était comment ? Gx.

Visiblement, ça s'était bien passé, nota Georgie avec contrariété. Indiscutablement, Jenny rayonnait ce matin. Elle portait une nouvelle jupe qui mettait sa silhouette en valeur et son chemisier blanc éclairait son visage de manière à faire paraître son teint moins terne. Bien entendu, elle avait piqué un des trucs de Georgie. De la même façon, elle portait des hauts talons pour que ses petites jambes trapues paraissent plus longues. Georgie se consola en se disant que si Jenny l'imitait, c'était bien la preuve qu'elle était à plat ventre devant elle. Et, en l'observant lors de ses déplacements dans le bureau, chancelante comme si elle était perchée sur des échasses – elle qui portait d'habitude des semelles toutes plates –, elle souhaitait la voir à plat ventre devant elle pour de bon. Malheureusement, Jenny n'était pas tombée, mais la simple évocation de cette éventualité avait amusé Georgie. Suffisamment en tout cas pour lui faire oublier qu'elle n'avait pas de réponse de Dave Anderton.

Message !

— C'était bien, merci. Jx.

Ah non, elle ne s'en tirerait pas comme ça, pensa Georgie. Pas alors que tout en elle semblait vouloir dire qu'elle avait passé une formidable nuit d'amour. Chaussettes à Toutous devait être bon à *quelque chose*, finalement.

— Où êtes-vous allés ? Gx.

Message !

— Chez R.K. Stanley, un petit restau qui ne paie pas de mine. Jx.

— Je n'y ai jamais mis les pieds, mais il me semble que Tim m'en a déjà parlé. Ce genre d'endroit, c'est pas tout à fait mon truc. Gx.

Jenny rougit à nouveau violemment. Bordel, se dit Georgie, ce ne serait pas pire de travailler dans un sex-shop avec une nonne.

Message !

— Oui, j'ai épousé Morag il y a trois ans – elle est dans la police. Mais on n'a pas d'enfant car, malheureusement, Morag ne peut pas en avoir. Enfin, on se console avec nos chats. D.

Pendant la pause de midi, Georgie fit le tour de Marks & Spencer, totalement en transe. La femme de Dave Anderton était policière et s'appelait Morag. Et ils avaient des chats. Pas étonnant qu'il avait l'air si heureux de reprendre contact avec elle. Il se dégageait une telle impression de lassitude de son « j'ai épousé Morag il y a trois ans ». Et puis, juste après, le coup de grâce : « – elle est dans la police. » Le tiret induisait subtilement un sous-entendu du genre « Tu vois ce que je veux dire ? ». Georgie ricana intérieurement en tâtant l'entrejambe d'un slip à lacets.

On se calme maintenant, tenta de se persuader Georgie alors qu'elle était rentrée de son heure de pause avec dix minutes d'avance. N'y va pas trop fort. Sois relaxe en restant flirteuse. Sois subtile en restant sexy. Elle garda les mains au-dessus de son clavier pendant une minute en inspirant profondément avant de les laisser finalement retomber sur les touches.

— Tu es déjà retourné à Elmhurst ? J'y vais environ une fois par an pour voir ma famille. Ça ne me prend qu'une heure par la route MX5. Gx.

Il lui avait fallu une demi-heure pour rédiger ce message, mais Georgie était contente d'elle. Subtil, ce mail l'était sans aucun doute. Il suggérait également, entre les lignes, que Dave serait le bienvenu s'il lui venait l'envie d'un petit voyage romantique à Elmhurst en sa compagnie.

Message !

— Je ne me déplace qu'en train. Je vais à Elmhurst tous les quinze jours pour revoir tous les potes. Morag réserve toujours nos billets des semaines à l'avance, comme ça, c'est moins cher. C'est très pratique – tu devrais essayer. D.

Georgie sentit qu'elle commençait à paniquer. Elle répondit tout de suite. Ses doigts s'abattirent en rafale sur les touches de son clavier.

— Alors tu ne prends même pas ta voiture pour aller bosser ? Gx.

Message !

— Non, j'y vais en train. Bien que ce ne soit pas toujours idéal : ce matin j'étais sur le quai et un express est passé si vite que mes cheveux se seraient envolés s'il m'en restait ! Heureusement, mes lunettes sont lourdes, sinon je les aurais également perdues. Et en ce qui me concerne, je ne suis pas exactement mince non plus : je pense que je n'avais rien à craindre ! D.

Georgie se sentit mal. Elle prit brutalement conscience qu'elle n'était pas la seule à avoir changé depuis le lycée. Dave Anderton n'était plus le même lui non plus. Alors que, pour sa part, elle avait perdu quinze kilos et ses lunettes en cul-de-bouteille, l'adolescent insouciant aux cheveux broussailleux qui hantait sa mémoire semblait les avoir récupérés. Qui plus est, il s'était métamorphosé en banlieusard qui trouvait que les voitures polluaient la planète et qu'il n'y avait rien de mieux que de jouer au golf, élever des chats, fréquenter le Rotary Club et prendre le train avec une policière prénommée Morag.

Le Prince Charmant de ses rêves d'adolescente avait mal vieilli. Bientôt, il allait lui proposer une réunion d'anciens du lycée. Tout à coup, Georgie se dit, en faisant machine arrière à vitesse grand V, que, en plus, elle était en train de flirter sauvagement avec lui. Comment allait-elle se tirer de ce pétrin ?

Message ! Oh non, un nouveau mail de Dave.

— Au fait, on a tellement bavardé que je n'ai même pas eu le temps de t'expliquer pourquoi je t'avais contactée. J'essaie de mettre sur pied la réunion de la promo 89 du lycée. C'est prévu pour le 31 juillet prochain. Ça te dirait de venir ? D.

J'aimerais mieux me taper Elephant Man, se dit Georgie alors que, mi-anéantie mi-soulagée, elle déclinait poliment son offre. Les gloussements que Jenny poussait en téléphonant depuis le bureau d'à côté ne contribuèrent pas à améliorer son humeur.

Mais à quelque chose malheur est bon. Un très vieux mythe s'était écroulé, mais au moins, de toute sa vie, elle n'aurait plus jamais à se demander ce que ça aurait pu donner, avec Dave Anderton. Et puis, contrairement à cette pauvre célibataire de Jenny, qui semblait cependant plus guillerette qu'à son habitude, elle pouvait toujours se rabattre sur Tim. C'était mieux que rien.

— Je démissionne, lui dit Jenny quand elles quittèrent le bureau ce soir-là. J'ai trouvé un poste de rédactrice à *Vogue*.

— Félicitations ! Je t'avoue que je me demandais pourquoi tous ces nouveaux vêtements, lui répondit Georgie en faisant attention de ne rien laisser paraître de la jalousie qui la tiraillait. Alors comme ça, tu en as marre de bosser avec moi, hein ? ne put-elle s'empêcher d'ajouter.

Jenny rougit violemment.

À la grande surprise de Georgie, Tim était là quand elle arriva à l'appartement. Et il avait l'air de faire le tri dans son armoire, ce qui était encore plus surprenant.

— Tu ne dois pas être en train de ranger tes vêtements ! lui dit Georgie d'un ton sarcastique.

N'ayant pas beaucoup eu, depuis quelque temps, l'occasion de les voir, elle avait oublié combien ses habits étaient atroces.

Georgie eut l'impression de recevoir un coup à la gorge. C'était impossible ! C'était elle la patronne dans le couple, non ?

— Pourquoi, enfin je veux dire, pour qui ? bafouilla-t-elle.

C'était elle qui avait une situation stable. C'était elle qui prenait en charge toutes les dépenses. C'était donc à elle que revenait le droit de décider quand leur histoire prendrait fin. Les hommes ne pouvaient pas la quitter…

— Eh bien, visiblement, tu n'es plus amoureuse de moi. J'ai trouvé quelqu'un qui l'était. En fait, ça fait déjà quelque temps que je la vois.

— Quoi, qui…

Georgie roulait des yeux comme des boules de loto.

— En fait, j'ai passé une petite annonce dans le journal.

Il eut au moins la décence de rougir.

— T'as fait *quoi* ?

Une *annonce*. Son petit ami. Une de ces pathétiques annonces auxquelles répondait Jenny. Georgie, horrifiée, fut prise de démangeaisons.

— C'était pour un article sur les nouveaux célibataires masculins : tu sais ce papier dont je ne pouvais pas te parler. J'ai passé une petite annonce pour voir comment ça se passerait si quelqu'un y répondait. Et voilà, quelqu'un a répondu. Et, très vite, mon article n'est plus devenu qu'un prétexte.

— C'est qui cette fille ?

Mais le cri de Georgie resta emprisonné dans sa gorge. Devant elle, sur le sol de la chambre à coucher, tombée de la pile que Tim s'était dépêché de fourrer dans sa valise, gisait une paire de chaussettes. Avec des petits chiens.

L'AMOUR DANS LE MÉTRO

Jessica Adams

Le premier roman de **Jessica Adams**,

Single White E-Mail, *a figuré en tête des meilleures ventes en Angleterre comme en Australie, à tel point que la Fox travaille en ce moment sur son adaptation en série télé. Son dernier roman,* Tom Dick and Debbie Harry, *vient de paraître. Jessica Adams est aussi astrologue pour* Woman's Own *et* Cosmopolitan *(Australie). Lion avec la Lune en Verseau et Mars et Vénus en Gémeaux, elle est l'auteur de* The New Astrology For Women *(HarperCollins) et* Handbag Horoscopes *(Penguin).*

Traduit de l'anglais (Australie)
par Marie Blaison.

J'ai quitté la fac à l'âge de 21 ans avec l'espoir de réussir à décrocher le même boulot que Naomi Campbell. C'était une mauvaise idée parce que je suis issue d'une longue lignée de grosses fesses. D'ailleurs, ma tante Lætitia est connue dans la famille sous le nom de Lætitia-Gros-Cul.

Elle tient cette morphologie particulière de son emploi d'agent de sécurité à la station de Kings Cross. De 1971 à 1985 elle est restée assise sur un coussin en vinyle, à manger du poulet jerk[1] avec ses doigts et à surveiller un écran noir et blanc. Comme le répète mon oncle Eddie, cela a eu des conséquences désastreuses sur son arrière-train. Quand Lætitia est venue à la fête organisée pour mon cinquième anniversaire vêtue d'une jupe en daim, tous les enfants se sont assis dessous et ont joué comme s'ils étaient dans un tipi.

Mes grosses fesses à moi font-elles partie de mon patrimoine génétique, ou bien les ai-je reçues par l'intermédiaire d'une résonance morphique d'un type particulier, qui se serait propagée depuis le coussin en vinyle de Lætitia jusqu'à mon arrière-train ? Je n'en sais rien. En tout cas ce que je sais, c'est qu'il est impossible de faire le même travail que Naomi Campbell affublée d'un gros derrière. Au fait, pour tout dire, j'ai appris ce qu'était la résonance

1. Spécialité culinaire jamaïcaine à base de poulet mariné grillé (*N.d.l.T.*).

morphique à la fac. C'est même la *seule* chose que j'y ai réellement apprise.

Après avoir passé mes examens, il a fallu que je remplisse un questionnaire d'orientation et que je dise si j'aimais les gens, si la vie au grand air me plaisait et si je me jugeais ambitieuse.

Quand j'ai rapporté le questionnaire chez moi, ma mère a jeté un œil sur le paragraphe concernant l'ambition et s'est écriée :

— C'est toi tout craché ! C'est tout à fait ta personnalité, Angela ! C'est toi tout craché !

Au fond, c'est peut-être vrai. D'ailleurs, je crois que je suis la seule personne de toute ma famille à être allée à l'université, même si je n'ai guère fréquenté que celle de Leeds.

Ça n'a pas dérangé mon père pour autant. Il lui a suffi de me voir, vêtue de la toge d'étudiant, recevoir mon diplôme – tant pis si mon nom y était mal orthographié et s'il ne s'agissait que d'une licence de Lettres qui, selon un de mes amis, aurait eu mieux fait d'être rebaptisée licence des Illettrés. Quand, avec tous les autres, j'ai quitté l'estrade, mon père a sauté par-dessus cinq sièges pour se précipiter vers moi et inonder de ses larmes une des manches de ma toge.

— Tu vas nous sortir du métro, Angela ! sanglota-t-il. Tu vas nous sortir du métro !

Bien entendu, c'était de la faute de sa famille si, en premier lieu, nous nous sommes tous retrouvés dans le métro. Mon grand-père Lee débarqua de la Jamaïque en 1962 et, une semaine plus tard, sans même s'être demandé s'il aimait les gens, si la vie au grand air lui plaisait ni s'il avait de l'ambition, il était déjà en train de prendre des tickets à Paddington. Après cela, impossible de faire machine arrière.

Ainsi, mon frère Viv est vigile sur la ligne Hammersmith-City, et même mon pauvre oncle Colin travaille comme balayeur à Willesden Junction. On lui a proposé cet emploi après qu'il eut tenté, à cette station, de se jeter sous une rame. Il était censé se rendre au zoo. Mais maintenant il est vraiment tiré d'affaire.

La sœur de Lætitia, ma mère, reçut en cadeau un service à thé en *Royal Doulton* après dix ans passés comme dame-pipi à la station de Brixton, où travaille également mon père. Il fit la connaissance de ma mère le jour où son *Curly Wurly* resta coincé dans le distributeur du quai numéro deux. Bien entendu, il fut dédommagé. Le métro londonien a toujours fait preuve d'une grande largesse envers ma famille.

J'y ai même été embauchée hier. Pas en qualité de Naomi Campbell, ni même pour être *la* spécialiste de Lord Byron dans le métro, ce qui est, il faut bien l'admettre, le seul type d'activité auquel ma licence m'a préparée. Non, je suis en passe de devenir Chasseur de Chanteurs. C'est payé cinq livres de l'heure et tu as droit à un blouson vert fluo gratuit.

En fait, le vrai nom des Chasseurs de Chanteurs, c'est Quatrième Unité Spéciale de Sécurité. Mais au bout de cinq minutes un certain Paul l'avait déjà rebaptisée.

Je l'aime vraiment bien, ce Paul, avec ses cheveux roux, sa passion pour l'informatique et ses *Hush Puppies* en daim si particulières. On a le même parcours : il a passé sa licence (mais de sociologie lui, pas sur Lord Byron) pour ensuite jeter l'éponge. On a comparé nos CV et on a découvert qu'on avait tous les deux travaillé chez Body Shop, qu'on avait tous les deux voyagé et que McDonald's n'avait pas voulu de nous comme directeurs : c'était à peine croyable. Paul semble également beaucoup apprécier les grosses fesses familiales. Je dis ça parce que je l'ai surpris en train de les regarder alors que, l'un derrière l'autre, on entrait dans une pièce pour assister à une séance de diapos censée nous présenter notre futur métier.

Ces diapos étaient très intéressantes. On a pu y découvrir la procédure à suivre pour neutraliser les musiciens (« Faites preuve de gentillesse et de compréhension à leur égard, ensuite prenez-les en douceur par le bras, puis reconduisez-les jusqu'aux escalators »). Mais ils ne nous ont pas montré ce qu'il ne faut absolument pas faire. Selon

Paul, ça pourrait être quelque chose comme leur fracasser leur guitare acoustique sur le crâne et leur faire comprendre qu'on trouve que *Wonderwall*[1], c'est vraiment une chanson qui craint.

Les autres Chasseurs de Chanteurs viennent d'horizons divers. Paul pense qu'il a été embauché parce qu'il parle français et allemand et que, de nos jours, la moitié des musiciens de Tottenham Court Road sont des touristes. Selon lui, si j'ai été engagée c'est pour qu'on ne puisse pas être accusé de faire preuve de discrimination raciale ou sexuelle dans l'exercice de nos fonctions. C'est désolant de voir ce que les études de socio peuvent vous faire dire. Pour ma part, je pense plutôt que j'ai été embauchée parce que mon père connaît un type qui connaît le responsable des Chasseurs de Chanteurs. En plus, si je dois immobiliser un guitariste, je peux utiliser mon derrière à la Lætitia pour m'asseoir en même temps sur le musicien et sur la guitare.

En guise de préparation, on nous a fait faire un petit tour dans le métro à Oxford Circus, incognito. Sous l'influence de Paul et de sa licence de socio, j'ai bien remarqué que c'était à moi que revenaient tous les cas impliquant des rastas. Enfin, il me semble bien que ceux-là étaient des rastas. Ils jouaient du Bob Marley. Mais l'un d'eux arborait une énorme tête de Titi et un costume jaune canari alors que son partenaire était habillé en Grosminet, de sorte que, autant que je puisse en juger, les Spice Girls auraient tout aussi bien pu se cacher sous leurs déguisements.

— Que feriez-vous dans une telle situation, Angela ? me demanda à voix basse notre formateur alors que Titi et Grosminet se déhanchaient en rythme.

— Eh bien, je crois que je ferais appel à une personne déguisée en chien géant pour chasser le chat et puis je jetterais une couverture sur la tête du deuxième, répondis-je. Je ne sais pas, on pourrait leur dire de passer à la chanson suivante, on connaît tous par cœur *No Woman No Cry*.

---

1. Succès d'Oasis (*N.d.l.T.*).

Bref. Ensuite, tout notre petit groupe s'est éloigné et s'est dirigé vers une de ces femmes qui, assises par terre, mendient avec leur bébé dans les bras. On ne peut pas vraiment appeler ça faire de la musique, mais on était quand même tous d'accord pour la déloger.

Et voici venu ce grand moment : mon premier jour de travail. Une journée riche en émotion pour toute la famille. Papa m'a donné son badge rouge du Métro Londonien datant des années 1970 comme porte-bonheur. Maman a fondu en larmes et a inondé son muesli. Je suppose qu'elle entrevoit la pente glissante qui mène aux toilettes de Brixton s'ouvrir à présent devant moi. Après tout cet argent dépensé en manuels sur Lord Byron, sans compter les magnets de la National Portrait Gallery à son effigie, c'est plus qu'elle ne peut supporter.

— Tu me brises le cœur, Angela, me dit-elle alors que je passais la porte dans mon blouson vert fluo flambant neuf.

Mais elle m'a quand même donné du poulet jerk dans un petit Tupperware pour mon déjeuner. On ne peut pas dire que je revendique particulièrement mes racines jamaïcaines. Ce n'est pas comme mon frère, qui retourne à Kingston à chaque fois qu'il en a les moyens et qui possède tous les albums de Lee Perry depuis *Time Boom X De Devil Dead*. Mais je fais une exception quand il est question de poulet jerk, et tant pis si le Colonel Sanders[1] se retourne dans sa tombe.

Voilà. Nouveau travail. Nouvelle vie, aussi – pour un certain laps de temps. Et quelque chose me dit que Paul pourrait bien en faire partie – pour un certain laps également. De toute façon, les types qui portent ce genre de lunettes – vous savez, des lunettes plutôt voyantes, comme celles de Chris Evans[2] – attrapent vite la bougeotte, n'est-ce pas ?

---

1. Fondateur de la chaîne de restauration rapide KFC (*N.d.l.T.*).
2. Animateur vedette et présentateur de jeux à la télévision anglaise (*N.d.l.T.*).

Je me demande si Paul a acheté ces lunettes dans le but de me séduire. Je ne me souviens pas qu'il les portait le jour où nous nous sommes rencontrés. D'ailleurs, chacun a demandé à l'autre ce qu'il avait fait de son week-end, ce qui est, il me semble, le signe qu'aucun de nous deux ne rejetait l'éventualité de se lancer dans une opération de séduction. Il me répondit qu'il était allé en boîte. En ce qui me concerne, j'ai regardé *The Bill*[1] allongée sur le canapé avec un masque-pureté bleu de chez Clarins sur le visage, mais ce n'est pas ce que je lui ai dit.

— Angela !

Qu'est-ce qu'il y a ?

Non, sans blague, vous êtes en train de songer à un éventuel rendez-vous et de vous imaginer à quoi pourrait ressembler une certaine personne nue, sans ses drôles de lunettes à la Chris Evans, et l'instant d'après on vous parle de travail…

— Angela, si Paul et toi vous vous chargez de Tottenham Court Road, est-ce que vous pouvez être de retour à Covent Garden pour onze heures ?

— Bien sûr !

C'est vraiment bien. On se croirait à l'école, sauf qu'on ne nous demandera pas de faire de la gym dans cette tenue, enfin, bref… C'est presque comme dans *The Bill*. Il ne nous manque plus que des grosses chaussures noires lacées et un thème musical pour arpenter les rues.

— Allez Paul, on y va, lançai-je en me prenant pour un des personnages de la série.

On nous a donné des laissez-passer avec notre photo pour qu'on puisse patrouiller dans toutes les zones sans problème. Pour quelqu'un qui adore voyager en métro, ça doit être le rêve absolu. Mais Paul et moi, en revanche, on s'est vite aperçus qu'on détestait ça tous les deux.

— Regarde ces crétins d'hommes d'affaires qui pètent entre South Ken et Sloane Square, me fit-il alors que nous

1. Série policière anglaise (*N.d.l.T.*).

nous asseyions côte à côte sous le néon de la rame. Ils s'installent, mangent des pâtés à la viande à peine sortis de leur emballage, lisent *Loaded* et pètent.

— Moi, ce sont tous ces accordéonistes ambulants qui me tapent sur les nerfs, lui dis-je à mon tour. On se croirait dans un vieil épisode de *Allô Allô*[1]. Ce que je peux détester les gens qui leur donnent de l'argent ! On devrait les buter, les gens qui leur donnent de l'argent !

— J'ai une nouvelle moto, une Toyota, me dit Paul. Il faudrait que tu viennes l'essayer un de ces soirs.

— Prends du poulet jerk tant qu'il en reste, me suis-je entendue lui proposer, en lui tendant le Tupperware de ma mère.

Là je me suis dit qu'il faudrait peut-être se calmer, on n'est pas encore mariés !

J'ai l'impression qu'il y a aussi un léger malaise de son côté, parce que ça fait un petit moment qu'il est assis sans rien dire, dans une attitude où il me semble à la fois percevoir de la gêne et de l'attente, alors que nous regardons un groupe de touristes japonais portant des sacs Smythons monter à Bond Street.

— Qu'est-ce que tu aimes comme musique ? finit-il par me demander.

— En fait, j'adore Morrissey.

Il fait des efforts pour ne pas paraître trop estomaqué par ce que je viens de lui dire, mais sans grand résultat, et je peux voir ses lunettes à la Chris Evans se couvrir de buée.

— Qu'est-ce qu'il y a ? lui dis-je. Il y a un problème ?

— ÇA ME CHOQUE ! s'écrie-t-il si fort qu'il réussit à couvrir le bruit du train roulant sur quelques rats de métro.

« POURQUOI ÇA ? » crié-je à mon tour sans qu'il puisse m'entendre, car il a déjà recommencé à hurler.

— THE LIQUIDATORS ! s'époumone-t-il, THE ISRAELITES ! YOUNG, GIFTED AND BLACK ! *RIVERS OF BABYLON !*

---

1. Feuilleton comique anglais mettant en scène deux aviateurs anglais parachutés dans un petit village français pendant la Seconde Guerre mondiale (*N.d.l.T.*).

Là, j'en déduis qu'il me parle de ses goûts musicaux à lui. Enfin, j'imagine que, pour *Rivers of Babylon*, ce n'est pas la version de Boney M (avec tous les membres du groupe en combinaison d'alu) qu'il aime. Mais nous n'avons pas le temps d'en discuter puisque nous voilà déjà arrivés à Tottenham Court Road: nous devons descendre et la boucler. Si on ne se tait pas, d'ailleurs, on ne risque pas d'entendre le moindre musicien.

— J'en entends déjà un, me dit Paul en tordant le cou pour essayer d'apercevoir quelque chose alors que nous sommes encore dans les escaliers.

Moi aussi, j'entends quelque chose. Un son lointain et plutôt sourd.

— C'est du reggae, *man* ! lui dis-je en me foutant de lui. Ta musique préférée. C'est peut-être même *Rivers of Babylon*.

En fait, non. C'est Titi et Grosminet qui se balancent au son de leurs bongos, de leur guitare et de leur petit lecteur de cassettes. Ils jouent quelque chose qui ressemblerait à la chanson *Superfly* de Curtis Mayfield, broyée par une bétonnière, puis ruminée par un troupeau de vaches. Mais Paul m'apprend qu'il s'agit de *The Hitter* de Garfeel Ruff (« *Look out for the hitter, he's big and bad and sho'nuff black, he's gonna knock you down*[1] »). Mouais. Encore un titre de la *blaxploitation*. Pour moi ils se ressemblent tous. Paul et moi restons là un petit moment, à les regarder et à les écouter, chacun essayant de faire croire à l'autre qu'il a la situation bien en main alors qu'en réalité la peur nous paralyse tous les deux.

Paul finit tout de même par remonter ses lunettes sur son nez et par esquisser un geste.

— Excusez-moi, mais je vais devoir vous demander de vous arrêter, dit-il à Titi.

Mais l'oiseau ne bouge pas. Il ne pose même pas ses bongos à terre. Ensuite, je prends doucement Grosminet par le bras et lui demande de prendre les escalators pour sortir. Il ne bouge pas non plus. Paul et moi nous rendons alors

1. « Regarde un peu ce cogneur, il est gros et méchant et sacrément noir, il va te démolir. » (*N.d.l.T.*).

compte que ça s'agite dans notre dos. Un petit attroupement s'est formé. Je ne sais pas qui en a eu l'initiative, mais bientôt tous les gens frappent lentement dans leurs mains. Et quelques personnes nous sifflent.

Paul prend doucement Titi et Grosminet par le bras. Rien à faire.

— Hou ! crie un type en salopette. Hou !

Et il nous siffle.

— Ça suffit maintenant ! lance Paul à la foule.

— Laissez *Le Chat dans le Chapeau*[1] tranquille ! nous ordonne une femme un peu bizarre.

— Mais c'est pas le chat dans le putain de chapeau, c'est Grosminet, lui réponds-je.

— Ben, laissez-les tranquilles quand même, qu'est-ce qu'ils font de mal ? nous lance un vieux type, grande gueule et très certainement bourré.

Est-ce qu'il y a des agences spécialisées dans le recrutement de vieux types, grandes gueules et très certainement bourrés destinés à faire des apparitions régulières dans différents endroits de la ville ?

Est-ce que quelqu'un pourrait me répondre ?

Et puis, rapide comme l'éclair, Titi se penche à nouveau et remet son lecteur de cassettes en marche, en avance rapide. Il cherche peut-être un vieux morceau de Stevie Wonder, pour se mettre la foule dans la poche. J'en mettrais ma main à couper. Il y a quelque chose dans son regard qui me le laisse penser : il a l'air manipulateur.

— Allez bouge, *sister* ! me fait Titi en enlevant sa tête.

Il porte des dreadlocks et ressemble au batteur de l'ancien groupe de mon frère Viv.

— Non, c'est toi qui vas bouger, ou bien je te colle une amende de cinquante livres !

— Cinquante livres ! s'écrie Grosminet à travers sa tête de chat en peluche.

Je me demande où peut bien se trouver sa bouche, peut-être derrière l'une de ses grosses narines roses ?

— Prends ton carnet de PV, me souffle Paul.

---

1. *The Cat in the Hat*, héros de livres pour les jeunes enfants créé aux États-Unis par le docteur Seuss en 1954 pour lutter contre l'illettrisme (*N.d.l.T.*).

Quoi ? Pourquoi moi, d'abord ?
Je sors alors mon carnet.
— Vas-y, me dit-il. Moi je vais contacter la sécurité de la station.

Et me voici en train de verbaliser, accompagnée par Titi qui tape sur ses bongos avec un air de défi et par la foule qui frappe lentement dans ses mains. En signe de protestation, Grosminet enlève sa tête lui aussi. Il est gros, avec un regard vraiment méchant – le même que celui des armoires à glace engagées comme videurs à la sortie des boîtes de Dalston Kingsland.

Mon cœur bat à cent à l'heure. C'est pas possible. Je colle une amende à deux types qui se baladent dans des costumes d'animaux en peluche et j'ai l'impression d'avoir abattu de sang-froid dix personnes au cours d'une attaque à main armée.

C'est fou ce que le temps s'écoule de façon étrange après cet incident. Les situations inhabituelles brouillent totalement notre perception. En tout cas, on dirait que, tout à coup, nous voilà à la fin du repas. Paul et moi sommes assis au QG du personnel de Tottenham Court Road (on ne croirait jamais qu'il se trouve là : il est tellement bien caché derrière la cage d'escalier), en train de manger ce qui reste du poulet jerk de ma mère.

— T'as été géniale, Angela, me dit-il. Il faut absolument que je t'emmène dîner quelque part.

— Il ne faut pas te sentir obligé, lui fais-je tout en rougissant intérieurement.

— Je t'assure, ça me fait plaisir. Allez ! Où est-ce que tu veux aller ?

— Vas-y, décide, toi !

— Africain ? Indien ?

— Le restaurant panoramique d'Harvey Nichols, finis-je par lui dire. Je connais quelqu'un qui connaît quelqu'un qui croit avoir vu Morrissey y manger une salade.

On se donne rendez-vous à vingt heures, histoire d'avoir le temps de rentrer chez nous, d'enlever notre blouson vert fluo, et, pour moi, de prendre un bain et de me débarrasser de la sueur qui semble baigner mon corps depuis l'épisode de psychose collective causée par les redoutables Titi et Grosminet.

Dès mon retour, mes parents me pressent de leur raconter ma journée mais j'en ai plein le dos et file tout droit vers la salle de bains, après avoir déposé le badge du Métro londonien de mon père dans la corbeille à fruits qui se trouve sur la table. Mon père décide quand même de venir me parler à travers la porte.

— Tout va bien ? hurle-t-il de manière à couvrir le bruit de la baignoire qui se remplit.

— Ouais, ça va ! hurlé-je à mon tour.

— Tu as l'air stressée ! crie-t-il à nouveau.

— NON, JE NE SUIS PAS STRESSÉE !

Après quoi il bat en retraite. Et même si je n'ai pas eu le temps de me faire un masque-pureté bleu, une demi-heure plus tard j'ai enfin l'impression d'avoir plus ou moins retrouvé apparence humaine.

J'utilise ma carte d'accès gratuit au métro pour aller jusqu'à South Kensington, puis je finis à pied pour faire un peu d'exercice et me détendre. Je sais que je n'assure pas pour quelqu'un qui a passé la moitié de ses vingt ans à s'entraîner aux rendez-vous, mais j'ai toujours cette boule dans l'estomac. En marchant je n'arrête pas de me dire : « Le restaurant panoramique d'Harvey Nichols avec un garçon. C'est pas si mal, Angela. Mieux, en tout cas, que de regarder *The Bill* le samedi soir affalée sur le canapé en compagnie d'un coussin. »

Paul est déjà attablé quand j'arrive et une serveuse s'agite autour de nous jusqu'à ce que nous – enfin, je devrais dire Paul – commandions une bouteille de vin. Elle s'en retourne alors d'où elle est venue.

— Voilà, voilà, me dit-il.

Je lui souris. Je déteste les gens qui me disent « voilà, voilà ». J'ai toujours envie de leur répondre la même chose, mais la conversation tournerait vite court.

— C'était chaud pour moi aujourd'hui, lui fais-je.

— Je trouve qu'on s'est bien débrouillés, me dit-il sans que je réagisse tout de suite. Je me suis dit, quand ils se sont mis à frapper dans leurs mains et tout le reste, que je ferais mieux de te laisser diriger les opérations.

— Pourquoi ça ?

— Eh bien, visiblement, ils frappaient dans leurs mains parce que moi, un Blanc, j'étais en train d'arrêter deux Noirs, tu saisis ?

La serveuse vient d'arriver avec la bouteille. C'est déjà ça ! Je siffle mon verre en réfléchissant à ce qu'il vient de me dire.

— Franchement Paul – et je me demande pourquoi on parle encore de cette histoire –, les gens ne faisaient que frapper lentement dans leurs mains. C'est ce que font les gamins aux concerts de Sooty quand Sooty commence en retard. Là, c'était pareil : la musique leur plaisait, Dieu seul sait par quel miracle !

Il se met à rire.

— Ouais. Tu sais, moi j'adore cette musique. Isaac Hayes. Sweet Sweetback. Curtis. Mais c'était un vrai massacre.

J'ai haussé les épaules.

— De toute façon, j'y connais rien.

— Ah oui, c'est vrai, tu écoutes cette pauvre musique de Blanc. Au fait, tu l'as vu, Morrissey ?

— Non, on a dû me raconter des histoires.

Nous commandons tous les deux des pâtes. Elles coûtent ce qu'on a gagné en deux heures à Tottenham Court Road aujourd'hui. J'imagine que je devrais être plus gentille avec Paul, vu que c'est lui qui m'invite. Mais, là, il gâche vraiment tout.

— J'ai réussi à trouver de la ganja en venant ici, et de la bonne ! me dit-il de but en blanc alors que j'allais me jeter sur un petit pain.

Je lui souris. J'ai déjà évoqué les gens qui abusent du « voilà, voilà ». Dans le genre pénible, il y a aussi ceux qui me parlent de marijuana, de leurs petites histoires de transactions à la noix. Instantanément, ça me fait bâiller.

— T'aimes le hasch ?

J'utilise ce mot volontairement. Qu'il aille au diable avec sa ganja ! Il est blanc, après tout. Il est né à Weston Super-Mare[1].

— Parce que toi, tu fumes pas ?

— Ça te surprend tant que ça ? lui réponds-je du tac au tac.

— Non, enfin, je sais pas. J'aurais pensé…

— Eh bien tu aurais mal pensé !

Sur ce, il se lève pour aller aux toilettes et je le regarde essayer de prendre les escalators dans le mauvais sens, se tromper une deuxième, puis une troisième fois alors qu'il se dirige en traînant les pieds vers l'ascenseur.

Il a laissé son portefeuille sur la table. Je sais que je ne devrais pas, mais c'est plus fort que moi. Est-ce que je vais devoir payer ma part ou a-t-il tout prévu ? Parce que si je dois payer ma part, laisse tomber, je me tire d'ici dès qu'il n'y a plus de petits pains.

Non, le portefeuille contient bien deux billets de cinquante livres. Ça va pour cette fois. Enfin, je crois. Mais, ce que je découvre, caché derrière les deux billets, me fait changer d'avis. C'est la photo d'une fille d'environ 25 ans, qui a l'air d'avoir été prise sur une plage à la Jamaïque. Visiblement, cette fille s'est fait raidir les cheveux et – la vache ! – elle ne porte pas de soutien-gorge. La photo est même dédicacée : « À Paul que j'aime, Lucie. » On dirait la sœur de Naomi Campbell. Bon d'accord, sa grande sœur un peu plus moche, mais quand même…

Dès le retour de Paul, je me lève.

— Je rentre.

— Pourquoi ?

— On ne nous a pas encore apporté nos plats de résistance, on s'arrangera plus tard pour faire nos comptes.

Je lui balance deux billets de dix livres et file vers l'ascenseur aussi vite que possible. Bien que j'aie le désagréable pressentiment qu'il va me suivre, il reste à sa place. Dieu

---

1. Station balnéaire anglaise de la région de Bristol très en vogue au début du XXe siècle (*N.d.l.T.*).

merci ! À peine suis-je dehors dans Brompton Road que j'arrête un taxi et m'y engouffre.

Ce qu'il y a de bien avec les trajets en taxi – et c'est d'ailleurs ce pour quoi on paie, à mon avis – c'est qu'ils permettent de réfléchir. Et sur le chemin qui me ramène chez moi, je réfléchis beaucoup. Je pense au type que je fréquentais quand j'étais à la fac (l'auteur de l'expression « Licence des Illettrés ») qui lui aussi collectionnait les petites amies noires. Je pense à mon frère Viv et aux dommages que la ganja – bon sang ce que je peux détester ce mot – a causés à son cerveau et aux raisons qui l'ont poussé à travailler sur la ligne Hammersmith-City alors qu'il aurait dû aller à l'université. Comme moi.

Si j'additionne la note du taxi et celle du restau, j'arrive à la somme que je vais toucher après trois jours de chasse aux chanteurs. Alors, le lendemain matin, même si ça me coûte horriblement, je m'arrache du lit à six heures, et hop dans le métro, et en route pour un jour de plus à Tottenham Court Road.

Je suis prête à affronter Paul. Ce n'est pas ça qui va m'effrayer. D'abord ne suis-je pas celle qui a arrêté Titi et Grosminet ?

Mais Paul n'est pas là. On me dit qu'il n'est pas encore arrivé, et qu'un certain Rob va le remplacer. Il est gentil, Rob. La première chose qu'il me dit est que je suis en passe de devenir une légende vivante dans le petit monde des Chasseurs de Chanteurs. La deuxième, c'est que si ça m'intéresse, il a deux places pour le concert de Morrissey.

Je lui dis que je vais laisser tomber ce boulot à la fin de la prochaine semaine. (Et c'est ce que j'ai fait, pas plus tard que le vendredi suivant, après qu'ils m'eurent envoyée à Oxford Circus, la pire des affectations pour un Chasseur de Chanteurs.) On dirait que mon triomphe à Tottenham Court Road m'a valu une jolie réputation.

Et c'est là que je l'ai entendue. La douce musique de Morrissey flottant dans les airs, depuis le tunnel jusqu'au quai numéro quatre. La guitare est complètement désaccordée, mais c'est la première chose audible qui me soit parvenue aux oreilles depuis que j'ai commencé ce boulot. À tel point que j'ai envie de démissionner sur-le-champ, juste pour ne pas avoir à virer ce type.

Avec Rob derrière moi (attention, on est dans *The Bill* : grands pas lourds, grosses chaussures noires lacées, thème musical), je m'approche. Et alors que je me fais violence pour réussir à le prendre par le bras, je m'aperçois que c'est encore lui. Titi. Mon destin. Ma punition. Mon châtiment karmique.

Il ne tape pas sur ses bongos cette fois (Dieu merci car les chansons de Morrissey n'ont pas été conçues pour être jouées sur des rythmes tropicaux). Il joue du saxo à la place, mais je l'aurais reconnu entre mille, certainement à cause de ses déhanchements si particuliers.

— Qu'est-ce que t'as fait du chat ? lui dis-je.

Titi penche sa tête de façon narquoise.

— Enlève ce truc ! Qu'est-ce que tu as fait de Grosminet ?

— Je ne vois vraiment pas ce que vous voulez dire, me répond-il.

Et il enlève sa tête d'oiseau et c'est Paul que je vois apparaître.

— Je le lui ai acheté, m'explique-t-il.

— Quoi ?

— Je lui ai acheté son déguisement, à Titi. Après notre intervention.

— Oh !

— Je voulais te jouer la sérénade, me dit-il.

— Oh, merci !

Ses cheveux roux sont trempés de sueur et en pétard à cause de la tête d'oiseau. Ses lunettes à la Chris Evans sont en train de se couvrir de buée.

— Est-ce que tu vas me prendre par le bras et me demander de sortir ? me dit-il en essayant de plaisanter.

— Non, c'est Rob qui va s'en charger, lui fais-je.

Et je les plante là tous les deux.

LA MAIN AU CUL DU GRAND FAUVE

Gaby Hauptmann

Gaby Hauptmann

---

est née en 1957 à Trossingen et vit aujourd'hui de sa plume à Allensbach, près du lac de Constance, comme journaliste indépendante, réalisatrice de cinéma et écrivain. Ses romans, notamment Cherche homme impuissant pour relation longue durée *(Calmann-Lévy, 1997 ; Livre de Poche, 1999),* Mensonges au lit *(Calmann-Lévy, 1999 ; Livre de Poche, 2001), et* Die Meute der Erben *(1999) sont devenus des best-sellers en France et dans le reste du monde. Son dernier roman,* Les glands se ramassent à la pelle*, est paru aux éditions Florent Massot Présente en 2001.*

Traduit de l'allemand par Olivier Mannoni.

Lorsqu'il passa devant elle, le sourire de Lisa se figea au beau milieu d'une phrase. Elle n'avait encore jamais vu des fesses pareilles chez un homme. Instinctivement, elle se retourna pour le suivre des yeux. Sa silhouette, sa tenue, sa démarche, tout semblait à la fois puissant et souple, plus animal qu'humain : un grand félin sur la piste du gibier.

Lisa retint son souffle. Il fallait absolument qu'elle le voie par-devant, elle ne devait pas rater l'instant où il reviendrait des toilettes. Avec un soupir inconscient, elle dirigea de nouveau son regard vers Gerold qui, aux prises avec un artichaut, mâchonnait, léchait et aspirait en silence, dans son coin. Elle s'en était doutée ! C'était toujours pareil ! Lorsque, après avoir longuement cherché et comparé, elle finissait par choisir quelque chose, elle trouvait mieux deux jours plus tard, ça ne ratait pas. Ça lui était arrivé avec la quasi-totalité de ses meubles, mais aussi tout récemment avec sa voiture, une occasion, une affaire en or. Une semaine plus tard, elle avait trouvé le même modèle, avec moins de kilomètres, plus d'options et un moteur plus puissant. Pour le même prix. Et voilà que ça recommençait !

Elle l'avait pressenti lorsque Gerold lui avait passé la bague au doigt et que le prêtre leur avait demandé de s'embrasser. C'était dans l'air, littéralement : au moment où elle sentait les lèvres de Gerold sur les siennes, elle avait vu la fumée montant des cierges devant les hauts vitraux colorés de l'église se froncer en un sourire narquois.

« Marie-toi donc, tu verras bien ! » lui avaient chanté les cloches de l'église au moment où elle s'était présentée devant le portail. Elle avait collé un œil au beurre noir à sa meilleure amie avec un bouquet de fleurs. Simple confirmation d'une évidence : désormais, tout pouvait arriver. Ce n'était pas sa faute, c'était toujours comme cela, elle avait fait le mauvais choix !

Et voilà : elle venait de voir passer devant elle l'homme, le vrai, la quintessence ! Comment allait-elle pouvoir profiter de sa lune de miel ? Le rêve était devenu un cauchemar. Elle ne pouvait plus coucher avec Gerold, ce n'était pas le bon !

Tout excitée, Lisa chipotait du bout des lèvres son verre de vin rouge, tout en observant son époux fraîchement émoulu. Il suçotait et aspirait toujours sa feuille d'artichaut avec application. Il devina son regard, leva les yeux et lui fit un clin d'œil.

— Je m'entraîne...

Lisa frissonna. Au même instant, elle entendit la porte derrière elle. Le restaurant de cet hôtel de vacances n'était pas bien grand, l'homme allait forcément passer devant sa table. Elle fit tomber sa serviette et se tourna pour la ramasser. Il arrivait droit sur elle. Le cœur de Lisa battait à tout rompre. Dans un instant, il allait se baisser pour ramasser sa serviette, et ils sortiraient ensemble du restaurant.

Comment ça, « sortiraient » ? Ils s'en iraient en volant, portés par les promesses et le désir, aspirés par l'ivresse de l'attente. Mais il ne lui accorda même pas un regard : il passa devant elle sans ralentir et disparut dans l'arrière-salle du restaurant. Elle resta les yeux rivés en direction des poches de son jean bien après qu'il se fut effacé de son champ de vision.

— Qu'est-ce que tu en dis, chérie, si nous montions ?

La main de Gerold se posa sur la sienne.

— Quoi ? Comment ? Mais ce n'étaient que les hors-d'œuvre...

Gerold lui lança un regard de comploteur.

— Je me disais que pour inaugurer notre lune de miel et notre vie de couple, nous pourrions suivre le même rythme que notre menu. (Il baissa la voix.) D'abord le plaisir des hors-d'œuvre, puis, lentement, le plat principal, et pour finir le délicieux dessert.

Lisa le regarda dans les yeux. Son iris était d'un gris limon indécis, sa tête trop ronde, sa chevelure trop clairsemée. Tout en lui était humain, pas la moindre trace d'animal. Le léopard était arrivé trop tard. Comment y survivrait-elle ?

— Que dirais-tu d'un furieux plat principal ? demanda-t-elle d'une voix terne en prenant la bouteille de vin rouge capiteux et en le resservant.

— Tout me convient pourvu que tu soies au menu !

Lisa but son verre d'un trait et se demanda si le léopard était descendu à l'hôtel seul ou en couple. Elle parviendrait bien à le savoir, songea-t-elle en laissant échapper à voix haute :

— Je suis le mets des dieux.

— Je le sais et j'en profite, répondit Gerold en hochant la tête, tout en attrapant une nouvelle feuille d'artichaut.

Lisa venait de découvrir un double fond dans son propre cerveau. Cette nuit-là, elle coucha deux fois avec le léopard. Couché, c'était bien peu dire : il la sauva de son erreur, lui mordit la nuque et joua avec le lobe de ses oreilles tandis que la tempête agitait son bas-ventre. Mais elle s'était réservé l'ouragan pour le jour où elle l'aurait physiquement entre les mains.

Elle se leva plus tôt que d'ordinaire. Gerold ouvrit brièvement les yeux, mais ramena aussitôt les draps blancs au-dessus de ses épaules blêmes.

— Je vais faire un tour de bassin, lui lança Lisa en choisissant son maillot de bain noir.

Il dessinait avantageusement sa silhouette et atténuait les petits bourrelets de graisse autour du ventre. Et puis de légers coussinets donnaient à sa poitrine l'indispensable je ne sais quoi. À vingt-cinq ans, on était en droit d'aider un peu la nature.

Elle quitta le petit bungalow, aux aguets. Le soleil espagnol avait déjà attiré les vacanciers à l'extérieur, la plupart des chaises longues installées au bord de la piscine étaient occupées. Lisa posa son drap de bain sur un petit mur en pierre, se doucha en vitesse tout en regardant autour d'elle, à la dérobée. Elle ne parvint pas à le découvrir. C'était peut-être un lève-tard ? Elle, c'est au matin que sa libido fonctionnait le mieux. À moins qu'il ne soit déjà reparti ? C'eût été impardonnable.

Elle s'enfonça lentement dans l'eau et décida d'attendre. Elle voulait absolument le voir en maillot de bain. Était-il poilu ? Ses pectoraux étaient-ils aussi bien dessinés qu'elle en avait eu l'impression la veille ? Ses cuisses vibreraient-elles si elle y faisait remonter ses ongles ? Avait-il plus qu'une poignée de virilité ? Lisa avait presque nagé jusqu'à l'extase lorsqu'une ondine fine et allongée, à peine vêtue d'un bikini, entra dans son champ de vision. Elle se tenait au bord du bassin et testait la température de l'eau avec son gros orteil.

Lisa but la tasse au bout de sa brassée : le léopard venait d'apparaître derrière la nymphe. Il portait un maillot de bain noir, assorti à son épaisse chevelure brune et aux poils de barbe sombre qui couvraient de petites pointes son menton anguleux. Lisa découvrit sa poitrine musclée, son ventre ferme et ses larges cuisses. Au même instant, elle arriva au bord du bassin et dut faire demi-tour. Elle entendit son sang battre dans ses oreilles et se demanda convulsivement comment elle allait pouvoir faire sa conquête.

Elle l'observait : il resserra deux chaises longues et y étendit les draps de bain. Peu après, elle vit un moyen d'y parvenir : la mince créature féerique courut vers le bassin et y plongea, la tête la première ; lui s'installa sur sa chaise longue, jambes écartées, pour la regarder nager.

Avec autant d'abattage que, jadis, Bo Derek, Lisa sortit de l'eau sous les yeux de l'homme. Elle avança droit vers lui, ventre rentré, poitrine saillante, ondulant du bassin à chaque pas. Elle renvoya sa chevelure mi-longue et trempée vers l'arrière et n'adressa pas le moindre regard au fauve lorsqu'elle passa tout près de lui. Malheureusement, son drap de bain à elle se trouvait de l'autre côté du bassin. Elle s'immobilisa donc à quelques pas derrière l'homme avant de se retourner vers lui. Rien n'indiquait qu'il l'ait remarquée, même vaguement.

Il observait le bassin, fasciné. Il se releva à son tour, prit deux pas d'élan et glissa dans l'eau comme si c'était son élément naturel.

Lisa, avide, le vit plonger sous sa compagne puis revenir vers elle à la nage en riant joyeusement. Si elle descendait dans l'eau à présent, elle partagerait au moins cet élément avec lui, se dit Lisa. Et avec un peu d'adresse, elle se débrouillerait bien pour entrer aussi en contact avec son corps. Elle redescendit l'escalier du bassin et s'élança.

Lisa nagea avec ardeur de part et d'autre du bassin, sans parvenir à s'approcher de lui. Il était insaisissable. Elle le voyait tantôt ici, tantôt là-bas, plongeant le plus souvent comme un dauphin. Elle finit par perdre ses forces et sortit de l'eau. Épuisée, elle s'assit sur son muret et regarda, comme tous les autres, la danse d'amour à laquelle se livraient ces deux créatures. Elle comprit rapidement que cet être fin et tendre, ce mannequin filiforme, n'avait aucune chance face à une femme dans la fleur de l'âge, comme elle. Il suffisait que l'occasion se présente.

Lorsque Gerold apparut derrière elle sans prévenir, Lisa se sentit presque importunée. Il lui proposa de l'enduire de lait solaire, ce qui lui parut beaucoup trop terre à terre. Cet homme, là-bas, allait faire ruisseler sur elle les rayons scintillants du soleil, ou saupoudrer sur son corps dénudé la poudre des étoiles de la nuit. Il la baignerait dans une mer de passion, en apesanteur, dans une totale abnégation, une folle ivresse. Il s'enfuirait avec elle dans une autre dimension, celle de l'amour parfait. Lisa inspira profondément. C'est l'instant que choisit Gerold pour lui enduire le dos ! Avec une crème indice 20 ! Comme si elle était un alien albinos que le soleil risquait de transformer en grenouille !

Mais Gerold n'en démordit pas. Tout en essayant de lui faire changer d'avis, Lisa étudiait avec une légère répugnance la peau claire de son époux, avec ses nombreux points noirs, ses petits poils clairsemés et sa poitrine naissante. Elle avait dit « oui » trop vite, cela ne faisait aucun doute. Elle était tombée dans le piège, une fois de plus.

La nuit même, Lisa se peaufina une stratégie. Profitant du temps où Gerold lui faisait l'amour, elle reprit la situation point par point, qu'elle classa par ordre chronologique. Il lui paraissait impossible de dire comment réagirait son mari s'il était placé devant le fait accompli. Mais comme, en toute logique, cela ne se produirait qu'au terme de l'aventure, elle pouvait provisoirement laisser cette question en suspens. Gerold jouit bruyamment, et Lisa se dit que son nouvel amant pourrait aussi bien régler à sa place la désagréable question de la rupture. Elle dormit d'un sommeil profond et sans rêve ; mais le lendemain matin, de bonne heure, elle était prête à passer à l'action.

Cette fois, elle avait installé sa chaise longue là où son léopard avait posé la sienne, la veille. Elle s'étira au soleil du petit matin et attendit. Lorsqu'il arriva enfin, elle n'était pas loin du coup de soleil, il était presque midi. Elle venait d'envoyer Gerold lui chercher un jus de fruits frais : ce jour-là, elle renoncerait au petit déjeuner.

Elle constata alors que son timing était parfait. Dès que Gerold eut tourné au coin du bâtiment, toujours vêtu de son bermuda bigarré, le léopard se dirigea vers elle. Elle lui adressa un regard lascivement assoupi qu'il ne remarqua même pas, et croisa les jambes, indolente, mais prometteuse. Avec la plante du pied, elle frotta lentement, très érotique, le tibia de l'autre jambe.

Comme il l'avait fait la veille, il rapprocha deux chaises longues. Lisa observa la scène du coin de l'œil. Il se couchait, tout au plus, à quatre mètres d'elle. Elle avait fait le bon calcul. Elle attrapa le flacon d'huile solaire. Elle allait se couvrir de crème, avec tellement de sensualité que le maillot de bain du léopard en éclaterait et qu'il n'aurait plus d'autre choix que de l'aider à s'enduire le dos.

Mais au moment où elle versait l'huile solaire chaude au creux de sa main, un rapide regard de l'autre côté lui indiqua qu'il ne respectait pas les règles du jeu : il s'était couché sur le mauvais flanc, sans aucun motif valable. À quatre pas de là, les os de sa rivale s'étalaient à présent au soleil. Lisa se laissa un instant retomber en arrière, mais elle finit par reprendre le dessus.

Lorsque Gerold arriva et lui proposa de participer à une excursion organisée pour découvrir le pays et la population, elle crut que ses plans allaient s'effondrer. Lisa ne voulait découvrir qu'une seule chose, l'objet de ses désirs. Et celui-ci était quasiment à ses pieds, même si ce n'était qu'à titre métaphorique. Apparemment, le léopard et la nymphe avaient une discussion similaire. Lisa prétendit ne pas se sentir bien. Elle espéra que Gerold l'abandonnerait à son sort. Et que le léopard, lui aussi, se retrouverait esseulé.

Son vœu fut exaucé. Mais peu après, des animateurs vinrent chercher son fauve pour une partie de volley de plage. Assise au bord du terrain, Lisa n'avait d'yeux que pour lui. Il sautait plus haut que tous les autres, démarrait plus vite, ses sprints étaient vifs comme l'éclair, personne ne pouvait rattraper ses balles. Lisa rêva qu'elle se glissait dans sa peau brune et s'envolait en sa compagnie, comme deux aigles.

Le soir, lorsque Gerold revint et lui raconta sa promenade avec enthousiasme, elle l'écouta d'une seule oreille. La seule chose qui comptait à ses yeux, c'étaient les moments où elle pouvait rencontrer son inconnu ; elle apprécia donc beaucoup, pendant les trois journées qui suivirent, que Gerold aille souvent se promener tout seul et qu'il ait suffisamment de choses à raconter pour ne pas remarquer l'indifférence de Lisa à son égard. Elle pouvait ainsi laisser libre cours à ses fantasmes et se concentrer sans la moindre gêne sur l'homme de ses rêves.

Elle planifiait, elle arrangeait, et elle constatait qu'elle était bien partie : la petite amie du léopard semblait elle aussi avoir choisi de faire bande à part. Lisa s'approcha de plus en plus près de lui, de plus en plus excitante.

Cet après-midi-là, alors que Gerold était parti tout seul pour les courts de tennis, elle épia son fauve sur la plage. Il se loua une planche de surf et s'élança sur les flots. Lisa s'installa dans le sable et le regarda, étudia de nouveau son corps, admira sa souplesse de prédateur, ses muscles qui, tendus par l'effort, se dessinaient sous la peau, le jeu des tendons, la facilité avec laquelle il dominait l'eau et le vent. Elle replongea dans le sable chaud, emportée par le désir, ferma les yeux, passa tendrement la main sur le sable fin et s'imagina qu'elle le caressait. Soudain, une ombre s'abattit sur son visage. Elle ouvrit les yeux, effrayée.

Il se tenait devant elle. Non, elle ne rêvait pas, c'était vraiment lui ! Elle était à deux doigts de son objectif, mais aussi de l'infarctus. Il l'avait vue, il l'avait choisie, il la désirait, l'après-midi même, ivres de passion retenue, ils tomberaient dans les bras l'un de l'autre ! Son cœur battait à tout rompre lorsqu'il s'accroupit devant elle. Elle se redressa lentement, rentra le ventre et lui lança un regard rayonnant.

Maintenant ! Maintenant, il allait le lui dire !

Il toussota. Lisa retint son souffle.

— Je ne voulais pas vous déranger, dit-il d'une voix basse et tellement érotique que Lisa sentit tout son duvet se hérisser dans son dos et sa libido se mettre à tourner comme un réacteur.

— Vous ne me dérangez pas, répondit-elle d'une voix posée.

Elle allait connaître l'orgasme de sa vie, celui dont parlent tous les magazines féminins : la petite mort. Elle en était à deux doigts.

— Il me semble que je dois vous le dire. Vous en avez le droit !

Oui, dis-le, criaient tous les sens de Lisa. Dis que tu as besoin de moi, que tu me veux, que tu as envie de moi, que tu ne peux plus vivre sans moi, dis que tu me veux ici, sur-le-champ, et je serai à toi !

— Oui ? s'entendit-elle demander en se laissant un peu glisser en arrière, ce qui mit en valeur sa poitrine rebondie.

— J'observe cela depuis trois jours déjà. Il me semble qu'il est temps que vous le sachiez aussi !

— Mais bien sûr !

Elle donna à sa voix une once de féminité canaille, avec le timbre qui lui paraissait le plus prometteur et le plus stimulant.

— Eh bien d'accord, j'espère que cela ne vous ennuiera pas trop !

— Mais non, absolument pas, ça ne m'ennuiera certainement pas ! Vous pouvez tout me dire !

— Ça vous ennuiera peut-être tout de même, après tout, c'est votre lune de miel ! Enfin... (Il se racla la gorge une nouvelle fois et la regarda droit dans les yeux.) Votre mari couche avec mon amie. Elle me l'a avoué hier. Tout a sans doute commencé il y a trois jours, pendant une excursion. Il semble avoir quelque chose que je n'ai pas. Elle a parlé de l'orgasme le plus fou de sa vie. Je pensais que vous deviez le savoir avant que je ne reparte.

Lisa en était restée bouche bée.

— Je suis surprise, bredouilla-t-elle.

Puis elle frappa du poing dans le sable.

— C'est vraiment le comble ! Un beau salaud, ce mari !

L'AMIE DES BEAUX JOURS

Patricia Scanlan

Les huit romans de **Patricia Scanlan**

---

ont figuré en tête des meilleures ventes au Royaume-Uni et elle travaille en ce moment à son neuvième. Le Temps des promesses *(Belfond, 1998 ; J'ai lu, 2000) et* Mauvaises Ondes *(Librio, 2001) ont été traduits en français. Après avoir donné des cours de création littéraire à l'université, elle collabore, en tant qu'éditrice, à la collection Open Door. Elle vit à Dublin.*

Traduit de l'anglais par Marie Blaison.

— Mais pourquoi tu t'embêtes à partir en vacances avec Mélissa Harris ? C'est une vraie peau de vache. Elle se sert de toi, tu sais, dit Denise Irvine avec mauvaise humeur en enfournant une bouchée de curry de poulet et en avalant une gorgée de vin blanc.

Sophie regarda sa sœur de travers.

— Elle n'est pas si méchante ! fit-elle d'un ton sec, en trempant un morceau de nan dans sa sauce tika.

— Attends, Sophie, c'est une salope finie et ça ne date pas d'hier. Elle te laisse tomber comme une vieille chaussette dès qu'il y a un mec dans les environs et c'est le silence radio jusqu'à ce qu'elle se fasse plaquer et qu'elle ait besoin d'une épaule pour pleurer. Depuis le début, tu es trop bonne avec elle. Il serait peut-être temps que tu l'envoies paître une bonne fois pour toutes. Souviens-toi de l'année dernière, quand tu étais censée partir en vacances avec elle et qu'elle t'a plantée là à la dernière minute parce qu'elle avait rencontré l'Homme Idéal, et qu'elle est partie avec lui à Ibiza.

Denise enfourna un champignon et l'engloutit avec appétit. Sophie regarda sa cadette avec envie. Denise pouvait manger et boire n'importe quoi, elle ne prenait jamais un gramme. En ce qui la concernait, après un tel gueuleton, sa balance afficherait au moins un kilo de trop.

— Qu'est-ce qu'il est devenu, d'ailleurs, l'Homme Idéal ? (Denise remplit à nouveau leurs verres de vin.) Je croyais qu'ils devaient retourner à Ibiza.

— Elle s'est rendu compte qu'il la trompait. Elle est vraiment au trente-sixième dessous, je t'assure, Denise. Je ne l'ai jamais vue aussi mal, dit Sophie sur un ton très sérieux. Elle était folle de Tony. Raide dingue de lui. C'était l'amour de sa vie.

— Ne sois pas stupide, Sophie ! se moqua Denise. Comment pourrait-il être l'amour de sa vie ? Elle est si passionnément amoureuse d'elle-même qu'il n'y a plus de place pour qui que ce soit d'autre.

— Oh, laisse-la un peu tranquille, marmonna Sophie.

— Moi, en tout cas, si elle m'avait demandé de partir en vacances avec elle seulement une semaine avant le départ, je l'aurais envoyée paître, surtout après la façon dont elle s'est conduite l'an dernier, répliqua Denise en se servant dans le plat.

C'est facile pour toi, se dit tristement Sophie alors qu'elle étudiait les yeux clairs, la mise impeccable et l'incroyable assurance de sa sœur cadette.

Denise avait des amis avec lesquels s'amuser et les hommes se mettaient à plat ventre devant elle pour un rendez-vous. Elle traversait la vie sans l'ombre d'une hésitation, et incarnait à elle seule la femme urbaine des années 1990. Elle s'éclatait dans son boulot prenant (elle était publiciste dans le département communication d'une grande boîte d'édition) et, à 22 ans, elle conduisait déjà sa propre voiture de fonction.

Sophie, de deux ans son aînée, conduisait sa vieille Fiesta depuis six ans. Elle était infirmière en pédiatrie et, bien qu'elle aimât son travail, elle trouvait que sa vie, par rapport à celle de sa sœur, manquait un peu de glamour et d'imprévu.

Ses deux meilleures amies s'étaient mariées à six mois d'intervalle et, depuis deux ans, elle n'avait personne avec qui voyager. L'idée de partir en vacances toute seule lui donnait des sueurs froides. D'où son accord pour passer deux semaines à Majorque avec Mélissa Harris.

Sophie soupira et but une gorgée de son sauvignon australien. Elle connaissait Mélissa depuis l'école. Une blonde aux yeux bleus, pétulante et incroyablement égocentrique.

À ses propres yeux, Mélissa était le centre de l'univers. Non sans cruauté, Denise l'avait rebaptisée « la reine de la Planète Moi, Moi et Moi ». Fille unique gâtée par des parents prodigues, Mélissa se promenait dans la vie en pensant que l'adorer était un dû.

En la personne de Sophie, elle avait trouvé la suivante idéale. Cela avait toujours été ainsi. Depuis le jour où, à la chorale, Mélissa avait décidé qu'elle préférait le petit nœud en velours noir que Sophie avait dans les cheveux au ruban rouge qui ornait sa queue de cheval blond doré.

Sophie avait enlevé son nœud sans poser de question, hypnotisée par la petite fille aux yeux bleus qui battait des cils – de longs cils noirs – et s'était enthousiasmée outre mesure à l'idée de faire partie de la bande de Mélissa. Bien que la classe tout entière rêvât de faire partie de l'entourage de Mélissa, c'était un privilège réservé à quelques rares élus.

Ce privilège était régulièrement retiré, au gré des humeurs et caprices de Mélissa. Et Sophie se trouvait de temps en temps rejetée hors de ce cercle d'or jusqu'à ce que Mélissa ait à nouveau besoin de ses services. Ainsi s'était déroulée leur amitié, durant leur enfance, leur adolescence puis lorsque Mélissa avait fait ses études d'esthéticienne et que Sophie était élève infirmière.

Il pouvait s'écouler des semaines sans que Sophie ait la moindre nouvelle de Mélissa. Puis, certains événements fâcheux se produisaient et Mélissa débarquait chez Denise et Sophie, en quête d'antidépresseurs et de compassion, en pleurnichant sur son dernier chagrin d'amour et en déclarant que « Tous Les Hommes Sont Des Salauds ».

Tony Jenkins était le dernier sur sa liste TLHSDS. Mélissa et lui avaient prévu de retourner à Ibiza jusqu'à ce qu'elle le surprenne en train d'étreindre fougueusement une collègue esthéticienne aux fiançailles d'une amie. Leur histoire avait vraiment l'air d'être torride.

— Je l'aimais vraiment, pleura Mélissa. Je ne vois vraiment pas ce qu'il lui trouve, Sophie. Elle est bête comme ses pieds et elle a de la cellulite ! Quand je pense à toutes les séances d'électrolyse que je lui ai faites – ce n'était plus du duvet qu'elle avait, mais carrément de la moustache –, j'aurais dû laisser l'aiguille déraper. Cette salope aurait gardé une cicatrice toute sa vie.

Sophie se mit bien dans le crâne de ne *jamais* laisser Mélissa lui faire une épilation par électrolyse. Mais on ne pouvait pas dire non plus que Mélissa lui proposait ses services, à présent qu'elle était diplômée. Ça n'avait pas été le même son de cloche quand elle voulait s'exercer et qu'elle avait besoin de cobayes. Elle lui avait fait les mains, les pieds, la french manucure, et avait épilé chaque centimètre carré de peau à la pince ou à la cire. Quel *douloureux* souvenir !

— Cette conne part à Ibiza avec lui. Tu te rends compte ? (Mélissa bouillait de rage, son teint – d'habitude blanc et lisse comme de la porcelaine – était rouge de colère.) Soph, il faut absolument que tu partes en vacances avec moi. J'en mourrais si Jayne (c'est comme ça qu'elle s'appelle, l'autre, avec sa cellulite) se pointe au salon avec un magnifique bronzage et avec les photos de son séjour en compagnie de l'autre rat.

— On va se dégoter un coin sympa, où on pourra bronzer comme nulle part et trouver les plus beaux mecs, qui seront aux petits soins pour nous. Et quand l'autre enculé verra nos photos, il deviendra vert de jalousie. Je suis sûre qu'il voudra les voir. Mais même s'il revient en se traînant à mes pieds, je n'en voudrais plus, Soph. Je vais faire toutes les agences de voyage dès demain pour réserver notre séjour.

Mélissa ne douta pas un seul instant que Sophie lui dirait oui tout de suite et serait transportée de joie à l'idée de partir en vacances avec elle.

— J'en sais rien, c'est un peu précipité. Je n'avais pas prévu d'aller à l'étranger, protesta-t-elle. Et puis je suis un peu fauchée.

— Ne fais pas l'idiote, Sophie. Qu'est-ce que tu entends par « précipité » ? De toute façon, tu es libre, n'est-ce pas ? Tu n'avais pas de projets de vacances, que je sache, se renfrogna Mélissa. Et moi aussi, je suis fauchée. Quand j'ai appris pour le connard et cette traîtresse qui se disait mon amie, j'ai dû sortir faire un tour et j'ai dépensé une fortune pour un splendide ensemble Frank Usher. Il est beau à en mourir, Sophie, mais, depuis, ma carte de crédit fait une dépression. Il faudra donc que je dépense le moins possible moi aussi. Mais ça fait rien : on exhibera nos atouts sur la plage, et tu verras qu'on n'aura pas le moindre centime à débourser.

En lui répondant, Mélissa avait retrouvé toute son assurance et la perspective d'une nouvelle conquête faisait pétiller son regard.

Rêveuse, Sophie se dit que ça pourrait être agréable de passer quinze jours au soleil. Paresser sur une chaise longue avec un bon gros roman policier et une piña colada – ou mieux, un Pimm's – pendant que Mélissa exhiberait ses atouts fermes et musclés.

Sophie ne demanderait pas mieux que de rester sur sa chaise longue, ses chairs un peu flasques n'étant pas assez présentables pour être exhibées.

Deux semaines plus tard, elles étaient assises à un bar de l'aéroport, où elles attendaient d'embarquer pour Majorque. Le décollage avait été retardé de trois heures et Mélissa bouillait de rage.

— C'est complètement crétin. L'avion n'a pas encore quitté Palma. On est coincées là pour des heures. Ça fait une journée complète de perdue. On n'arrivera pas avant le milieu de la nuit à... Portal... Portal..., enfin où on doit loger.

— Portal Nous, murmura Sophie.

— J'espère que ça bougera un peu, comme endroit. Ça se trouve à cinq kilomètres de Palma Nova. C'est tout ce que j'ai pu trouver, s'inquiéta Mélissa.

— Ce sera bien, Mel, arrête de paniquer, la calma Sophie. Maintenant, allons prendre un café et un sandwich, j'ai la dalle.

Elle commençait à perdre patience. Trois heures passées à écouter Mélissa se plaindre et pleurnicher au sujet du retard de l'avion et de la cruelle trahison de l'Innommable : elle avait la tête farcie.

— Oh non, pas de café. Allons plutôt nous bourrer la gueule.

Mélissa rejeta ses cheveux dorés en arrière et se leva doucement de la chaise dure sur laquelle elle était assise, persuadée que tous les regards masculins étaient posés sur elle. Elle avança en ondulant vers le bar dans son jean moulant blanc et son dos nu noir très collant.

Le cœur de Sophie se serra. Si Mélissa commençait à picoler, c'étaient les ennuis assurés. Malheureusement, Mélissa ne supportait pas l'alcool et il fallait s'occuper d'elle quand elle était un peu éméchée. Nombreuses étaient les fois où Sophie l'avait emmenée aux toilettes, ou bien l'avait aidée à sortir sa tête hors de la fenêtre des taxis alors qu'elle vomissait partout.

— Vas-y molo, Mélissa, tu as déjà pris trois tequilas, la mit-elle en garde.

— Lâche-moi, Sophie ! T'es pas ma mère ! l'interrompit Mélissa qui se commandait une autre boisson. Tu veux quelque chose ? lui demanda-t-elle de mauvaise grâce.

— OK, je vais prendre une Bud, accepta Sophie.

Si ça pouvait faire taire Mélissa pour un petit moment... Pour sa part, elle se serait bien contentée d'aller s'asseoir dans la salle d'attente et de se mettre à lire un des six livres qu'elle avait emportés. Elle ne savait pas par lequel commencer. Le nouveau Bridget Jones ou *Les Mémoires d'une geisha* ? Elle avait hâte de s'y plonger.

Trois heures plus tard, Mélissa était bel et bien saoule et avait déjà dégueulé deux fois. Elle était collée à un grand type brun un peu bohème qui attendait son vol pour la Crète.

— On de... devrait chan... ger nos bbb... billets et partir en Crè..., en Crè..., en Crète, prononça-t-elle difficilement et gaiement.

— Vas-y, je ne te retiens pas, marmonna Sophie totalement excédée.

Deux heures plus tard, elles embarquaient enfin. Mélissa ne tarda pas à s'endormir. Elle ronfla bruyamment pendant tout le trajet, sa tête dodelinant sur l'épaule de Sophie. Cette dernière n'en croyait pas ses yeux : enfin tranquille ! Elle sortit son Bridget Jones de son sac de voyage et survola ainsi la France et l'Espagne alors que les ronflements musicaux de Mélissa couvraient le bruit des moteurs.

Malheureusement, la descente vers Palma fut chaotique, ce qui réveilla Mélissa et son estomac. Pour la troisième fois de la journée, Sophie résista à l'envie de la noyer dans la cuvette des toilettes.

Il leur fallut une heure supplémentaire pour récupérer leurs bagages et pour trouver le car qui devait les mener à leur appartement. Sophie eut du mal à garder les yeux ouverts dans le car climatisé qui filait à toute allure sur l'autoroute. Elle écouta à peine l'hôtesse qui leur recommandait, sur un ton exagérément enjoué, de bien se tartiner de crème solaire et de ne pas trop s'imbiber de San Miguel.

Mélissa, toute verte, se réfugia à nouveau dans le sommeil.

Quand le car les déposa devant le petit immeuble de deux étages, Sophie était claquée. Elle remarqua qu'il n'avait pas l'air des plus modernes : la façade blanche était écaillée et deux pots de fleurs fanées et complètement grillées encadraient l'entrée. Elle était trop fatiguée pour se soucier du manque d'amabilité de la réceptionniste qui prit leur passeport en échange de la clef de l'appartement 103. Elles étaient les seules à être descendues du car à cet arrêt. Au moins, l'enregistrement a été rapide, se dit Sophie alors qu'elles faisaient claquer leurs pas sur le carrelage en tirant leur valise derrière elles.

— C'est un peu craignos, grommela Mélissa alors que Sophie bataillait ferme pour que la grosse clef noire veuille bien tourner dans la serrure.

Rudimentaire, c'était ce qu'aurait dit Sophie pour décrire cette pièce aux murs peints en blanc, meublée d'un vieux canapé, d'une table et de chaises en bois de pin, avec un renfoncement où venaient se loger deux plaques, un évier et un frigo.

La chambre à coucher abritait une penderie dont les portes ne fermaient pas bien, deux divans avec une petite table de nuit pour chacun. En découvrant la salle de bains, ornée de carreaux moutarde, elle décida qu'elle y passerait le moins de temps possible. Il était trois heures du matin, elle était épuisée et les exclamations consternées de Mélissa étaient bien la dernière chose dont elle avait besoin.

— Allons nous coucher. C'est toi qui as choisi cet appartement, Mélissa. Moi je n'y suis pour rien. La journée a été assez longue comme ça. Je ne veux plus entendre parler de ça. J'ai eu ma dose, alors boucle-la, explosa-t-elle en enlevant son jean et son tee-shirt et en se jetant sur le divan le plus proche.

— C'est pas la peine de te mettre dans des états pareils, renifla Mélissa avec humeur alors qu'elle se déshabillait. Est-ce que tu peux me passer ta bouteille d'eau pour que je me lave les dents ? J'ai un goût horrible dans la bouche.

Bien entendu, Mélissa n'était pas assez organisée pour penser à prendre une bouteille d'eau. Sophie était là pour ça.

— Sers-toi, bâilla-t-elle en se recouvrant du drap blanc et en enfouissant sa tête sous le traversin de l'étroit divan.

Elle remarqua, à moitié endormie, qu'au moins les draps étaient frais et propres. Il ne lui fallut que quelques minutes pour s'endormir.

Elle fut réveillée, sans savoir au bout de combien de temps, par des hurlements stridents, poussés par une Mélissa hystérique.

— Tire-toi de là ! Tire-toi de là !

Hébétée, Sophie s'assit dans son lit et essaya de se souvenir où elle était. Mélissa hurlait comme une démente, en agitant ses bras et ses jambes dans le noir. Le « bzzz » d'un moustique, reconnaissable entre mille, lui fournit la clef du mystère.

— Pour l'amour du Ciel, Mélissa, c'est un moustique. Vaporise-toi de l'antimoustique et rendors-toi, dit-elle, crispée, en allumant la lumière qu'elle avait cherchée à tâtons.

— J'ai l'impression que c'est une chauve-souris ! pleurnicha Mélissa.

— *Ce n'est pas* une chauve-souris, c'est un moustique. Regarde !

Elle vaporisa de répulsif Mélissa, qui était complètement tétanisée, s'en aspergea également et éteignit la lumière.

— Tu es vraiment grincheuse en ce moment. Je t'ai connue plus gentille que ça, dit Mélissa avec sa voix de petite fille.

Sophie fut alors prise de remords. Elle avait été vache sur ce coup-là. Mélissa avait une peur panique des insectes.

— Désolée, syndrome prémenstruel, plaisanta-t-elle en s'excusant.

— On va passer de bonnes vacances, hein ? demanda anxieusement Mélissa.

— On va passer des vacances super. Tu auras un MÉGA bronzage et un beau mec sur tes photos et le Connard passera pour un crétin fini.

Sophie savait trouver les mots qui rassurent.

— Oui, c'est vraiment un crétin, hein ? Mais rien à faire, je ne me remettrai pas avec lui. Jamais.

— Bien sûr que non, tu ne te remettras pas avec lui. Tu n'as pas besoin de lui. Il y a un homme mille fois mieux qui t'attend ici, lui dit gentiment Sophie.

— Oui, j'en suis sûre. Un millionnaire, si possible, acquiesça Mélissa. (Elle voyait toujours grand.) Il y a une marina dans le coin où tout le gratin de la Méditerranée vient garer son yacht.

— Amarrer, la corrigea Sophie qui dormait à moitié.

— Quoi ?

— Amarrer : on amarre un yacht, on ne le gare pas, lui expliqua Sophie.

— Oh oui, tu as raison. Il faut que je me mette ça dans le crâne. (Elle s'appuya sur ses coudes pour regarder Sophie.) Tu sais, Majorque est une destination très in. N'oublie pas que c'est là que venait Lady Di. C'est là que vient la famille royale espagnole et c'est là que Michael Douglas a emmené Catherine Zeta Jones. Il a une villa gigantesque à Deya. J'ai lu ça dans *Hello !* Ça vaudrait peut-être le coup d'y aller un jour. On louera une voiture.

— Super, murmura Sophie, en espérant que Mélissa se rendormirait enfin.

— Imagine, si je rencontrais un millionnaire, je pourrais même inviter Tony et Jayne au mariage, imaginait-elle. Ils l'auraient vraiment dans le baba. Tu crois pas, Soph ?

Silence.

— Sophie ?

Mais Sophie dormait. D'un sommeil profond et sans rêve.

Lorsqu'elle émergea, les rayons du soleil perçaient à travers les volets verts et Mélissa était sur le patio. Elle regardait tout autour d'elle, les poings sur les hanches.

— On ne peut décemment pas rester ici, Sophie ! déclara-t-elle atterrée. C'est à l'intérieur des terres. On n'a pas même vue sur la mer. C'était pourtant ce que j'avais exigé. Et la piscine, si on peut appeler ça une piscine, elle n'est pas plus grande qu'une baignoire !

— Nécessité fait loi, Mel. C'était une annulation, on n'aurait rien pu trouver d'autre en s'y prenant si tard.

Sophie bondit hors de son lit et alla rejoindre son amie sur le patio qui avait la taille d'un timbre-poste. Le soleil brillait. C'était tout ce qui comptait !

Elle promena son regard sur la campagne sèche et stérile qui donnait sur une falaise recouverte de pins au pied de laquelle s'entassaient des éboulis. Elles étaient perchées sur une petite colline. Elle pouvait voir, en dessous, d'autres petits immeubles nichés parmi les arbres et, au lointain, le scintillement du soleil sur une mer bleu argent.

— La voilà, ta vue sur la mer, sourit-elle en s'étirant et en respirant la brise chaude et parfumée de la Méditerranée.

— C'est un trou ! Un vrai trou ! grogna Mélissa. Et regarde tous ces mouflets qui n'arrêtent pas de sauter dans la piscine. Quels sales petits monstres ! Arrgh !

Mélissa n'avait pas exactement la fibre maternelle.

— C'est normal, dans la brochure, il était bien dit que c'était idéal pour les familles et que c'était un endroit très calme, lui fit remarquer Sophie avec beaucoup de bon sens.

— Si je faisais un scandale, on nous trouverait peut-être quelque chose à Palma Nova ? s'interrogea Mélissa qui retrouvait soudain espoir.

— On devrait quand même essayer un jour ou deux, le temps de trouver nos marques. De toute façon, on est seulement à dix minutes en taxi de Palma Nova, l'hôtesse nous l'a dit dans le car, pendant que tu dormais.

— Ah oui ? Bon, d'accord. Mais si c'est trop mort, on se tire d'ici, un point c'est tout, déclara Mélissa en rentrant dans la chambre. Allons voir ce qu'ils servent au petit déjeuner dans le snack-bar qui est près de la piscine.

— Oui, allons-y. Je crève de faim. Et je meurs d'envie d'une tasse de café.

Sophie se moquait bien que l'appartement ne soit pas tout à fait le Ritz. Elle était à Majorque, le soleil brillait et la plage lui tendait les bras.

Elles déjeunèrent de café frais, de croissants, de petits pains croustillants, de confiture et de fruits. Même Mélissa dut reconnaître que c'était parfait.

— Allons à la marina pour voir si on peut coincer un millionnaire, proposa-t-elle avec entrain.

Son humeur s'était subitement améliorée.

Dans sa tête, Sophie poussa un soupir de soulagement. Finalement, elles arriveraient peut-être à passer des super vacances.

— À partir de maintenant, c'est *là* qu'on prendra notre petit déjeuner, déclara Mélissa ravie, alors que, une heure plus tard, elles flânaient le long des restaurants du port.

Au terme d'une marche d'un quart d'heure, elles avaient débarqué dans un autre monde.

— C'est vraiment un endroit pour moi.

Mélissa se laissait emporter par son excitation.

Les yachts, remplis de gens sur leur trente et un, étaient doucement soulevés par la houle. Les boutiques de créateurs respiraient la sophistication. Il n'y avait aucun prix dans les vitrines. C'était ce genre d'endroit…

Mélissa évoluait d'un pas léger au milieu de tout ça, dans son minishort blanc et son haut de bikini, cachée – comme toutes les vedettes de cinéma – derrière ses lunettes noires. À côté d'elle, Sophie se sentait mal fichue et mal fagotée dans son short en jean et son tee-shirt noir.

— Allons à la plage. Il commence à faire chaud. Je me ferais bien une petite baignade, risqua-t-elle.

— Ne sois pas bête, Soph. C'est l'endroit rêvé pour exhiber nos atouts !

Mélissa fit son plus beau sourire à un gigolo bronzé en costume Armani couleur crème.

Le gigolo lui rendit son sourire.

— Tu vois, lui murmura Mélissa.

— Mel, tu peux exhiber tout ce que tu veux, moi je vais à la plage qui se trouve là-bas et je vais me baigner.

Le gigolo détaillait Mélissa de la tête aux pieds.

— On n'a qu'à se retrouver sur la plage. Je te prendrai une chaise longue, lui proposa Sophie.

— Très bien, dit Mélissa d'un air hautain. Si tu veux laisser passer la chance de ta vie et t'avachir sur une chaise longue, vas-y ! Moi je reste ici.

— Amuse-toi bien, lui répondit sèchement Sophie alors que le gigolo au costume crème décochait un sourire plein de dents et aveuglant à Mélissa.

En retour, Mélissa lui fit un petit sourire et exhiba son battement de cils.

Sophie la laissa là.

La plage, dorée et incurvée, était un coin de paradis. Une falaise bordée de pins la surplombait. L'écume des vagues venait lécher le rivage.

Située en dehors des sentiers battus, elle n'était pas bondée comme ces grandes plages aux rangs serrés de chaises longues blanches. Cette plage était un petit bijou, avec ses parasols à motif de cocotiers et ses délicieuses chaises longues vertes qu'on pouvait louer pour la journée.

Une petite île était située à environ un kilomètre au large. Aucun bateau à moteur, aucun deltaplane, aucun pédalo en vue. C'était un endroit des plus tranquilles. Sophie choisit deux chaises longues, étendit sa serviette sur l'une d'entre elles, se mit en bikini noir Marks & Spencer, s'allongea, ferma les yeux et respira profondément. Elle était au paradis. C'était même trop relaxant pour lire. Une petite brise parfumée murmurait autour d'elle, la mer susurrait sa mélodie apaisante et répétitive. Sophie s'endormit.

Mélissa vint la rejoindre au bout de quelques heures. Elle était dans un état d'excitation extrême.

— Tu te rappelles ce type ? lui demanda-t-elle tout excitée. Eh bien, il m'a proposé de prendre un café avec lui. Il s'appelle Paulo et il est *incroyablement* plein aux as ! Il est sur un yacht avec des amis, ils font une croisière d'un mois dans les îles. Imagine-toi qu'il m'a invitée à dîner ce soir. Qu'est-ce que je vais bien pouvoir mettre, Sophie ? Il va falloir que je trouve quelque chose d'ultra-sophistiqué. Tu crois que la petite robe en soie noire que je viens d'acheter pourrait aller ?

— Ce sera parfait.

Sophie essaya d'avoir l'air enthousiaste. Mélissa n'avait pas perdu de temps. Sophie était bien partie pour dîner seule. Son cœur se serra. Enfin, elle avait amené de quoi lire…

— Je ferais mieux de prendre un bon bain de soleil avant ce soir.

Mélissa dégrafa son haut de bikini et s'enduisit le corps de monoï.

— Sophie, c'est génial d'être venues ici. Je n'ai jamais rencontré d'homme comme Paulo à Palma Nova. Cette marina est méga chicos.

Elle sourit d'un air béat en s'installant avec élégance sur sa chaise longue. Puis elle s'allongea et ferma les yeux.

Sophie détailla son amie en essayant de ne pas paraître trop envieuse. Mélissa avait tout pour elle. L'allure, une silhouette magnifique, une personnalité hors du commun. Pas étonnant qu'elle ne restât jamais longtemps sans homme. Elle poussa un soupir déchirant lorsqu'elle regarda son ventre, qui n'était pas plat et ferme comme celui de

Mélissa, mais arrondi et enrobé d'une espèce de gelée molle, même quand elle contractait ses abdominaux au maximum. Le haut de ses cuisses était rebondi, contrairement aux jambes musclées, toniques et satinées de Mélissa. En plus, elle a les chevilles fines, impossible de dire le contraire, s'attrista Sophie en observant ses chevilles bien galbées et ses pieds parfaitement soignés.

Elle était maussade... et affamée.

— On ira déjeuner, bientôt ? demanda-t-elle.

— Oh, mon Dieu non ! Je suis si excitée que je ne pourrais rien avaler, bâilla Mélissa. En plus, Paulo m'a offert une super part de gâteau avec le café, tout à l'heure.

— Mais moi je n'ai rien avalé depuis le petit déjeuner. Je vais aller me prendre quelque chose.

Sophie, en colère, enfila sa robe de plage, attrapa son sac et s'éloigna.

— Bon appétit ! lui lança Mélissa après qu'elle fut partie.

Elle n'avait même pas remarqué que Sophie était contrariée. « Salope ! » pensa Sophie, qui bouillait de colère. Denise avait raison. Mélissa était si égocentrique qu'elle se prenait pour le centre de l'univers. C'était à peine leur premier jour de vacances et Sophie devrait déjà manger deux fois toute seule.

Elle grimpa les marches en bois aménagées sur le côté de la falaise en essayant de ne pas tomber. Elle était dans une forme désastreuse. Mais il n'y avait rien à faire. Elle décida qu'il ne fallait pas pour autant se priver d'un bon déjeuner. C'était toujours réconfortant de manger.

Ce fut très agréable d'être attablée sous les pins, dans ce restaurant installé sur la falaise, à manger des beignets de calamar accompagnés d'une salade croquante et à siroter une bière San Miguel glacée.

C'était son cinquième jour de solitude. Allongée sur sa chaise longue installée dans la partie de la plage qu'elle préférait, elle se dit, qu'au fond, elle aurait très bien pu partir toute seule. Mélissa avait passé deux jours avec Paulo après leur premier rendez-vous.

— J'espère que ça ne te dérange pas, ma chérie. C'est vraiment un amour, ce Paulo. Tu devrais voir toutes les belles choses qu'il me dit. En plus, c'est un vrai gentleman.

Il est fou de moi, Soph, gazouilla Mélissa en changeant une nouvelle fois de tenue pour aller faire les magasins à Palma.

Ce soir-là, quand elle revint à l'appartement, ses yeux étincelaient.

— Tu ne devineras jamais, Soph ! Paulo m'a proposé d'aller avec eux en yacht à Ibiza. J'en suis toute retournée.

— Et tu vas partir combien de temps ? demanda Sophie.

Elle était furieuse.

— Ne le prends pas comme ça, Soph, grommela Mélissa qui était sur la défensive. C'est la chance de ma vie. Paulo est exactement ce dont j'avais besoin pour me remettre du Rat.

— Écoute, Mélissa, tu m'as demandé de partir en vacances avec toi. Depuis qu'on est arrivées, on a pris notre petit déjeuner ensemble une fois, et c'est tout. Le reste du temps, je me suis retrouvée livrée à moi-même. Tu t'es comportée d'une façon terriblement égoïste et je trouve ça lamentable, explosa Sophie.

— Non, c'est *toi* qui es égoïste ! lui rétorqua Mélissa. Cette croisière est certainement la meilleure chose qui me soit arrivée et si tu étais vraiment mon amie, tu ne serais pas si mesquine !

Elle sortit sa valise de la penderie et commença à préparer ses affaires. Sophie avait envie de lui taper dessus. C'était vraiment typique de la part de Mélissa de retourner les choses en sa faveur.

Elles ne s'adressèrent pas la parole pendant tout le reste de la soirée. Le lendemain matin, Sophie enfouit sa tête sous son oreiller jusqu'à ce qu'elle entende Mélissa qui quittait l'appartement en traînant sa valise derrière elle.

Un gentleman, ça ? Il n'est même pas venu la chercher, sa grosse vache, bougonna-t-elle lorsqu'elle entendit s'éloigner le claquement des hauts talons blancs de Mélissa sur le sol.

Contre toute attente, une fois la colère et la contrariété passées, Sophie s'était beaucoup amusée. Elle passa ses journées à la plage, à lire, à nager, à regarder les nombreux jeunes Espagnols pleins d'assurance qui se retrouvaient là après la classe. C'était un divertissement en soi. Un soir, elle prit un taxi pour Palma Nova, mangea dans l'un de ces restaurants de front de mer et fit du lèche-vitrines avant de rentrer à l'appartement où elle finit la soirée assise sur le patio avec son livre et un verre de Malibu glacé à la main. Les jours se succédaient et Sophie réalisa que partir en vacances toute seule n'était pas aussi terrible que ce qu'elle s'était imaginé. Ce fut comme une libération de découvrir qu'elle était tout à fait capable de s'amuser toute seule.

Elle profitait des derniers rayons du soleil, plongée dans un roman policier, quand la plage retentit soudain des cris perçants d'un enfant. Sophie leva les yeux et découvrit une petite Espagnole d'environ quatre ans qui hurlait de douleur pendant que son grand-père essayait de la consoler. Elle les avait vus à la plage tous les après-midi et s'était dit qu'ils étaient particulièrement touchants. Le grand-père avait l'air d'être fou de sa petite-fille et faisait des châteaux de sable pour l'amuser.

Sophie se leva d'un bond et courut vers eux.

— Vous avez besoin d'aide ? Je suis infirmière, demanda-t-elle.

— Oh, merci beaucoup. Maria s'est fait piquer par un insecte.

Il parlait un anglais impeccable.

Sophie réconforta la petite fille.

— Est-ce que vous pourriez aller chercher du vinaigre au restaurant, que j'enlève le dard ? Ensuite, je lui mettrai un peu de pommade.

Elle se tourna vers le grand-père. Il échangea quelques mots rapides en espagnol avec un jeune étudiant qui se trouvait à côté. Ce dernier grimpa quatre à quatre les marches qui menaient au restaurant.

Sophie continua à s'adresser sur un ton calme et tranquillisant à la petite fille qui ne criait plus mais pleurait toutes les larmes de son corps.

Elle se remit à hurler quand Sophie badigeonna la piqûre de vinaigre et retira le dard. Mais dès que la crème antiseptique eut fait effet, elle retourna jouer. L'incident était oublié.

Le grand-père la noya sous un flot de remerciements.

— Ma fille est enceinte et la nounou de Maria a dû retourner précipitamment à Madrid parce que sa mère est très malade. Alors je m'occupe d'elle les après-midi, expliqua-t-il. Je m'appelle Juan Santander.

Il lui tendit la main.

— Sophie Irvine, répondit-elle.

Ils discutèrent agréablement pendant un petit moment. C'était si bon d'avoir quelqu'un à qui parler.

— Votre amie n'est pas revenue ? remarqua Juan. Elle n'était avec vous que le premier jour.

Quel sens de l'observation, se dit Sophie.

— Elle est partie faire une croisière vers Ibiza.

— Ça ne vous tentait pas ? demanda Juan.

— Je n'étais pas invitée, rit Sophie.

— Oh, je vois. (Il avait l'air sincèrement affligé.) Vous serez là demain ?

— Oui.

— Alors, on aura l'occasion de se revoir. (Juan rassembla toutes les affaires de sa petite-fille.) À demain !

Le lendemain après-midi, Sophie sourit lorsqu'elle aperçut le grand-père et la petite fille qui descendaient les marches. Maria se précipita pour lui montrer fièrement son bandage.

Juan lui fit un clin d'œil.

— Pour une blessure de cette gravité, le bandage est indispensable ! Peut-on s'installer à côté de vous ?

— Je vous en prie, les invita Sophie.

— Je voulais vous proposer quelque chose, lui dit Juan. J'ai raconté à ma fille ce qui s'était passé, que vous étiez infirmière et que votre amie vous avait laissée toute seule. On se demandait si vous accepteriez de venir passer quelques jours avec nous dans notre villa qui se trouve là-haut, dans la pinède. Il y a une piscine, un beau terrain et la villa est très confortable. Ma fille cherche quelqu'un pour s'occuper de Maria et du bébé pendant au moins six mois. Ce travail vous intéresserait peut-être. Si vous passiez quelques jours avec nous, vous pourriez vous faire une idée.

Sophie écarquilla les yeux. C'était une proposition fantastique. Quitter Londres – lugubre, humide et irrespirable – pour passer six mois au paradis. Elle croyait rêver.

À sa propre stupéfaction, elle s'entendit lui répondre :

— J'en serais ravie.

— Magnifique. Vous pouvez venir dès aujourd'hui ?

— Oui, juste le temps de passer à l'appartement pour aller chercher mes affaires.

— On viendra vous prendre. Il faut juste que vous me donniez l'adresse. (Puis il s'adressa à sa petite fille en espagnol.) On viendra vous chercher dans une heure, tu es d'accord Maria ?

— Si, si.

Elle hocha la tête avec enthousiasme.

— On se voit dans une heure, alors.

Sophie n'arrivait pas à réaliser ce qui s'était passé, tellement ce fut soudain. Mais c'était la chance de sa vie.

Elle venait de finir d'emballer ses livres quand la porte de l'appartement s'ouvrit brusquement. Mélissa apparut. Elle avait les yeux rouges et s'appuyait sur des béquilles.

— Dieu merci, je suis arrivée. Ce salaud n'avait pas de cœur. Je me suis cassé la jambe à Ibiza et il était pressé de se débarrasser de moi. J'ai même dû prendre un taxi à la marina. Ils m'ont débarquée et ils sont repartis tout de suite. Tu te rends compte ? (Mélissa éclata en sanglots.) Mes bagages sont à la réception, est-ce que tu peux aller me les chercher ? renifla-t-elle.

— Bien sûr.

Le cœur de Sophie se serra alors qu'elle se dirigeait vers la réception. Ce mélodrame et cette jambe cassée, c'était du Mélissa tout craché. Elle vit une grosse Mercedes gris métallisé s'approcher de l'entrée. C'étaient Juan et Maria. Elle ne pouvait vraiment plus partir avec eux et abandonner Mélissa.

Elle ne s'est pas gênée pour t'abandonner, lui dit une petite voix. Sophie resta interdite. Elle était franchement stupide. Mélissa n'hésiterait pas un seul instant : ce serait elle qui passerait la première. Il était temps que Sophie fasse la même chose. Pour la première fois de sa vie, elle allait agir en suivant ses impulsions. Elle ramena la valise de Mélissa à l'appartement.

— Pourquoi est-ce que ton sac est fait ? Où est-ce que tu vas ? demanda Mélissa alors que Sophie amenait la valise dans la chambre.

— Je pars avec des amis, dit-elle de façon désinvolte.

— Quels amis ? Tu n'as pas d'amis ici, grogna Mélissa.

— Ben si. Regarde par la fenêtre. Tu vois la voiture gris métallisé devant la réception ?

Mélissa resta bouche bée.

— Qui c'est ?

— Désolée, je n'ai pas le temps de t'expliquer, Mel. Faut que j'y aille.

— Mais tu ne peux pas partir ! (Mélissa n'en croyait pas ses yeux.) Tu ne peux pas me laisser ! J'ai la jambe cassée. Je marche avec des béquilles. Comment je vais m'en sortir ?

— Tu te débrouilleras bien. On est au rez-de-chaussée. Tu peux manger près de la piscine. Tu peux prendre des bains de soleil. L'hôtesse passera te prendre pour t'emmener à l'aéroport. Où est le problème ?

Sophie s'amusait comme une petite folle.

— Mais tu es infirmière. C'est ton devoir de soigner les gens, non ?

Mélissa enrageait. Ce n'était pas la Sophie qu'elle connaissait.

— Tu ne peux pas me laisser là toute seule, fulmina-t-elle.

— Ben si, tu vois, dit-elle doucement en descendant sa valise du lit.

» Au revoir Mélissa. Profite bien des quelques jours de vacances qu'il te reste. Moi je sens que je vais m'amuser. En ce qui me concerne, c'est de loin les meilleures vacances que j'ai jamais passées.

Un an plus tard

— Tu es au courant pour Sophie Irvine ? Elle est fiancée à un riche médecin espagnol qu'elle a rencontré quand elle travaillait à Majorque. Ils se marient dans un mois. C'est Denise qui me l'a dit. Toute la famille prend l'avion pour Majorque pour assister au mariage ! dit Angie O'Neill à Mélissa alors qu'elles étaient en train de nettoyer le salon après une journée très chargée.

Mélissa serra les poings et pinça les lèvres de jalousie. Cette Sophie Irvine était devenue une vraie pétasse. Elle avait osé la laisser toute seule dans cet appartement minable avec une jambe cassée. Elle ne l'avait plus revue depuis ce jour-là. Et maintenant, elle apprenait qu'elle était fiancée à un riche médecin espagnol. Il n'y avait vraiment pas de justice.

— Ne me parle plus de cette fille. Je croyais que c'était mon amie. J'ai découvert son vrai visage le jour où elle m'a poignardée dans le dos.

— Elle t'a poignardée dans le dos !

Angie était stupéfaite.

— C'est une image, idiote ! la rabroua Mélissa. Je l'ai invitée en vacances et puis elle a rencontré ces gens et elle m'a plantée là, alors que je m'étais cassé la jambe. Tu te rends compte ?

— *Vraiment* ? Je n'aurais jamais cru ça de Sophie. C'est ce qu'on appelle une amie des beaux jours, c'est ça ? Heureusement que c'est moi qui pars en vacances avec toi cette année, la réconforta Angie. Ce n'est pas moi qui te ferais un coup comme ça.

— Je sais bien, ma puce, lui sourit Mélissa. Tu vas adorer l'endroit. C'est une marina pleine de yachts et de gens riches. Ce sera les meilleures vacances de ta vie.

— Je suis tellement impatiente ! s'exclama Angie avec enthousiasme. Je te remercie de m'avoir invitée.

— Je t'en prie, dit Mélissa avec courtoisie. Tu veux bien terminer, tu seras un amour ? J'ai un mal de crâne phénoménal.

— Oh ! Si tu veux, murmura Angie.

C'était dingue, Mélissa avait toujours des maux de tête phénoménaux le vendredi soir quand il fallait nettoyer le salon.

— On se voit à l'aéroport demain.

Mélissa se dépêcha de sortir du salon et laissa sa nouvelle meilleure amie faire le ménage. Très satisfaite, elle se dit qu'Angie serait une compagne de voyage idéale. Pas comme la future mariée, cette espèce de Judas Irvine.

LA CRISE

Polly Samson

Polly Samson

---

est née à Londres en 1962. Elle a travaillé dans l'édition, a été journaliste et a même signé quelques textes de chansons. Ses nouvelles sont parues dans The Observer *et dans le* Sunday Express. *Elles ont également été lues sur la BBC Radio Four et la BBC Radio Scotland. Les éditions Virago ont publié une sélection de ces nouvelles, sous le titre* Lying in Bed, *ainsi que son roman* Out of the Picture.

Traduit de l'anglais par Marie Blaison.

Il me tourne le dos quand je lui raconte ma journée : le crabe pêché en Cornouailles que j'ai acheté chez le poissonnier pour notre dîner et le déjeuner avec ma mère, chez Peter Jones.

— C'est de pire en pire, lui dis-je. Ses mains tremblent si fort qu'elle a renversé de la soupe sur ses vêtements. Le bas de sa veste est décousu, la lumière fait ressortir une toile d'araignée oubliée dans un coin et je me demande depuis quand dure cette habitude de regarder par la fenêtre quand je lui parle. Il n'y a pas grand-chose à voir, dehors. Juste la pelouse, fraîchement tondue du week-end, et le chat des voisins endormi sur le muret.

— Ne t'inquiète pas, le crabe est déjà mort, lui fais-je remarquer en émincant des échalotes.

Il tend le bras pour attraper le *Telegraph Sport* de samedi dernier.

— Je déteste les imaginer en train de crier, lui dis-je.

— Ils ne crient pas, c'est juste de l'air qui s'échappe, me répond-il en jetant un coup d'œil à la page des courses qu'il connaît sûrement déjà par cœur.

En coupant les tomates en fines tranches, je me demande s'il est possible que tout ait disparu de son esprit, que, dans sa mémoire, nous n'ayons jamais fait la cuisine ensemble ou acheté des crabes vivants à un pêcheur de Cornouailles. C'est totalement injuste. Il y a en effet des choses que, moi, je voudrais oublier, mais sans y parvenir. À côté de cela, je dois faire de gros efforts (c'est comme si je louchais devant un Picasso pour apercevoir le visage se cachant derrière la représentation abstraite) pour garder prise sur certains bons souvenirs.

Les tomates auxquelles je pense venaient du petit magasin de ce village de Cornouailles. Elles étaient plus irrégulières que celles que je viens d'acheter au supermarché qui, elles, sont toutes lisses. Les couteaux du cottage étaient également moins coupants : des pépins jaillissaient des entailles que je faisais dans la peau et, à la fin, la planche à découper en était entièrement recouverte. Nous concoctions notre dîner tous les deux ensemble, au son de tubes des années soixante-dix – « Play That Funky Music », Boney M et les chansons de *Grease* qui parlaient d'amour et de soleil – diffusés par un poste de radio rudimentaire. Nous dansions l'un autour de l'autre dans cette cuisine inconnue, comme si Vénus tirait les ficelles de ce spectacle de marionnettes chorégraphié par le destin. Alan frottait les tranches de pain avec de l'ail, les garnissait de rondelles de tomates et y ajoutait un filet d'huile d'olive. Moi je secouais une salade verte dans un torchon en levant les bras : les gouttes s'écrasaient contre la fenêtre et les murs en dessinant des traînées humides et nous retombaient en pluie sur la tête. Il a débouché la bouteille et a retiré les morceaux de liège du goulot avec son doigt. « *Mamma mia, Here I go again…* » Nous chantions en nous servant de la salière et de la poivrière en inox comme micros. « *My, my, how can I resist you…* » Nous nous sommes approchés l'un de l'autre jusqu'à ce que nos épaules se touchent. C'est étrange, mais c'est bien ainsi que ça s'est passé…

— Tu te souviens ? lui fais-je.

Mais il est déjà en train de composer un numéro de téléphone. Il me tourne le dos. Il a coincé le téléphone entre son épaule et son oreille et, devant lui, a éparpillé sur le buffet le contenu d'un dossier ramené du bureau.

— Bonsoir, je m'excuse de vous rappeler si tard. Donc, à propos des prix…

Je me racle la gorge doucement. Moi je me souviens.

Comme nous resplendissions alors. Nous n'étions pas seulement plus jeunes. Tout, autour de nous, était plus brillant et nous avancions dans la vie d'un pied léger. En dansant, même ! C'est drôle que je me souvienne plus nettement de notre séjour à Portreath que, par exemple, du week-end dernier. J'ai fait du rosbif ou du poulet rôti ? Aucune idée. En revanche, je peux décrire précisément ce cottage, en commençant par le pot de confiture d'églantine posé sur la table. Et si je lèche ma main, cela me rappelle la peau d'Al quand il était allongé sur la plage.

Ce jour-là, nous étions également censés manger du crabe : il y en avait deux, de la taille d'un éventail, qui s'étaient mis à courir sur leurs pinces acérées à travers le cottage dès que le pêcheur les avait sortis de son sac. J'ai crié en voyant leurs yeux qui ressemblaient à des sucettes.

— Oui, c'est sûr, ils te regardent, avait ri celui qui n'était encore qu'Al, mon petit ami, et non Alan, mon mari. C'est impossible de ne pas te regarder !

Petroc, le pêcheur, lécha ses boutons de fièvre avec sa grosse langue et acquiesça. Il agitait la tête de haut en bas en me dévisageant. Je finis par avoir plus peur de lui que des crabes.

— Merci, merci infiniment, lui a dit mon futur mari qui avait remarqué ma panique et qui essayait de me protéger de son regard. (Il a ouvert la porte.) Dites-moi : combien est-ce qu'on vous doit ?

L'un des deux crabes s'était réfugié sous la table et inspectait ses pinces sans grande conviction. L'autre longeait la plinthe, heurtant les murs et cliquetant comme un jouet mécanique. J'ai essayé de ne plus trembler en mettant une grande casserole d'eau à bouillir. Le type de l'agence de location l'avait montrée du doigt, dans l'arrière-cuisine, en disant que c'était toujours ce récipient que les occupants utilisaient pour préparer les crustacés. D'ailleurs, le pêcheur viendrait certainement pour proposer ses crabes. Visiblement, ses petites affaires profitaient bien de la location du cottage.

— En plus, le vieux Petroc apprécie les jolies femmes ! avait-il dit à Alan en agitant son pouce dans ma direction, alors que je regardais la mer depuis la fenêtre de la cuisine.

J'ai laissé Al surveiller l'eau pendant que je suis allée acheter de la salade au magasin situé près des cabanes de plage. Cela m'a pris plus de temps que nécessaire : je me suis arrêtée pour parler à un chien, j'ai lu attentivement toutes les étiquettes des boîtes de sauce et je me suis choisi de nouveaux lacets. La mort imminente des crabes pesait sur moi, m'écrasant comme un couvercle. Je ne voulais être ni bourreau ni complice. Quand je me suis décidée à rentrer, l'eau bouillait dans la cuisine. Le couvercle était soulevé par la vapeur et retombait sur la casserole dans un bruit de cymbale, invitant les crabes à un tango qui leur serait fatal. Al me regarda, les sourcils levés. Il me suppliait.

— Pas question, lui ai-je répondu en posant mes sacs sur le plan de travail. Je ne peux pas faire ça.

J'étais prête à passer dans la pièce d'à côté. Je fus saisie par une odeur de sang et d'entrailles de poisson qui, sans doute, se dégageait du sac oublié à terre par Petroc. Je me suis dit que, étrangement, c'était toujours ainsi que je m'étais représenté l'odeur de la peur.

Al a regardé les crabes sur le sol, puis la casserole d'eau bouillante et il a enfin tourné les yeux vers moi. Je me tenais toujours près de la porte. Je ne pouvais dire si la lueur dans son regard était causée par l'amusement ou par la colère. Je ne le connaissais pas depuis assez longtemps et je savais juste qu'il avait parlé avec enthousiasme de manger du crabe pendant tout le trajet en voiture. Je retenais mon souffle sans m'en rendre compte. Puis il m'a dit qu'il n'avait pas si faim que ça et c'est alors que j'ai soupiré de soulagement.

— Il y a des tomates et quelques autres trucs, lui ai-je dit. Et puis on peut se faire griller du pain.

Puis il a allumé la radio et c'est là que nous nous sommes mis à danser, ravis de constater que nos cœurs cléments battaient à l'unisson. Nous étions innocents et nos yeux brillaient.

Ce n'est que lorsque nous avons entendu les deux carapaces qui s'entrechoquaient que nous nous sommes souvenus des crabes. Ils étaient à nouveau à l'abri dans le sac de Petroc où Al, armé d'un tisonnier, les avait poussés alors que je me cachais dans l'arrière-cuisine. Nous avons dîné aux chandelles – toasts aux tomates et salade – blottis autour d'une petite table bleue, derrière la maison, en regardant la plage qui, au-delà des dunes d'herbes folles, s'étendait dans l'ombre, et en contemplant la mer.

Nous avons saucé nos assiettes pleines de jus et d'huile avec des tartines fraîchement détachées d'une grosse miche et bu du vin blanc glacé dans des gobelets parce que nous n'avions pas trouvé les verres à pied. C'était un de ces repas dont on sait, avant même qu'ils soient terminés, qu'ils seront inoubliables. Je me suis rassise et ai essayé de ne penser à rien pendant qu'Al débarrassait la table.

— Bon, je crois qu'il est temps, m'a-t-il dit en revenant de la cuisine.

Nous avons tous les deux escaladé le mur et sauté de l'autre côté, sur la plage. À cause des algues qui la jonchaient, on aurait dit qu'elle était couverte de haillons.

Sous le quartier de lune, je regardais Al, devenu une silhouette dansant dans l'ombre, relâcher les crabes à mi-chemin entre le début de la plage et la mer, en renversant le sac et en le tenant à bout de bras par les coins. Il a dû finir par le secouer franchement car les crabes étaient accrochés à la toile de jute que leurs pinces découpaient et arrachaient avec l'efficacité d'instruments chirurgicaux. Ce sac était en quelque sorte devenu leur couverture de survie. D'où j'étais, j'ai pu le voir réussir finalement à les déloger et les entendre tomber dans le sable en faisant un bruit sourd, comme des chaussures lâchées sur un tapis, avant de se diriger vers la mer, sombre et étincelante.

Les crabes se sont évanouis dans l'ombre bien avant de pouvoir atteindre la mer. J'ai pu voir les empreintes qu'ils avaient laissées dans le sable, semblables – au choix – à des cicatrices, à des points de suture ou encore à des pointillés. Al est retourné au cottage pour aller chercher le reste de vin et puis nous nous sommes assis sur le sable humide, côte à côte, en buvant à la bouteille comme des adolescents.

J'étais allongée sur mes coudes et regardais les étoiles. Pendant un moment, j'ai ressenti une paix intense. Cela ne m'était plus jamais arrivé depuis ma petite enfance. Mais c'est alors qu'Al, très innocemment, m'a touchée et la force de ses mains a fait resurgir l'obscurité, et mes anciennes blessures se sont rouvertes. Il m'a allongée dans le sable, à côté du sac qui empestait. Il m'a immobilisée là, la jupe remontée à la taille, découvrant ma peau que les gros grains de sable blessaient. Il écartait mes jambes avec ses genoux. Je voulais crier. Je voulais qu'il sache tout de moi, mais sans avoir à lui dire : j'avais besoin qu'il comprenne que la douceur et l'intimité étaient absolument indispensables. Ses mains me parcouraient le corps mais je savais que je resterais de marbre tant que j'aurais à combattre cette peur panique qui me serrait comme une vieille corde.

— Non, arrête !

J'ai essayé de ne pas hurler alors que j'entendais le bruit des vagues résonner de plus en plus fort dans mes oreilles. Mais ce n'était pas la mer, c'était sa respiration.

— Chut ! m'a-t-il dit alors en me mettant la main devant la bouche. J'ai cru entendre quelqu'un. (Puis il s'est mis à genoux et s'est mis à crier :) Qui est là ?

J'entendais des bottes crisser sur le sable, dans mon dos.

— Bonsoir !

Puis il y a eu un bruit indistinct qui ressemblait à un ricanement étouffé sous un gant.

— Le pêcheur, a murmuré Al, alors que Petroc, vêtu d'un ciré, allait vérifier ses pièges, courbé et d'un pas très lent. Il s'éclairait grâce à une lampe torche qu'il évitait absolument de diriger vers nous.

Depuis la chambre à coucher, j'entendais toujours la mer. Les rideaux étaient ouverts et le lampadaire dehors éclairait faiblement la pièce. Entre la plage et le cottage, Al avait changé d'attitude et il m'étreignait à présent avec précaution, comme si j'étais en porcelaine. Il a enlevé doucement le sable que j'avais sur les jambes alors que j'enfonçais mes omoplates dans les oreillers, ce qui a fait jaillir ma poitrine vers lui. J'ai rentré le ventre pour qu'il me croie parfaite – en ce qui concernait mon apparence extérieure, en tout cas. Les oreillers se sont mis à soupirer lorsqu'il s'est allongé au-dessus de moi, me pénétrant si tendrement qu'on aurait dit notre première fois à tous les deux. Ses yeux bruns sont restés grands ouverts, chauds et liquides comme du lait malté, même à la fin, lorsque sa respiration est devenue plus effrayante.

— Je ne me suis pas retiré.

C'était plus tard, mais je ne saurais dire quand. Il me caressait le visage d'un doigt délicat alors que nous étions allongés face à face, pelotonnés l'un contre l'autre comme des bébés.

C'est à ce moment-là que j'aurais dû lui dire. Mais ce n'est pas grave.

— Je t'aime, m'a-t-il dit. J'espère que tu ne m'en veux pas.

Pourquoi lui en aurais-je voulu ?

Il ne savait pas tout de moi alors. Mes cicatrices intérieures. Ce que ces hommes m'avaient fait, leurs relents de barbaque, l'odeur de mon propre sang, leurs yeux se fermant au-dessus de moi. Cela fait des années et des années, si bien que je pourrais faire semblant d'ignorer ce qui s'est passé. Une fois, ma psy m'a dit – je crois que c'était quand j'étais encore à l'hôpital – qu'au bout de sept ans, il ne resterait plus dans mon corps une seule des cellules que ces hommes avaient touchées. Je suppose qu'elle m'avait dit ça pour me forcer à regarder vers l'avant.

— Je veux t'épouser, m'a dit Al. (J'aurais dû lui dire.) Je veux que tu sois la mère de mes enfants, a-t-il continué.

C'est alors que j'ai compris que c'était mal, de ma part, de me taire, et je me suis mise à pleurer. Les vagues s'échouaient sur le rivage, si proches qu'on aurait dit de l'eau bouillante sur les galets.

— Épouse-moi ! m'a-t-il demandé.

J'ai toujours trouvé qu'il y avait quelque chose de répugnant dans la préparation des crabes. D'abord, il y a le jus. Ensuite, comme si on grattait l'intérieur d'un crâne, on enlève la partie brune, qui colle aux doigts. Ensuite, il faut explorer les parties difficiles à atteindre avec une petite pique : c'est un peu comme si on retirait des bouts de cervelle en passant par l'oreille, à tel point que lorsque je le fais, je ressens la même douleur que quand j'enfonce un coton-tige ou une épingle à cheveux un peu trop loin. J'ai entendu une émission de radio l'autre jour dans laquelle on racontait qu'on aurait beau disséquer un cerveau le plus soigneusement possible, on n'y trouverait pas le siège de la mémoire.

Je mélange la chair avec les échalotes finement émincées, de la tomate, du piment de Cayenne, du sel et du poivre et je remets le tout, bien tassé, dans la carapace. Alan aime beaucoup cette recette et je peux bien faire ça pour lui, bien qu'il ne me complimente jamais pour ma cuisine comme je le souhaiterais.

Il était une fois. Des draps à rayures multicolores dans un lit qui n'était pas le nôtre et les doigts d'Al en train de suivre les sillons tracés par les larmes sur mes joues. « Rien de ce que tu peux me dire ne changera la nature de mes sentiments envers toi », m'a-t-il dit et, pendant un instant, je l'ai laissé croire que j'étais parfaite. Il était une fois, au bord de la mer, où Al était tellement aveuglé par l'amour qu'il ne voyait pas plus loin que le bout de mon nez.

Je suis au lit. Une fois de plus, Al redevient Alan et le monde s'écroule.

— Tu te rends compte que, dans un mois, ça fera sept ans qu'on est mariés ? lui dis-je.

— Ah, alors ça doit être ça, me répond-il.

Il croit peut-être que je ne comprends plus ses sarcasmes.

— Quelqu'un m'a raconté, une fois, qu'il y avait une explication scientifique à la crise des sept ans, poursuis-je. Apparemment, c'est le temps qu'il faut aux cellules du corps pour mourir et se régénérer. C'est bizarre de penser qu'il ne reste rien de ceux que nous étions, le soir où on a libéré les crabes et où tu m'as demandée en mariage.

Il ne répond pas et, au lieu de cela, éteint sa lampe de chevet. Avant de m'entreprendre, il aime attendre que j'aie l'air de dormir. Je ferme les yeux et respire plus profondément. Très vite, je sens Alan s'approcher et soulever ma chemise de nuit avec l'efficacité d'un chirurgien. Il promène ses doigts sur mon ventre comme s'il maniait un compas et, alors que ses mains passent sur mon corps, je ne me donne plus la peine de respirer.

UN COUP POUR RIRE

Adele Parks

Adele Parks

À trente-trois ans, elle est mariée. Elle est née dans le nord-est de l'Angleterre et vit actuellement à Londres. Elle a été directrice de la promotion d'Andersen Consulting. Amour double *(Florent Massot Présente, 2000 ; J'ai lu, 2002) et* Vu à la télé *(Florent Massot Présente, 2001) sont ses deux romans traduits en France.*

Traduit de l'anglais par Marie Blaison.

Londres, Victoria Station. En faisant le pied de grue dans une file d'attente interminable pour m'acheter un billet de train, je pense soudain que Donald et Amélia doivent être en train d'hésiter entre la plage et la piscine. Moi aussi, j'ai à prendre une décision excitante : je dois choisir entre un aller et retour dans la journée à tarif réduit et un aller simple. Je soupire et jette un coup d'œil au sac à dos miteux que j'ai posé à mes pieds. La vie est si injuste. Je parie qu'Amélia a tout un assortiment de bagages Vuitton. En plus du sac tragique, je voyage léger. Je porte mon bikini sous ma robe bain de soleil et j'ai emballé ma brosse à dents dans un slip propre : je veux être libre et spontanée (mais d'une hygiène irréprochable).

Salut frérot. Comment ça va ?… Tant mieux, tant mieux… Moi ? Puisque tu me le demandes, ça va très mal. Je me suis fait plaquer… Oui, je sais que Donald Drake, c'est un nom ridicule. Je suis d'accord… Très drôle. Vraiment très drôle. Je suis sûre que t'as envie de me la faire, cette blague Disney, depuis le jour où on s'est mis ensemble, non ? Excuse-moi, j'ai un signal d'appel. Je te rappelle.

Mon portable est tout chaud dans ma main. Si c'est vrai que les mobiles dégagent des ondes qui détériorent le cerveau, le mien est bel et bien foutu. Ça fait quatre jours que mon téléphone est scotché à mon oreille, quasiment sans interruption.

Salut Jenny... Oh, ça va. Tu es au courant? Par qui?... Ah, Michelle. Comme ça, ça m'évitera de faire passer un communiqué dans la presse... Totalement H.S. Oui, célibataire à trente ans, c'est le mauvais plan... Quoi? Oui, il faut reconnaître qu'il a un nom stupide. Mais il a aussi un sourire adorable et il y a quatre-vingt-seize heures, il était encore le gardien de mon cœur! T'avais raison... Ouais, c'est Amélia la coupable. Elle l'a séduit avec ses jolies petites robes brodées et ses sandales à lanières pas du tout faites pour aller travailler...

La femme qui se trouve devant moi dans la queue m'adresse un sourire-rictus compatissant. J'accueille cette pitié avec cet air de chien battu que j'ai largement eu l'occasion de travailler ces trois derniers jours.

Oui, je sais, il faut être deux pour danser le tango... Tu m'avais pourtant dit qu'on était faits l'un pour l'autre, il me semble... Et maintenant, tu ne l'as jamais aimé. C'est gentil... Oui, c'est un enculé. Il s'est mal conduit... Et c'est pas tout. Comble de l'humiliation: ces vacances de rêve aux Caraïbes, qu'on avait préparées et réservées ensemble, pour lesquelles on avait économisé tous les deux – parties en fumée avec lui! Figure-toi, en plus, qu'il m'a proposé de me racheter ma part pour qu'Amélia puisse partir à ma place! T'as raison, c'est un vrai enculé.

C'est bientôt mon tour. Le type en face de moi est italien. Il tente de faire part de son désir d'acheter un billet pour l'Heathrow Express en gesticulant désespérément. Ça me rappelle la comédie que j'ai jouée à Donald quand il essayait de me quitter. Je rougis en me revoyant m'accrocher aux jambes de son pantalon, le suppliant de changer d'avis. Face à cette rupture, j'ai été incapable de me comporter en adulte sereine du nouveau millénaire. Il était hors de question de partager platoniquement une chambre (pourtant, me direz-vous, c'est ce qu'on a réussi à faire pendant les six derniers mois de notre histoire). Je voulais lui dire d'aller se faire foutre. De garder son blé et ses vacances pourries.

C'est ce que je voulais lui dire.

Mais comme je ne suis qu'une assistante sous-payée dans une petite boîte de Relations Publiques, qui a à peine posé le pied sur le premier barreau de l'échelle de la profession, les manifestations décadentes de la passion sont assez malvenues... J'ai besoin de son chèque pour clarifier ma situation financière.

Je m'arrache à cet auto-apitoiement et reprends la conversation avec Jen, qui est toujours en train de bavarder gaiement.

T'as raison, c'était un mec arrogant et imbu de lui-même... Au lit, on ne peut pas dire qu'il assurait... Non, ce n'est pas pour ça que je vais partager ton opinion sur les aventures sans lendemain. Oh Jen, je t'assure qu'ils perdent leur temps... Je suis certaine que les conseillers matrimoniaux sont beaucoup plus sollicités après la période des vacances... Oui, j'ai eu de la chance d'y couper, on peut voir ça comme ça, mais... Qu'est-ce que tu dis, c'est quoi mon problème ? Non, je plaisantais, je préfère ne pas savoir... Non, je ne vois pas en quoi c'est grave d'enchaîner les relations de longue durée, sans jamais faire de pause de l'une à l'autre... Oui, tu as raison, Donald pouvait être un vrai branleur quand il s'y mettait... Oui... Oui, je pense que je l'aurais épousé s'il me l'avait demandé... Mais non, ce n'est pas obscène... Je sais que c'est ce genre de choses qui forgent le caractère mais je m'accommode très bien de mon caractère poids plume... Non, ce n'est pas fantastique d'être trentenaire... Je n'ai pas réussi à me libérer des angoisses qui ont gâché ma vingtaine...

À l'époque – et c'est toujours le cas maintenant –, j'étais paralysée par la peur de mourir toute seule, vaincue par la peau d'orange et sous-performante au travail.

... Non, je n'ai pas essayé le gel Clarins. C'est vraiment efficace ? Tu crois que j'arriverai à m'en débarrasser ? Écoute, il va falloir que je raccroche, ça va être à moi. Oui, moi aussi je t'embrasse. Merci... Oui, comme un poisson a besoin d'un vélo.

Allons-y pour un aller simple. Je ne peux pas faire moins, si je veux tenir la promesse que j'ai faite à ma mère. Après le sale coup de Donald, je l'ai traîné dans la boue devant tous mes amis, j'ai déchiré toutes ses lettres et toutes les photos de lui et puis je suis partie à l'assaut du frigo pour voir si je pouvais y trouver du réconfort. Et non, rien. Alors j'ai appelé ma mère. Je lui ai dit que j'avais l'intention de passer une semaine toute seule : désaccoutumance, cure de sommeil, récupération.

— Un de perdu, dix de retrouvés, m'a-t-elle dit.

J'ai marmonné et reniflé en lui expliquant que j'avais vu une belle robe chez Pronuptia. Elle m'a interrompue et j'ai eu droit à un nouveau proverbe. Il était question de « mettre la charrue avant les bœufs ». Puis elle m'a dit que c'était stupide de réfléchir au prénom de ses futurs enfants dès le premier rendez-vous. C'est du joli quand votre propre mère vous encourage à multiplier les aventures sans lendemain !

J'ai consacré ma vie tout entière à la recherche du prince charmant, et, dans cette quête, il n'y a pas eu beaucoup de place pour les amants de passage. Mon CV peut se résumer ainsi : de 14 à 17 ans – passion exclusive pour Dom. De 17 à 19 ans – années entièrement consacrées à Ivan. De 19 à 23 ans – adoration pour Paddy. De 23 à 26 ans – liaison avec Giles. De 26 à 28 – temps passé en compagnie de Richard. De 28 à 30 ans et demi (je tiens à ces six mois) – cohabitation avec Donald. Plus de la moitié de ma vie gâchée. Gâchée si on considère que je n'ai pas atteint mon but ultime : avoir un écrin Tiffany Blue et une grande robe blanche.

Je jette un coup d'œil aux horaires. Si je me presse un peu, je pourrai avoir le train de dix heures vingt-cinq.

Tout le monde me dit que ça me ferait du bien de partir en vacances, que je me sentirais mieux si j'étais bronzée, que ce qu'il me faudrait, c'est un amour de vacances. J'essaie pourtant de leur expliquer que je ne suis pas du genre à multiplier les aventures, mais que je serais plutôt une monogame en série. Toutes mes amies ont de vrais copains (c'est-à-dire qu'ils ne sont pas de ceux qui se font la malle quelques jours avant de devoir s'envoler avec leur chérie pour les Caraïbes). Par conséquent, aucune d'entre elles n'est disponible pour m'accompagner. Sans baisser les bras, je me suis rendue dans une agence de voyages. J'ai essayé de me convaincre que la planète était assez vaste pour abriter un endroit où les célibataires en mal de bronzage sont les bienvenus.

En fait, je me trompais.

Pendant quelques minutes particulièrement atroces, j'ai discuté de mes projets de vacances avec la femme qui se trouvait derrière le bureau. Elle avait de gros seins, un gros cul, une grosse tignasse et une grosse bouche. Je me sentais mal à l'aise. J'ai remarqué qu'elle portait un énorme diamant au troisième doigt de la main gauche. Je ne voulais pas la détester pour ça. Alors je l'ai détestée pour m'avoir fait admettre, en public, que, oui, il faudrait payer un supplément pour une chambre simple. Étant donné que c'est déjà le mois de juillet et que je voulais partir tout de suite, mes choix étaient limités. Ma situation financière a, en quelque sorte, facilité les choses : de limités, mes choix sont devenus nuls. J'ai quitté l'agence de voyages plus déprimée qu'en y entrant. J'ai passé la porte en devant reconnaître que j'étais triste, célibataire et une laissée-pour-compte. Je me suis éloignée en devant également reconnaître que mon porte-monnaie et mon soutien-gorge étaient vides.

… Tu peux pas rester à te morfondre chez toi…

Ben si.

… C'est pas en te tournant les pouces que tu vas rencontrer l'homme de ta vie…

Ça, c'est pas faux.

Finalement, j'ai été plus ou moins forcée de promettre de me taper des tas de boîtes minables, de baiser tout ce qui bouge et d'adopter une ligne de conduite consistant à accepter toutes les invitations.

Le train pour Brighton part du quai numéro 14. Je deviens super-forte pour m'orienter dans les gares du pays. C'est parce que je me suis dit que je pourrais résoudre mon problème de vacances en les remplaçant par une succession de petites excursions d'une journée. Cette semaine, j'ai visité Bath, la Tour de Londres et le château de Windsor. Toutes ces visites se sont révélées édifiantes et instructives. Enfin, pour cela, il faut apprécier la compagnie des groupes scolaires – on dirait que les braillements et les hurlements sont un langage universel – et accepter qu'on puisse faire tenir six siècles d'histoire sur une cassette audio de neuf minutes. J'ai eu des centaines de fois l'occasion d'acheter des torchons ou des porte-clefs souvenirs. Mais jamais celle de flirter, d'avoir une aventure ou de m'envoyer en l'air. C'est déterminée que j'essaie maintenant Brighton.

Mon wagon est quasiment vide et je regarde de haut une femme d'âge moyen et son fils tenant absolument à voyager côte à côte dans le sens de la marche. Mais c'est ma place, et toutes les autres sont dans le sens contraire. Ce n'est qu'une petite victoire, mais elle suffit à me réconforter. Je passe tout le trajet collée contre la fenêtre, à regarder les maisons et les champs défiler. Je trouve ça très symbolique.

Jen, j'ai dit « symbolique », pas « s'il me nique ». Enfin bref, qu'est-ce que tu nous prépares ?.... Un classement des cent hommes les plus sexy de la planète. Vraiment ? Et qui sont les heureux élus ?.... Permets-moi de te dire que c'est stupide. D'accord, je veux bien reconnaître que Robbie Williams, Brad Pitt et George Clooney sont intéressants. Mais ce sont tous les trois des mauvais garçons et on ne peut donc pas envisager sérieusement de les épouser... Oui, Tom Cruise serait parfait pour le mariage, mais Nicole Kidman m'a coiffée d'un cheveu... River Phoenix et James Dean sont morts... Je ne trouve pas ça très loyal de faire participer Sean Connery jeune... Le prince William est mineur... Qu'est-ce qui te fait rire ? Ça sert à quoi si tu prends ça à la rigolade ?.... Non, je ne me sens pas d'humeur sexuelle. Je suis trop vieille pour faire ça *on the beach*... Pour tout dire, ça ne m'est jamais arrivé de faire l'amour en plein air... Et je me vois mal m'y mettre à Brighton. Non, Jen, ce n'est pas Brighton en soi qui me pose un problème. Mais c'est quand même pas les Caraïbes ? Ni même Ibiza... Oui, je suis sûre que c'est un endroit super *in* et que c'est le paradis pour les amours de vacances. Oui je sais, j'ai promis. Oui, j'ouvrirai l'œil. Je vais essayer. Jen, faut que je te laisse.

Le train vient de s'arrêter en gare de Crawley et mon attention est attirée par un groupe de mecs en train de faire les fous sur le quai. Ils ont tous 25 ans environ, ce qui explique qu'ils sont dans l'ensemble plutôt boutonneux. Mais ils dégagent tellement de confiance en eux qu'ils donnent une très bonne impression générale. Ils sont cinq. L'un d'entre eux est moche et a l'air niais. Deux semblent moyens, mais ont l'air assez propres sur eux et dans le coup pour que leur note grimpe jusqu'à six ou sept sur dix. Il y en a un qui mérite clairement huit. Il a un petit look très américain. Il faut voir. Le cinquième me tourne le dos. Mon wagon s'arrête juste à leur hauteur. Je suis partagée entre le désir de les voir monter dans ma voiture – qui serait vide sans ce vieux couple qui a sorti sa Thermos et ses sandwichs aux œufs et sans la mère et son fils mal lunés – et le souhait désespéré de les voir s'installer ailleurs. Ces deux vœux contraires sont dictés par la même motivation. S'ils s'assoient à côté de moi, ça me fait beaucoup d'occasions d'un coup et ce sera l'alerte rouge. Ils choisissent mon wagon. Je disparais derrière mon bouquin.

— Cette place est libre ?

Je lève les yeux. Onze sur dix. L'homme le plus merveilleux que j'ai jamais rencontré me sourit. Sa beauté est littéralement à couper le souffle. Il est grand avec de larges épaules et des hanches étroites. J'aimerais bien qu'il se tourne, que je puisse voir ses fesses. Il a de longs cheveux de gitan, noirs et broussailleux. Ils retombent devant ses yeux bleu cobalt. Il sourit et ce sourire réchauffe tout son visage ainsi que de nombreuses parties de mon corps. Je suis sous le choc : impossible d'articuler le moindre mot. Heureusement, ma présence d'esprit me fait hocher la tête. Il s'assoit à côté de moi. Ses genoux effleurent les miens et ma petite culotte s'affole.

— Vous allez loin ?

C'est assez simple comme question. En plus je connais la réponse, mais ma langue souffre de paralysie temporaire.

Il me regarde bizarrement puis hoche la tête comme s'il venait de comprendre quelque chose. Il me dit doucement :

— Vous. Allez. Jusqu'au. Bout ?

Maintenant, je suis très gênée.

— Jusqu'à. Brighton ?

J'acquiesce lentement.

— D'où. Venez. Vous ?

Voilà, parce que, stupidement, je n'ai pas réussi à répondre à sa première question, il croit que je suis sourde ou bien étrangère.

C'est très embarrassant. Comment rétablir la vérité ? Je réfléchis très vite.

— Paris.

— J'ai parle français, me sourit-il.

Merde, pas moi. J'ai raté mon QCM. Vite, essayons de rattraper le coup.

— Mais moi être suédoise, pas Paris.

Je lui adresse mon tout nouveau sourire suédois. Il est aux anges. Normal : trouvez-moi un seul homme qui ne rêve pas de rencontrer une Suédoise ayant grandi en France.

Je découvre vite qu'il est très amusant de flirter. Et encore plus en suédois. Au fur et à mesure que le train avance, j'abandonne ma réserve britannique pour m'identifier de plus en plus à ce nouveau personnage. Presque indépendamment de ma volonté, mes cheveux deviennent plus blonds, mes seins plus gros et mes cuisses plus fines. En tout cas, c'est ce qu'on dirait, parce que Mick de Crawley a l'air de trouver que je suis super-canon. Mais enfin, c'est peut-être aussi parce qu'il n'a que 23 ans.

Un jouet.

C'est une idée stupide… Mais aussi très séduisante. Je décide de m'accorder quelques moments de répit et d'oublier momentanément mon martyre – consistant à me répéter que je ne suis plus avec Donald – pour me consacrer à quelque chose qui pourrait me changer des quelques pénétrations express que j'ai connues ces dernières années. Si je me souviens bien, les hommes plus jeunes prennent leur temps : train de marchandises plutôt que TGV. Ma mère, mon frère, Jen, Michelle et tous mes amis vont être tellement fiers de moi. Pour moi, ce garçon n'est qu'un sexe sur pattes, il n'est qu'un jouet. Et, bien que je vienne de passer les quarante-cinq dernières minutes à me fabriquer un personnage et à endosser une nouvelle nationalité, je ne m'imagine pas un seul instant avoir une relation durable avec lui. Enfin une aventure sans lendemain !

Je me dis que, durant les trois derniers mois, j'ai fait exploser ma carte de fidélité Boots dans le but d'épiler, de gommer, tonifier et faire bronzer chaque centimètre carré de mon corps qui, tout bien considéré, n'est-pas-si-mal-surtout-par-rapport-à-la-moyenne. J'ai traité ma carte de crédit avec le même manque de respect lorsque j'ai voulu me constituer une splendide garde-robe faite de jolies petites robes sexy et de jolies petites chaussures sexy. Je suppose que si ses références culturelles sur la Suède sont les mêmes que les miennes – ça peut se résumer à quelques stéréotypes pornographiques –, il ne me résistera pas longtemps. Je comprends que je ne me suis pas trompée quand deux filles à peine sorties de l'adolescence montent dans le train. Ses copains se jettent dessus mais Mick semble à peine les avoir remarquées. Il a fait le bon choix. Elles ont peut-être le ventre concave et le corps plus percé que ma passoire à thé, mais je parie qu'aucune d'elles ne connaît le coup des doigts dans le cul, ni celui des deux couilles dans la bouche. Je suis choquée par mes propres pensées. Mais ce n'est pas de ma faute, après tout, si mes gènes sont suédois.

— Quelqu'un vous attend à Brighton ? me demande Mick.

— Non, moi être seule.

J'espère que cette réponse me nimbera de mystère plutôt que de me faire passer pour une ratée. Mick sourit à nouveau et j'en déduis donc que j'ai eu raison. Pour l'instant, je n'ai pas eu assez de mots à prononcer pour qu'il se rende compte que mon accent suédois n'était pas tout à fait au point. Mais, d'un autre côté, il ne doit vraiment se douter de rien car il ne s'est pas gêné pour bavarder avec ses copains. Partant du principe que je ne devais pas comprendre grand-chose, ils se sont mis à discuter de moi ouvertement, en faisant simplement attention à parler vite. Je fais semblant de ne rien capter, leur coupe la parole à des moments inopportuns et regarde par la fenêtre d'un air stupide. Ça fait des siècles que je ne me suis pas amusée comme ça.

— Vise un peu ces nichons arrogants.

Merci, c'est trop.

— Sensationnelle !

— Vous parler de la vue ?

Ils me regardent, catastrophés à l'idée que j'aie pu comprendre.

— Sensationnelle, la vue, prononcé-je en m'appliquant et en montrant la fenêtre du doigt.

Ils semblent soulagés et acquiescent avec enthousiasme.

— Si elle t'intéresse pas, mec, t'as qu'à me le dire et je me ferai un plaisir de m'en occuper.

Non mais je vous en prie !

— Laisse tomber, elle est super-canon et je l'ai vue en premier.

» De toute façon, t'es trop moche pour qu'elle pose les yeux sur toi.

Tu as tout à fait raison, Mick. Mais toi, tu mérites qu'on te regarde plutôt deux fois qu'une.

Il fait très chaud et Brighton approche. On a à peine débarqué du train que les copains de Mick proposent de s'arrêter boire un verre. Mick et moi nous excusons et décidons stratégiquement de continuer seuls. J'ai la situation bien en main. Helga (je m'excuse du manque d'imagination flagrant dont j'ai fait preuve en choisissant mon pseudo) a su m'insuffler une nouvelle confiance en moi. Je suis tour à tour disponible, enjôleuse, magnétique, directe, malicieuse et séduisante. C'est facile parce qu'Helga réussit sans problème à faire rire en prononçant mal et en ayant l'air d'adorer les chapeaux ridicules qu'on voit dans les rues de Brighton ainsi que les distributeurs de chewing-gums. J'ai passé tout mon temps à essayer de me faire épouser. C'est pourquoi, d'habitude, mes conversations avec les hommes ressemblent à une enquête, à peine voilée, sur notre éventuelle compatibilité. Je remplis des cases dans ma tête : âge, revenus, type d'éducation, capacité à s'engager. Helga ne veut pas se marier. C'est pourquoi la conversation la plus profonde que j'ai avec Mick tourne autour du type de garniture qu'on préfère pour les crêpes. C'est moi qui suis aux commandes.

Mais je n'essaie pas de le piéger. Je me contente de faire ce qui me plaît.

On se promène dans les ruelles, dans le Pavillon et le long de la jetée. Au même moment, nous sommes pris tous les deux d'une énorme fringale. À Brighton, on trouve des dizaines de bouis-bouis qui servent des godets de thé très fort avec des frites grasses et des saucisses. Normalement, la moindre graisse me dégoûte et je veille à ce que tous mes repas soient équilibrés et pauvres en calories. Mais je ne crois pas que cette prudence soit très suédoise et j'accompagne Mick qui commande une gigantesque friture.

Puis on finit par se retrouver sur une plage de galets, qui ne doit rien avoir de comparable avec le sable blanc qu'Amélia est en train de fouler. Je n'hésite pas une seconde à enlever ma robe. Mick manque de tomber à la renverse car, pendant un instant, il croit que, sous ma robe, je suis en tenue d'Ève. Malgré tout, mon corps en bikini semble lui faire grosse impression. Je n'en reviens pas d'avoir réussi à faire ça. D'habitude, je suis si pudique que je me baigne quand les lumières sont éteintes.

— Les cailloux, c'est mieux que le sable, tu ne trouves pas ?

Mais qu'ai-je fait de mon accent suédois ? Je ferais mieux de la fermer. Enfin, pas tout le temps quand même...

— Pardon ? me demande Mick.

Ça me fait plaisir de remarquer qu'il ne réussit pas des masses à se concentrer sur ce que je dis.

— Sable rentrer partout, articulé-je à grand-peine.

Pour la première fois cette semaine, je trouve que je suis plus chanceuse qu'Amélia. Si je peux me fier à ce que je sais des performances de Donald en vacances, tout ce qu'elle aura dans sa culotte, c'est du sable. Mick ricane et j'espère qu'il pense à ce que je pense. Il pense à ce que je pense.

— Tu me rends fou, me confirme-t-il en s'asseyant à côté de moi sur les galets.

— Quoi rendre sourd ?

— Non, je parlais pas de ça. Quoique...

Je joue les naïves complètes et souris pour l'encourager à poursuivre.

— Je disais que tu me rendais fou, hurle-t-il.

Je garde mon air interdit pour avoir le plaisir de l'entendre me le répéter encore. À chaque fois, sa voix monte d'un ton et ça me plaît de voir tout ce monde qui nous regarde. Tout ça est de très bon augure. Je ne crois pas avoir jamais rendu un homme fou quand j'étais anglaise. Avec Donald, je peux dire que la véracité du proverbe « la familiarité engendre le mépris » s'est vérifiée. Ces derniers temps, on vivait installés dans une routine sexuelle bimensuelle. Donald me faisait part de son désir en éteignant la lumière et en me tripotant le téton comme s'il s'était agi du bouton de son poste de radio.

Mais je n'envisage pas sérieusement de faire l'amour avec Mick. Tout de même, je viens à peine de le rencontrer. Pas la peine d'aller si loin. Ce serait trop risqué.

Mais ça pourrait être marrant.

Si je veux être une vraie Suédoise, il faut que j'aille jusqu'au bout, que je l'allume vraiment. Je sais que je tombe dans les stéréotypes, mais la possibilité de me comporter en salope sans risquer d'entacher la réputation des Anglaises ne se représentera pas de sitôt. Quand je me tourne vers lui pour lui fourrer ma langue dans la bouche, c'est presque un acte de patriotisme. Il m'embrasse à son tour. C'est un expert: ses baisers sont fougueux, bien centrés, profonds. Cette séance de baisers dure tout l'après-midi. C'est pratique parce qu'on n'a rien à se dire. Comme il s'agit d'une aventure sans lendemain, je n'ai pas à lui prouver que je suis un génie, je dois me contenter de le titiller. Mes mains courent sur son corps, palpant son torse mince et musclé.

— Tu es dur comme le roc.

Il rougit violemment. Je suis peut-être puérile mais je ne me suis jamais autant amusée depuis je ne saurais même pas dire quand. Depuis mon enfance, probablement. Ses mains sont posées sur mes côtes, immobiles, juste à quelques millimètres de ma poitrine. Mes seins hurlent pour qu'il veuille bien les toucher. Mes tétons sont tout raides et je prie Dieu pour que ce soit bien de la sueur que je sens entre mes jambes. Je me demande si ça constituerait une entorse à l'étiquette de me précipiter sur sa bite avant même qu'il ait franchi le premier palier. J'ai perdu la tête.

Le soleil commence à baisser mais la plage est toujours très peuplée. Nous regardons les gens rassemblant leurs enfants éparpillés. Fatigués et brûlés, ils crient et engueulent leur progéniture. Des couples plus âgés promènent leur chien. Ils sont déjà rentrés à leur hôtel, ont pris le temps de se doucher et d'enfiler une chemise ou une robe pastel. Pendant que nous les regardons, ils semblent lutter de toutes leurs forces pour éviter de poser les yeux sur nous. J'imagine qu'ils ont peur que notre désir et notre excitation soient contagieux. J'ai envie de leur crier qu'ils ne risquent rien. Pourtant, ça fait longtemps que moi j'essaie d'attraper cette maladie.

Je frissonne.

— Tu as froid ?

— Avant, tu as dit que moi chaude.

Je feins l'étonnement. Il sourit et me frotte les bras pour me réchauffer. C'est siiiiiii bon. Il n'y va pas de mainmorte, mais pour moi c'est un baume. Il me caresse les côtes. Ça fait à peu près quinze ans qu'elles ne se sont pas montrées, mais maintenant on ne voit qu'elles. Ses doigts se promènent autour de ma poitrine (malgré mes efforts désespérés pour qu'ils s'y arrêtent) et grimpent jusqu'à mes épaules et mon cou qu'il pétrit consciencieusement. Je ferme les yeux et le sens m'embrasser les oreilles, ce qui fait se dresser tous les poils de mon corps. Ses doigts redescendent en empruntant une ligne qui longe ma poitrine, franchit ma taille et file vers mon ventre. Passé la limite de mon petit bikini, il devient moins assuré. Il hésite, rôdant autour des zones qui n'ont pas un nom convenable. S'il ne me touche pas bientôt, je vais exploser.

Je veux que cet homme me prenne, qu'il me culbute, qu'il me transperce. Je veux cet homme. Comment aborder le sujet ? Pas si simple dans ma langue maternelle. Une fois de plus, Helga vole à mon secours.

— Maintenant, hôtel ?

— Tu es bien sûre d'en avoir envie ?

Envie ? J'en ai même plus envie que d'une liste de mariage chez John Lewis.

Mon Dieu, mon Dieu, mon Dieu. Eh oui, c'est bien moi. Pourquoi j'ai l'air si changée ?.... Oui. Une aventure !!! Enfin, c'est Helga... Ah bon, tu es déjà au courant ? Par qui ?.... Michelle. Au moins, ça m'évitera d'avoir à faire passer un communiqué dans la presse… Oui, je sais, Helga c'est un prénom stupide. Mais j'étais pressée par le temps. Un sourire renversant, à la Robbie Williams. Des yeux à en crever, qui me font un peu penser à ceux de George Clooney. Les fesses incroyablement fermes, très Brad Pitt… Sa… Oui, monstrueuse ! Je l'ai séduit avec ma petite robe brodée et mes sandales à lanières… Oui, je sais, il faut être deux pour danser le tango… C'est génial au lit et aussi *on the beach*… Tu sais, on ne peut pas rester à se morfondre chez soi… Oui, tu as tout à fait raison à propos des aventures sans lendemain… C'est fantastique d'être trentenaire… Je me suis libérée des angoisses qui ont gâché ma vingtaine… Au diable le gel anticellulite… Après tout, je suis jeune, libre et déjà invitée. Non ?

À QUATRE PATTES

Émilie Stone

Émilie STONE,

---

trente et un ans, est journaliste à Cosmopolitan *(France), chargée des rubriques société et « psycho » depuis neuf ans. Elle aime les rencontres, les livres, les nouvelles technologies, la plongée sous-marine et le ping-pong à l'ombre.* Pomme Q, *son premier roman, a été publié aux éditions Florent Massot Présente.*

Pour une chienne, je suis ouverte d'esprit. Je ne me laisse pas prendre par le premier à priori qui passe. N'empêche, ces chiens de garde : des crevures. Je ne dis pas ça parce que je suis dans une cage du mauvais côté des barreaux. Non, je dis ça, parce qu'en tant que matériel vivant de laboratoire, j'ai du temps pour l'observation. Quand un commando antivivisection arrive enfin jusqu'à nous, les bergers allemands attaquent. Au lieu de nous aider en faisant les sourds, ces brutes se jettent avec leurs mâchoires pleines de dents sur ces bipèdes bourrés de bonnes intentions. Il faut dire aussi que la peur est une véritable salope. Elle fait faire n'importe quoi à n'importe qui. Ces derniers mois, les bergers font du zèle. Pourtant, ils ne sont guère que les chiens de leurs maîtres, qui ne sont que des gardiens de labo. N'empêche, ils font du zèle, et le zèle, on n'est jamais obligé.

C'est simple, ces chiens-là ne sont plus des animaux, ce sont des alarmes vivantes. Sans eux, il y a longtemps que je serais partie : les gardiens humains lapent tellement d'alcool que si les chiens les laissaient faire, leurs 35 heures, ils les ronfleraient. Il faut dire qu'eux non plus, ils ne sont pas tellement heureux d'être là. Comme si trop près d'une cage, c'était toujours la prison. Pour mieux supporter leur vie de gardien, ils s'affalent dès qu'ils peuvent autour de leur boîtier lumineux. Ils ont deux programmes préférés : celui avec les bipèdes en caleçons qui courent après un ballon rien qu'avec leurs pieds, et celui avec des bipèdes nus en train de se grimper dessus de tout leur corps. Les films sans ballon, les gardiens les regardent aussi avec leur sexe qu'ils sortent de la poche à fermeture que les mâles ont au milieu du corps. J'en mettrais ma queue à couper: dans ces moments-là, Jane Fonda Jeune pourrait venir nous chercher nue sur l'âne de Brigitte Bardot sans l'ombre d'un flip. Sauf que les chiens de garde, eux, ne se laissent pas endormir comme ça, par des seins animés...

La rumeur dit que les bergers allemands auraient peur pour leur emploi: les patrons de bar échangent leur chien contre des caméras de surveillance semi-pro, et les pitbulls ont prouvé qu'on pouvait faire beaucoup plus méchant. Des cas de dépression canine ont même été recensés. Les humains ont tout de suite pensé antidépresseur. Mais le Prozac ne prend pas toujours sur les têtes de chien. Rintintin, le plus zélé des salauds, le préféré des gardiens, s'est jeté du balcon un jour de match PSG-Manchester, après plusieurs semaines de traitement. Pourtant, le PSG avait gagné. Alors les bergers furent examinés un à un par un psychologue pour chiens. Le pro a conclu que le problème était « d'ordre humain ». Évidemment, le psy ne parlait pas le berger allemand, et n'avait pas saisi non plus le syndrome du pitbull. Mais comme c'était un psy femelle, elle eut le cran de pousser un coup de gueule. Elle a rappelé aux gardiens que les chiens étaient les meilleurs amis de l'homme en général, et des gardiens en particulier, et qu'avec des amis, il y avait d'autres choses à faire que travailler et regarder la télévision. La psy fit une ordonnance collective de foot réel, de diète télévisuelle, et recommanda la venue dans la meute de femelles en chaleur. Le moral remontait.

Pour dire la vérité, l'équipe des humains chercheurs n'a pas toujours l'air très bien non plus. Surtout le matin. C'est vrai, ça ne doit pas être facile tous les jours de venir s'enfermer ici, pour calculer notre douleur. Surtout depuis qu'ils ont décidé de murer les fenêtres, pour ne pas trop tenter les passants d'organiser leur indignation. Parfois, parce que c'est l'anniversaire de survie d'un des chercheurs, parce que la lettre de renouvellement de subvention est arrivée, ils essayent de faire bande d'humains ravis de torturer des animaux ensemble. Mais pour y croire, ils font comme les gardiens : ils sont obligés de s'introduire par voix orale de l'alcool raffiné, par bouteilles entières... Ils devraient essayer les os.

Il faudrait que j'essaie ce liquide. Dès les premiers centilitres, les humains se mettent à rire, la manière bipède de remuer la queue. Et les humains ne remuent pas la queue tous les jours. Mais l'effet ne dure pas. Le lendemain, les chercheurs reviennent, encore un poil plus pâles, en traînant la patte. Comme si leur corps n'aimait pas ce que leur tête adore. Au lieu de s'acharner sur les animaux, ils pourraient se pencher sur leur genre à eux. Les humains ont encore beaucoup de problèmes : ils n'ont que deux pattes, un odorat sous-développé, de moins en moins de poils, une langue très compliquée, une queue ridicule et plein de problèmes psychologiques... Pourquoi n'essayent-ils pas la vivisection ?

Je ne vois pas en tant que bâtarde bien sous tous rapports ce que je viens faire dans ce trou. Robe blanche, yeux de biche, jambes galbées, truffe humide... « Un sosie de Milou » a même trouvé un bipède. Ce qui m'a empêchée de hurler de joie, c'est que le compliment est sorti de la gueule du laborantin qui prépare depuis plusieurs années les opérations à cerveau ouvert. En même temps, il a raison : j'aurais dû faire chienne de cinéma, ou au moins cover-girl chez « 30 millions d'amis ». Mais je suis née dans ce labo, ce qui est une mauvaise idée quand on a quatre pattes. En plus, animal de laboratoire ce n'est pas un métier, ça ne mène nulle part : on rencontre très peu de gens, on n'est jamais invité nulle part, et on a beau être bête, on comprend assez vite que notre dernier jour ne va pas être un pique-nique. Mais l'angoisse n'empêche pas la réalité : la probabilité qu'un réalisateur passe et flashe devant ma cage de banlieue parisienne est en dessous de tout. Et pendant que Snoopy, Dingo, Gromit, la Belle ET le Clochard squattent les écrans, moi, je risque mes poils dans ce laboratoire, pour pas un euro, incognito et dans une odeur abominable. La peur, ça pue. Et ici, on a tous peur.

Mais j'ai plein d'amis : des singes, des rats, des lapins et des chiens qui ont raté la SPA. Entre nous, entre condamnés à mort, on parle beaucoup philosophie. Surtout depuis l'arrivée des clonés. La cohabitation avec un chien-rat, son pote lapin-gorille et dix moutonnes complètement clones, nous fait gamberger. Ce n'est pas humain comme les problèmes se compliquent avec le progrès. Un jour attiré par une rate plantureuse, le lendemain par un lévrier afghan mâle, la vie des clones s'annonce pleine de rebondissements. « Entre moi et mon clone, il faut choisir », aurait balancé Dolly, la star des brebis clonées, à son petit ami qui confondait souvent. Les chercheurs ne se rendent pas bien compte : les tests font des ravages dans les couples. « 125 », un copain rat, hyper bien foutu, a été sélectionné pour essayer la nouvelle molécule antigras. Gavé dans un premier temps, il a doublé de volume. Logique. Pas de chance, il a eu droit au programme placebo. En sachant son mari déformé à long terme, « 214 », sa rate, l'a abandonné. De chagrin, il se serait bien suicidé, mais les bipèdes l'ont piqué avant. La vie de laboratoire est un court ruisseau putride et les électrodes sur la tête n'aident pas à faire le point.

Mais je m'occupe. Ce n'est pas que je sache lire, mais Queen Kong, le singe nain qui squatte l'épaule droite du directeur du labo, si. Les bipèdes ne sont pas au courant, mais Queen Kong a lu aussi ce que l'on réserve aux singes trop savants : alors devant eux, il fait l'analphabète. À moi, il fait la lecture. Je l'aime beaucoup Queen Kong, dommage que ce soit un singe. En ce moment, il me lit « Le Bonheur en 10 leçons » qu'une jeune stagiaire très déprimée a laissé au labo. C'est comme ça que j'ai appris que les humains aussi avaient une chienne de vie. Il faut dire qu'ils n'ont pas de chance : ils savent toute leur vie, qu'à la fin, ils meurent, mais pas quand.

C'est Queen Kong qui nous tient aussi au courant des projets tordus des bipèdes chercheurs. Seulement, le singe nain ne peut que nous alerter, pas nous sauver. L'animal a déjà avalé plusieurs disquettes, mais ses compétences en informatique s'arrêtent là. C'est Queen Kong qui m'a prévenue que la date de mon opération était avancée. Des subventions importantes pour le labo en dépendaient. Et l'argent pour les humains, c'est comme moi avec les os: ça motive, on n'en a jamais assez, et dès que quelqu'un nous en promet, on est prêt à tout, à donner la patte, faire le beau, se coucher. S'il y a du pognon en jeu, je ne vois pas très bien ce qui pourrait empêcher mon opération. Enfin, si, plus de pognon. Mais je suis très bête: je n'ai rien sur mon compte en banque, d'ailleurs je n'ai pas de compte en banque.

Queen Kong avait raison. Hier, Patte Trique (les humains se donnent des prénoms ridicules), le plus regardable de l'équipe des mâles humains, est venu me faire un câlin à deux heures du matin, avec les yeux humides. En temps normal, j'en aurais fait des bonds de joie, j'adore ses pattes agiles à cinq doigts, elles caressent très bien. Mais là, je n'arrivais pas à ronronner. Ce jeune homme de même pas cinq ans (il faut multiplier par 7 pour les humains), brillant et diplômé, ne se faisait pas à son travail: il aimait vraiment les animaux. Élevé au MIT[1], jusqu'ici il ne greffait que des ordinateurs sur d'autres ordinateurs. Patte Trique était venu en France, pour tenter la même chose sur les cerveaux d'animaux. Pour faire court, si cet homme est à quatre pattes aux pieds d'une chienne, c'est qu'il y a de l'exceptionnel dans l'air. Et pour une fois, j'ai peur de ne pas avoir tort. Patte Trique, végétarien convaincu, me supplie d'avaler de superbes morceaux de bœuf sain: comme il a l'air d'y tenir, j'en croque. Mais le sale pressentiment agrippé à ma gorge empêche le plaisir de passer. « Ne t'en fais pas, tout va bien se passer. Il y a toujours une chance que ça marche, tu sais... » qu'il me miaule. J'espère que ça lui a fait du bien de me dire ça, parce que moi, pas tant que ça. Puis sa poche a vibré: c'était son portable avec sa bipède domestique à l'intérieur qui lui demandait de rentrer se coucher. Comme il est très gentil mais humain quand même, il m'a embrassée, et puis il est parti.

Tout le monde animal du labo aussi a entendu le vent du boulet souffler au-dessus de ma chienne de vie. Pour faire

---

1. MIT : Massachusetts Institute of Technology. Laboratoire de recherches très renommé. (*N.d.E.*)

quelque chose, depuis que Patte Trique a quitté la pièce, je hurle à la mort, peut-être dans l'espoir de m'habituer à elle. Si j'avais su, je crois que je me serais organisé une crise cardiaque.

Je ne sais pas si c'est la morphine, mais j'ai l'impression de planer au-dessus de la table d'opération. Les chefs de la meute bipède sont en rang serré devant le hublot qui surplombe la salle d'opération : une meute de chiens de chasse avant l'ouverture. Patte Trique est aux commandes. Ils sont concentrés, ils espèrent gagner de l'argent. Ma vie et la subvention du labo sont entre ses pattes.

Je peux voir qu'il me regarde avec quelque chose qui ressemble à de la tendresse, il y a des moments où l'on se raccroche vraiment à n'importe quoi.

D'ailleurs, je ne me raccroche pas longtemps : quand ils ont commencé à me découper un carré sur l'occiput, mon Surmoi s'est grouillé de tourner du Surœil.

Quand je me suis réveillée, j'avais la gueule de bois et la sensation que ma tête avait changé de matière. Autour de moi, je voyais bien l'équipe qui s'était regroupée en cercle, attendant ma réaction. À voir leurs sourires, je me suis dit qu'eux au moins étaient contents. Mais c'est quand j'ai vu ma tête dans le reflet de la gamelle d'eau, que j'ai eu un choc : je ressemblais de moins en moins à Milou, mais de plus en plus à un Aibo[1], version blanc cassé. Une version plastifiée de mon ancien moi. Pour fêter ça, je me suis évanouie. À mon deuxième réveil, je comprends autre chose : désormais, je décrypte les informations qui circulent sur les écrans d'ordinateurs qui entourent la table sur laquelle on m'a posée. Je sais donc lire, et plus curieux, j'ai le sentiment qu'avec mon museau et ma patte droite, je pourrais faire un tas de choses qui ne m'avaient jamais traversé mon chien de cerveau. Plus fort encore, comme j'ai toujours compris les cris des animaux, je comprends les machines. J'entends le central se plaindre de surmenage, un petit por-

1. Le chien-robot en plastique à capteurs de chez Sony. (*N.d.E.*)

table raconter son ouikend à la mer où il a failli mourir d'humidité, et étouffer avec les grains de sable entrés dans son clavier. Bon, bon, très bien, je parle désormais l'informatique. J'en profite pour poser une ou deux questions à l'appareil placé au-dessus de mon lit, « Salut, moi c'est électrocardiogramme », me dit l'écran à boutons. Il a l'air plutôt sympa, mais quelque chose me dit qu'on ne peut pas se confier à la première machine venue. C'est à ce même moment que je réalise que les clefs du labo sont posées sur la petite table qui jouxte mon lit. Je les reconnais, un trousseau de gardien, avec son porte-clefs made in Lourdes. Dans mon cerveau, ça va beaucoup plus vite qu'avant, je comprends qu'il faut que je fasse quelque chose, là, maintenant et plutôt vite. Je connecte mes neurones neufs dans le bon ordre, et je décide en quelques secondes de me carapater. Avec mes nouvelles mâchoires en plastique armé, je ne fais qu'une bouchée des sangles qui me maintiennent couchée. Je prends dans ma gueule les clefs, et je les lâche dans la cage de Queen Kong : lui, il saura quoi faire, moi, je vais me faire prendre si je traîne trop par ici. C'est rudement commode de savoir lire, c'est comme ça que j'ai trouvé la sortie : parce que c'était écrit au-dessus de la porte.

Dehors, Patte Trique m'attendait. Il m'a offert un collier et de partager sa vie. Il a une maison de campagne et une compagne dans sa maison, mais l'un dans l'autre on s'entend bien. Et puis il a Internet. Je pirate tous les labos qui font encore des tests sur les animaux, et avec des copains humains, on prépare de grandes choses. Et pour me délasser, je traîne ma flemme sur les forums de rencontres : j'ai un succès fou, ils adorent mon petit côté chienne. Nos amis les hommes sont vraiment bêtes, et ça tombe très bien.

Sur internet personne ne sait que vous êtes un chien.

TRANSPORTS EN COMMUN

Helen Lederer

Helen Lederer

---

s'est lancée dans une carrière de comique au début des années 1980, se produisant en solo dans de nombreux shows. Mais elle est surtout connue pour avoir joué le rôle de Catriona dans la série Absolutely Fabulous. *Très célèbre en Angleterre, elle collabore régulièrement avec la presse, la radio et la télévision de son pays. Elle est aussi romancière : elle a publié* Simple Minding ! *chez Hodder & Stoughton alors que son deuxième ouvrage est paru chez Penguin.*

Traduit de l'anglais par Marie Blaison.

Karen, l'air méprisant, toisa deux filles qui s'avançaient vers elle, sur *Edgware Road*, en tortillant des fesses. Leurs robes d'été, scandaleusement légères, laissaient voir leurs culottes, scandaleusement minuscules.

Elle se ressaisit pourtant. Ce n'était pas parce que c'était férié et que la plupart des gens en profitaient pour faire des barbecues en short et débardeur ou pour baiser le plus près possible de l'autoroute M25 qu'elle devait se replier sur elle-même et se laisser mourir. Pas encore, en tout cas. Il lui arriverait quelque chose. Elle était sûre qu'il lui arriverait quelque chose. Mais surgit alors le souvenir du résultat désastreux qu'avaient donné ses derniers essais de pensée positive.

Ce jour-là, elle avait remarqué que le frère d'une copine la matait du coin de l'œil dans la voiture qui les ramenait tous les trois de chez Ikea. Plus il la regardait, plus elle tendait les lèvres et écarquillait les yeux, persuadée de faire une moue à la Michelle Pfeiffer.

Puis, tout à coup, il se décida à l'interpeller :

— Karen ?

— Mmmm ? dit-elle en feignant d'être surprise.

— Tu sais à quoi tu me fais penser ?

— Non… répondit Karen suspendue à ses paroles.

Elle ouvrit ses yeux encore plus grand et s'empressa de gonfler les lèvres.

— À un poisson rouge.

— Je te remercie.

Effectivement, elle avait de bonnes raisons d'être déprimée. Et la soirée qu'elle avait passée la veille avec sa colocataire n'avait rien arrangé.

Cora avait voulu savoir à quand remontaient ses derniers rapports sexuels. En fait, si elle s'était abaissée à lui parler, c'était parce que son mec était sorti boire des bières avec des potes, « parce qu'ils ne voulaient pas devenir trop dépendants l'un de l'autre » et aussi parce que Coventry jouait contre Munich.

Karen commit l'erreur de lui répondre.

Cora, incrédule, poussa alors de grands cris.

— CINQ ANS ? Il y a vraiment un problème, Karen. (Puis, après lui avoir adressé un regard plein de pitié, elle lui suggéra :) Tu as déjà pensé à rentrer chez les auxiliaires féminines de la Marine ?

Mais Karen, sans grand enthousiasme, songeait plutôt au vibromasseur que les précédents locataires avaient oublié dans l'appartement. Elle savait pourtant qu'elle ne pourrait se résoudre à l'utiliser. De toute façon, Cora avait déconseillé à Karen de s'en servir, étant donné qu'on ne savait pas trop où il avait pu traîner. Pour sa part, Cora pouvait très bien s'imaginer où il avait traîné, et – précisément – elle trouvait que c'était une raison suffisante et nécessaire pour le laisser de côté.

Non, elle attendrait qu'une véritable occasion se présente. Et il fallait bien qu'elle les passe, ces jours fériés, que ce soit avec ou sans sexe. Si c'était sans sexe, d'ailleurs, elle s'était dit qu'elle ferait tout aussi bien de prendre le train.

— Tout le monde est au courant des relations très spéciales que tu entretiens avec les trains, lui dit Cora d'un ton railleur.

Karen regretta amèrement cette soirée où, mal inspirée, elle lui avait confié après quelques cocktails à base de vodka que les voyages en train l'excitaient. Elle ne pouvait expliquer précisément ni pourquoi ni comment, mais elle supposait que c'était lié aux vibrations régulières des voitures, qui parlaient si bien à son vagin qu'elles le faisaient ronronner. Une fois, lors d'un voyage particulièrement long, sur le point d'exploser, elle avait dû se précipiter aux toilettes pour se soulager.

La réaction de Cora fut très décevante car, au lieu d'être impressionnée par le récit de cette pratique sexuelle pour le moins originale, elle eut l'air horrifié.

— Quoi, dans les toilettes ? demanda-t-elle stupéfaite. Dans les transports en commun ?

— Mais non, justement, protesta Karen. J'étais allée aux toilettes pour être toute seule.

— T'es vraiment bizarre ! insista Cora.

— Absolument pas, lui répondit Karen. Regarde les mecs qui prennent le train tous les jours pour aller bosser, jette un coup d'œil à ce qu'ils se font, sous leur tablette. Je te promets que c'est pas le Formica qu'ils tapotent !

Mais Karen se dit qu'elle préférait de pas reparler de ça avec Cora. Elle justifia donc son voyage en train comme étant l'unique moyen d'aller passer ces jours fériés chez des amis à la campagne, et non – loin d'elle cette pensée ! – comme un substitut de relation sexuelle et une promesse d'orgasme.

— C'est cette amie dont le frère trouvait que tu ressemblais à un poisson rouge ? dit Cora qui voulait tout savoir.

— Je ne vois pas de quoi tu veux parler, lui répondit Karen.

Cette fille était une vraie plaie. Il fallait qu'elle pense à acheter *Time Out* à la gare pour voir si elle ne pouvait pas se trouver une autre colocataire.

— Super ! lui avait répondu son amie Frances quand Karen s'était invitée la veille au soir.

Karen lui avait assuré que non, elle n'était pas désespérée. Mais est-ce qu'elle pouvait quand même venir le lendemain ?

— Du moment que ça ne te dérange pas de partager ton lit, l'avertit Frances.

— Pas du tout, lui répondit sincèrement Karen. À qui me destines-tu ? plaisanta-t-elle.

Mais Frances ne rit pas parce qu'elle était mariée à Brian depuis quelques années, et qu'elle en avait totalement perdu le sens de la repartie.

— Il me semble que tu l'as déjà rencontrée, lui dit Frances.

— C'est quand même pas cette nana bien gentille, celle qui vient de Cornouailles ? demanda Karen.

— Elle est homéopathe – enfin, elle va le devenir et...

Karen, qui en avait déjà marre, lui coupa la parole.

— Elle sera seule ?

— Non, il y aura aussi ses enfants.

Génial, se dit Karen. *Une homéopathe de Cornouailles qui, en prime, vient avec ses gamins*.

Sa première réaction fut d'essayer de trouver au plus vite une solution de repli. Elle pourrait peut-être s'inscrire à la dernière minute à un week-end « sports nautiques ». Elle avait vu de la pub à la télé l'après-midi même : un groupe de personnes se rassemblait près d'un lac artificiel et apprenait à être mouillé et à transpirer, tout en ayant le droit, en prime, de faire un peu de bateau. Mais que se passerait-il si tous les hommes étaient comptables ? Ou, pire, s'il n'y avait pas d'homme du tout ? Éventuellement, elle pourrait aussi suivre les conseils de son groupe de réflexion « Vivre en Harmonie » et errer dans *Hyde Park* en parlant aux arbres. Mais, honnêtement, ce qu'elle voulait éviter à tout prix, c'était de risquer de faire de fâcheuses rencontres. Elle en avait soupé.

Non, décidément, aucune alternative ne s'offrait à elle. Et puis, même si Frances était mariée à Brian, Karen savait au moins à quoi s'attendre... De toute façon, elle était convaincue que ça ne pourrait jamais être pire que de rester à Londres.

On étouffait dans ce train. Il était déjà plein à craquer quand elle traversa le wagon en se cognant partout avec ses sacs en plastique contenant des magazines féminins et un sandwich au brie pour le moins phallique. Son sac de voyage avait tendance à bringuebaler sur ses épaules, ce qui voulait dire qu'elle devait lever les bras pour contenir ces débordements. Ce qui voulait dire également que, depuis leur place, tous ces hommes gris et anonymes pouvaient remarquer que ses aisselles n'étaient pas épilées de près ou, pire, les renifler. Mon Dieu, quel supplice c'était d'être en été !

Elle regrettait l'hiver qui permettait de se camoufler, elle regrettait ces vestes en velours ajustées qui épousent les formes du corps tout en les dissimulant habilement. Mais non. Sa robe avec cardigan assorti, mise à rude épreuve par ces bagages mal pensés et par les effluves de fromage, déclarait forfait.

Ça commençait à devenir très ennuyeux : trois wagons plus loin, elle n'avait toujours pas trouvé de place. Éventuellement, elle aurait pu s'asseoir, côté couloir, auprès d'un homme qui avait ostensiblement marqué son territoire en positionnant de façon stratégique son ordinateur portable, son téléphone et ses feuilles de papier sur la tablette. Elle ne se sentait pas d'humeur à se faire toute petite ni à essayer de caser ses sacs en plastique dans les deux centimètres qui restaient. Elle n'était visiblement pas la seule dans son cas : en faisant un usage efficace du territoire, ce gars réussissait à baiser tout le monde. Tiens, à propos... Mais non, avec celui-là, ça ne la tentait vraiment pas.

Karen finit par dénicher une place, en face d'une femme avec son enfant. Sur le siège voisin étaient empilés des sacs contenant des affaires de bébé, des jouets et un tas de couches, ce qui expliquait pourquoi les autres voyageurs avaient préféré éviter ce secteur.

Alors que Karen allait se résoudre, non sans réticence, à s'installer, la femme lui adressa un sourire extatique. Visiblement, elle avait l'air d'apprécier la tétée qu'elle était en train de donner. Karen n'était pas sûre de pouvoir supporter ce spectacle très longtemps. Mais bon, c'était la poitrine ou l'ordinateur portable. On voyait bien que c'était férié : ils étaient tous de sortie...

Le regard de la femme devint fixe, comme si elle était plongée en pleine rêverie érotique. Voilà qui était de mauvais augure. Karen se dit que si jamais cette femme semblait s'approcher dangereusement de l'orgasme, elle prendrait vite ses jambes à son cou, avec ou sans ses sacs. Mais, avant de bouger, elle préférait attendre pour voir comment les choses allaient évoluer.

Pour penser à autre chose, elle se mit à imaginer à quoi ressemblerait son week-end. Ils iraient peut-être une fois encore au magasin Ikea le plus proche, où, après avoir hésité sur les meubles de jardin, on finissait toujours par se rabattre sur des petites bougies, des minuscules carnets et des attaches-trombones. C'était particulièrement vrai dans son cas, étant donné qu'elle n'avait pas de jardin. Ou bien peut-être qu'ils ne bougeraient même pas et se feraient livrer à manger. Rien à voir avec leurs folles années de lycée. Karen se souvint avec nostalgie de la fois où, à dix-huit ans, ses parents et ceux de Frances les avaient laissées partir ensemble, prendre le ferry pour Calais. S'ils avaient su ce qu'elles avaient derrière la tête, ils leur auraient interdit de quitter leur chambre.

Mais c'était une époque où, si on voulait se faire peloter, il n'y avait qu'à demander. Pourquoi n'était-ce plus le cas aujourd'hui ? Ce n'était pourtant pas l'envie qui lui en manquait. Mais quand une femme de plus de trente-cinq ans avait l'air d'attendre quelque chose, les hommes – jamais trop prudents – préféraient passer leur chemin.

Ou peut-être était-ce le fait qu'elles étaient vierges toutes les deux qui leur avait ouvert tant de portes ? Mais jamais les leurs, justement… En fait, la virginité offrait peut-être la possibilité de varier les sources de plaisir, plus qu'une simple pénétration. Karen méditait sur ces pensées profondes tout en voyant le bébé s'agiter et continuer de s'empiffrer alors que la femme souriait toujours aux anges sans chercher à se contenir.

Dans son groupe de réflexion « Vivre en Harmonie », on lui avait enseigné que penser à des moments particulièrement heureux de sa vie permettait de recréer une ambiance propice pour qu'ils puissent se produire à nouveau (en gros, c'était ça). Karen se mit donc à réfléchir à un épisode de son passé dans lequel un pénis avait trempé.

Il y avait bien cette histoire… Elle se souvint qu'un jour la sœur de Frances avait réussi à leur avoir des entrées pour une soirée organisée par un club de hockey à Sidcup. Elle se revoyait, un verre à la main, promener son regard d'homme en homme avec un plaisir non dissimulé. Elle s'en faisait beaucoup moins à l'époque. À présent, elle était toujours freinée dans ses élans par quelques interrogations du genre : « Suis-je suffisamment séduisante, sont-ils intéressés, ai-je mauvaise haleine ? » Tout était si simple alors :

— Salut, c'est moi, me voilà dans ma petite robe blanche en coton – prends, je suis à toi et on discutera de ma virginité en temps voulu.

Elle se souvint qu'un joueur de Wimbledon – un vrai joueur de tennis, même s'il venait d'être déclassé – lui avait demandé si ça la tentait d'aller faire un tour dehors. Elle était plutôt pour et se retrouva donc bientôt en train de le peloter contre un mur. Elle comprit qu'il devenait nécessaire d'aborder le problème de sa virginité : de son côté, ça devenait plutôt urgent et tout portait à croire que c'était la même chose pour lui. Mais il n'avait pas l'air décidé à entendre quoi que ce soit – il paraissait bien trop occupé à lui tripoter les seins et à enfiler sa main dans sa petite culotte. Après quelques halètements bruyants, Karen comprit qu'elle devait prendre le contrôle des opérations si elle voulait éviter d'avoir à le couper dans ses élans et d'essuyer des insultes. Il fallait qu'elle assume son statut de vierge active. Elle se pencha, mit la main dans son pantalon et sortit sa bite – mais peut-être s'en était-il déjà chargé ? Karen se souvint en effet que les mecs avaient tendance à déballer sans se faire prier, en brandissant leur queue comme pour dire « Prêt ! ».

Elle avait fait gaffe à bien positionner sa bouche pour ne pas que ça bave. Il valait mieux, étant donné qu'on pratiquait souvent ce genre d'activité dans des endroits publics et qu'on devait souvent recommencer à boire ou à danser peu de temps après. « Ça c'est du travail soigné ! » se dit Karen, très contente d'elle-même.

Ensuite, Frances – à qui elle raconta dans le détail tout ce qui s'était passé avec le joueur de tennis – la félicita chaleureusement. La grande sœur de Frances, loin d'imaginer ce qui s'était passé, les ramena alors à la maison.

Comme le voyage se poursuivait, Karen passa en revue toutes ses aventures au pays du pénis et se rendit soudain compte que Frances ne lui avait pas souvent raconté les siennes. Le doute l'assaillit : avait-elle été la seule à s'adonner à la pratique intensive de la pipe ? Et, si c'était vrai, qu'avait bien pu fabriquer Frances pendant tout ce temps ?

En tout cas, à défaut de le faire, elle savait que Frances aimait beaucoup en parler. Elle se souvint également que quand elle avait rencontré Brian – son mari – pour la première fois, elle avait tout de suite compris que lui aussi avait l'air de beaucoup apprécier ce genre de récit. En effet, ce jour-là, Karen le surprit en train de regarder sa bouche avec beaucoup d'intérêt. À tout hasard, elle lui demanda ce qu'il y avait et il répondit :

— Oh rien, je suis juste en train de m'imaginer cette petite bouche autour de toutes ces bites. Tu n'y vois pas d'inconvénient, j'espère ?

Ça la dérangeait un petit peu quand même, mais comme toujours, elle n'en dit rien.

— Raconte-lui l'histoire du chewing-gum, lui demanda Frances.

— Non, je peux pas, répondit Karen. Vraiment, je peux pas.

Elle n'était pas sûre d'avoir envie de continuer à les fréquenter tous les deux.

— Alors, je peux le faire, moi, dis ? la supplia Frances.

Karen l'avait laissée poursuivre car elle se trouvait alors dans une période de sa vie où parler de sexe n'était pas encore devenu trop pénible. Maintenant, ça ne pouvait que lui rappeler combien tout était facile, autrefois, et la paniquer, car elle se demandait si elle saurait encore comment s'y prendre.

— Si tu continues comme ça, ton trou va finir par se reboucher ! lui avait fait remarquer récemment Cora, un brin moqueuse.

Comme convenu, Frances se lança donc dans le récit de l'incident du chewing-gum, qui avait impliqué un grand Australien. Karen avait accepté qu'il l'emmène près de *Charing Cross*, dans un bar à bière où il lui avait demandé s'il pouvait l'embrasser « là ». C'était la première fois qu'on lui proposait une telle chose, si bien qu'elle crut d'abord avoir mal entendu. Mais quand il la raccompagna chez elle, elle réalisa vite qu'en fait, elle avait très bien compris. Ils montèrent à la salle de jeux – qui, pour des raisons évidentes, avait été rebaptisée salle de musique. (Les parents de Karen avaient découpé des fleurs en Formica et les avaient collées sur le piano : on était à la fin des années soixante et c'était donc tout à fait dans l'air du temps. Frances, soucieuse d'enjoliver son récit, aimait toujours planter le décor avec précision.) Ils s'allongèrent tous les deux sur le tapis mexicain et elle s'empressa de débiter son sempiternel avertissement, qui, en substance, disait ceci :

« Au fait, je suis vierge, mais tu peux quand même t'amuser avec moi. » Puis Frances raconta comment, au moment de se coucher, Karen ne réussit pas à retirer son slip. Elle tira et tira encore, mais en vain. Elle se pencha donc pour étudier de près la question. Visiblement, cet Australien avait un faible pour le chewing-gum, et, au lieu d'interrompre leurs ébats, il avait préféré poser où il le pouvait celui qu'il était en train de mâcher. Peut-être avait-il voulu, aussi, apposer sa signature, comme ces alpinistes qui plantent leur drapeau au sommet de l'Everest... En tout cas, Karen fut impressionnée de voir combien de coups de ciseaux furent nécessaires pour la libérer de sa culotte.

Brian semblait avoir beaucoup apprécié l'histoire du chewing-gum. Il insista même pour qu'on la lui raconte une deuxième fois, dans le détail, où se trouvait exactement le chewing-gum, *quand* elle s'en était aperçue, et *comment* elle s'en était débarrassée.

Karen avait alors commencé à se sentir légèrement mal à l'aise : ils semblaient tous les deux prendre beaucoup de plaisir au récit de ses aventures à elle. C'était limite malsain.

— Mais tu ne raconterais pas à Brian notre séjour en Bretagne, au terrain de camping ? suggéra Karen. Tu sais, quand tu t'es retrouvée dans la tente de Robert et...

— ... quand tu t'es retrouvée dans celle de Patrick, termina Frances.

Sur son siège, Brian commençait à se raidir quelque peu.

— C'était quand, ces vacances ? demanda-t-il.

— Oh, répondit Frances d'un ton dégagé, c'était il y a des siècles. Et puis, je crois que l'histoire de Karen et Patrick est plus intéressante. Tu te rappelles la fois où tu es allée dans sa tente et qu'il s'est mis à jouir avant même que tu aies le temps de t'allonger ?

— Oui, répondit Karen, ne sachant pas si elle devait continuer et raconter comment les choses avaient vraiment failli mal tourner entre Frances et Robert.

Il était en effet un de ceux que cette histoire de virginité n'enthousiasmait pas du tout. Karen se souvint d'avoir dû chercher sa lampe torche – ce qui n'avait pas été facile car il avait fallu, pour atteindre son sac à dos, qu'elle roule sur Patrick – pour sortir calmer Robert. Incroyable ce qu'une pipe est efficace dans ce type de situation, songea Karen.

Après cette mésaventure, elles avaient remballé leurs affaires et étaient parties au matin. Et elles n'en avaient jamais plus reparlé.

Mais Brian s'empressa de changer de sujet et proposa une partie de Scrabble (noms propres interdits mais gros mots autorisés).

Karen était en train de se demander si, dans le fond, ça valait bien la peine de faire tout ce voyage pour aller chez Frances, quand, en face d'elle, survint l'esclandre. Une femme parcourait le wagon en vacillant avec, à la main, un biberon dans un chauffe-biberon. Elle se mit à crier en arrivant à la hauteur de Karen.

— Quoi ? fit Karen. (Elle regarda nerveusement autour d'elle, en se demandant où était le problème.) Quoi ? fit-elle à nouveau.

— Mon bébé ! hurla cette femme. C'est mon bébé !

Elle regarda la voisine de Karen d'un air furieux. Pour tout dire, cette dernière semblait sur le point d'avoir l'orgasme de sa vie, s'il fallait en juger par les petits bruits qu'elle émettait et par le mouvement de ses cuisses, qui remuaient sous la tablette.

La nouvelle arrivée arracha l'heureux enfant d'un mamelon monstrueusement dilaté en hurlant :

— C'est MA fille !

L'autre femme, incapable de contenir un instant de plus cet orgasme qui la titillait depuis si longtemps, s'agita, prise de convulsions, en s'écriant « Ouiiiii ! », avant de retomber dans le fond de son siège en fermant les yeux. Elle semblait exténuée.

— Je vous l'avais bien dit, pourtant, fit la mère du bébé, qui semblait à présent s'être fait une raison. Je vous avais dit que je serais de retour tout de suite. Évidemment, j'ai un peu tardé, mais c'est férié et ils manquent de personnel.

Le bébé, privé de sa tétée, s'était mis à pleurnicher. Sa mère lui fourra la tétine du biberon, enfin réchauffé, dans la bouche. Puis les deux femmes commencèrent à se rapprocher et à s'adresser, avec beaucoup d'indulgence, quelques petits reproches réciproques.

Sous l'effet de la surprise, Karen avait ouvert si grand la bouche que les deux femmes la fixèrent avec curiosité.

« Trop c'est trop ! » se dit Karen en rassemblant ses affaires. Elle regarda autour d'elle, à la recherche d'un peu de soutien de la part de ses voisins, et n'en trouva pas. La plupart d'entre eux s'étaient contentés de lever les yeux pendant la phase la plus critique de l'orgasme. Mais, maintenant, rien ne les intéressait, hormis leurs lectures ou leur Game Boy.

« Ce sera la première classe, sinon rien », décida Karen qui dut parcourir tous les couloirs en sens inverse. Cependant, quelques personnes étaient déjà descendues, si bien qu'elle réussit à trouver un compartiment vide. Elle n'osait y croire. Elle s'assit pour appeler Frances et lui raconter cette histoire incroyable.

Elle n'avait pas encore composé le numéro qu'un homme entra et s'installa en face d'elle. Karen se sentit prise au piège, sachant pertinemment que deux personnes seules dans un compartiment n'ont guère d'autre choix que de faire connaissance. Elle leva vite les yeux, pour voir qui était cet intrus et pour évaluer les nouveaux ennuis auxquels elle pouvait s'attendre.

Cependant – ô surprise, ô miracle –, l'intrus s'avéra être un homme de son âge, ou à peu près, qui n'était pas spécialement beau, mais pas spécialement moche non plus. Karen sentit qu'elle commençait à avoir chaud. C'était peut-être pour cette fois. La pensée positive avait porté ses fruits. Elle était seule, avec un homme, dans un compartiment. Elle se força à le fixer, appliquant à nouveau les conseils de son groupe de réflexion « Vivre en Harmonie », selon lesquels, avant d'entreprendre quoi que ce soit, il fallait absolument regarder les gens droit dans les yeux pendant au moins cinq minutes. Ce fut très difficile, mais, de toute évidence, cela se révéla terriblement efficace pour ce qui fut d'établir le contact et de créer un climat torride. L'homme se rendit très vite compte du petit manège de Karen qui semblait l'embarrasser au plus haut point.

— C'est un Nokia ? lui demanda-t-il finalement.

— Ouais.

— Qu'est-ce que vous en pensez ?

— Il est pas mal. En fait, il est même bien, sauf que je n'arrive pas à entrer les adresses en mémoire.

— C'est très simple, lui fit-il, ravi de se débarrasser de ce regard scrutateur.

Karen fut également soulagée de pouvoir arrêter de le regarder, parce que le fait de le fixer lui avait fait venir les larmes aux yeux et elle ne voulait surtout pas qu'il la croie psychologiquement instable. Il s'approcha un peu et lui demanda :

— Vous permettez ?

— Mais bien entendu.

Karen avait répondu comme l'aurait fait une vieille fille à un thé dansant.

Elle commençait à avoir chaud. Chaud parce qu'il lui plaisait. Chaud parce que c'était un homme, et, enfin, chaud... parce que c'était l'été et que sa robe absorbait la chaleur.

— Il fait chaud, vous ne trouvez pas ?

L'homme enleva sa veste et Karen put voir qu'il avait des auréoles sous les bras. Elle trouva ça excitant et calcula dans sa tête le temps qu'il lui restait avant de devoir descendre. Serait-ce suffisant pour lui sauter dessus ou, au moins, pour obtenir une promesse de rendez-vous ? Tout en y réfléchissant, elle essayait de paraître séduisante.

— Vous savez à quoi vous me faites penser ? lui demanda-t-il.

C'est pas vrai, se dit-elle. *Ça recommence*.

— À un poisson rouge, peut-être ? lui suggéra-t-elle, comme pour exorciser ce mauvais souvenir.

— Euh, non, ce n'était pas à un poisson que je pensais, en fait, répondit-il.

— Écoutez, je sais que ça va vous paraître fou. (Karen se jeta à l'eau, ayant réalisé qu'elle ne disposait plus que de dix minutes et qu'il fallait agir sans plus attendre.) Mais, en fait, voilà : j'avais décidé qu'il m'arriverait quelque chose aujourd'hui et, là, l'occasion se présente, alors je me demandais si...

L'homme eut l'air surpris.

— Oui ?

Elle vit que ses pupilles étaient en train de se dilater, ce qui lui sembla encourageant.

— Et, bon, je me demandais, si vous pouviez juste, euh, m'embrasser... Vous croyez que ça peut se faire ?

— Ici ? demanda-t-il.

— Oui, c'est à cause du train, dit Karen, en essayant de prendre l'air le plus naturel possible. C'est juste que les petites secousses du train ont tendance à faire vibrer certaines parties de mon corps...

— Ah bon ? demanda l'homme avec intérêt.

— Alors, je me demandais si vous pouviez m'aider à faire un test, pour voir si, effectivement, je vibre ?

Karen espérait de sa part de la compréhension parce qu'elle, de son côté, n'avait pas bien compris tout ce qu'elle venait de lui dire. Mais ça devenait sérieux. L'homme se leva, l'air gêné, et ajusta nerveusement son pantalon. Il s'approcha, s'éclaircit la gorge et commença, très timidement, à effleurer ses lèvres de la langue, qu'il finit par lui fourrer entièrement dans la bouche.

Cela faisait si longtemps que ça ne lui était pas arrivé qu'elle avait totalement oublié comment procéder. Tant pis ! Elle se contenta de garder la bouche ouverte en attendant de voir ce que lui allait faire ensuite. Il se servit alors de ses mains pour lui enlever son cardigan et pour ouvrir sa robe. Le train était arrivé en gare et les gens qui descendaient regardaient la scène avec un intérêt non dissimulé. Elle se rendit compte qu'un de ses seins n'était plus dans son soutien-gorge et qu'il était même tourné vers la vitre. Mais elle s'en fichait pas mal. Il se passait quelque chose. Elle avait tout fait pour qu'il se passe quelque chose et c'était en train de se produire. Le train redémarra alors que, sur le quai, une foule de plus en plus importante et de plus en plus intéressée s'agitait sous leur fenêtre. Très gêné, il regretta de ne pas avoir, sur lui, de « protection », mais il lui proposa un cunilingus, si ça pouvait lui faire plaisir. Elle lui répondit qu'effectivement, ça pourrait lui faire plaisir. La position qu'ils adoptèrent alors était des plus incongrues : elle leva les jambes et les appuya contre la vitre pour qu'il pût commencer.

Mais tout à coup, le téléphone portable de l'homme se mit à sonner.

Oh non, surtout ne t'arrête pas maintenant, se dit Karen. Mais elle avait du mal à prêter attention à quoi que ce soit, même à ses propres pensées. Il décrocha et s'interrompit un instant, juste pour dire qu'il avait raté l'arrêt et qu'il était désolé. Puis il reprit où il s'était arrêté.

Puis le téléphone de Karen sonna à son tour. Il s'en saisit prestement et dit :

— C'est pour toi.

Il tint même le téléphone pendant que Karen répondait, tout en continuant son travail.

C'était Frances.

— C'est bien ton sein droit qui m'a fait un clin d'œil à travers la vitre ? lui demanda-t-elle.

— Il y a des chances. Le train est déjà arrivé ? haleta Karen, en inclinant son bassin à la recherche du meilleur angle.

— Il est déjà reparti, tu veux dire ! Je peux encore le distinguer, au loin. J'avais oublié de te dire que mon frère prenait le même train que toi. Il t'aurait dit quand descendre. Figure-toi qu'il était avec un copain qui, à un moment, a dû aller aux toilettes. Et, depuis, il est introuvable.

Elle semblait très ennuyée.

— Ooohhh ! réussit à prononcer Karen.

— Oui, c'est embêtant. Moi qui te le réservais. Essaie au moins de me rejoindre. Qu'est-ce que je vais bien pouvoir lui dire, moi, maintenant, au copain de mon frère ?

L'homme s'interrompit un instant pour lécher ses propres lèvres.

— Ooohhh, je suis désolée, mais je crois que je vais pas pouvoir te répondre…

LA CONQUE DE VÉNUS

Victoria Routledge

Victoria Routledge

a grandi en Cumbria et vit actuellement à Balham, « porte d'entrée vers le sud ». Elle a travaillé pendant trois ans dans l'édition avant d'écrire son premier roman, Friends Like These, *publié comme le second –* Kiss Him Goodbye *– chez Little, Brown. Les cheveux de Victoria sont de la couleur d'un petit gâteau sec au gingembre et elle les confie aux mains expertes d'une merveilleuse coiffeuse appelée Caroline, dont le talent n'a d'égal que la conversation.*

Traduit de l'anglais par Marie Blaison.

Une fois sur le seuil de sa maison, Maura chaussa ses lunettes de soleil. Mais, en fermant sa porte à clef, elle se demanda si ces verres teintés ne lui serviraient pas seulement à se faire remarquer, surtout si elle croisait une connaissance. D'ailleurs, c'est pour ça que les gens célèbres portent des lunettes de soleil : pour que tout le monde se dise : « Oh, une célébrité ! Ce ne serait pas celle qui joue dans *Coronation Street*[1] ? » Un camouflage anticamouflage, en quelque sorte. Un peu comme Slimfast est un produit diététique complaisamment camouflé en milk-shake crémeux.

Elle hésita un moment, une main posée sur la clef toujours enfoncée dans la serrure et l'autre sur son sac à bandoulière. Elle se dit finalement que ce n'était pas si incongru de porter des lunettes noires par une journée ensoleillée de la mi-août. Pas plus incongru, de toute façon, que l'énorme chapeau de paille qui dissimulait sa chevelure blond clair.

C'était la première fois depuis une semaine qu'elle sortait de chez elle. Ignorant ses oreilles qui bourdonnaient – souvenir d'une récente gueule de bois –, Maura traversa la rue à grands pas rapides. Elle tressaillit lorsqu'un rayon de soleil réussit à atteindre le peu de peau qu'elle s'était risquée à exposer, puis jeta son sac à l'arrière de sa mini. Trois paquets de chips et une cassette d'autosuggestion allèrent valser sur le tapis de sol, venant ainsi grossir le désordre qui régnait sous les sièges. Elle regarda la

1. *Soap opera* diffusé sans interruption depuis 1960 en Angleterre (*N.d.l.T.*).

cassette d'un air mauvais. « C'était bien la peine, tiens », se dit-elle. « Trois semaines de lavage de cerveau à chaque trajet en voiture, et ma tranquillité intérieure ressemble toujours à celle de Conan le Barbare. »

En regardant rapidement autour d'elle, Maura s'engouffra dans sa voiture, non sans quelques difficultés, principalement liées au diamètre de son chapeau. Elle fouilla à l'arrière à la recherche du plan de Londres. D'habitude, elle conduisait de façon créative, en se fiant à son instinct. Mais, aujourd'hui, elle avait des horaires à respecter et elle devait savoir où elle allait, puisque, pour sa transformation de vacances, elle était bel et bien obligée de se déplacer.

Tout était sombre derrière ses Ray-Ban et son chapeau lui cachait la vue. Alors qu'elle essayait de replier le rebord de son couvre-chef, Maura crut voir son amie Daniella déboucher au coin de la rue. Elle se débarrassa de son chapeau en l'envoyant à l'arrière de la voiture comme s'il s'agissait d'un vulgaire frisbee. Puis elle exécuta un demi-tour encore plus rapide que celui qu'elle avait fait le jour où elle avait passé son permis de conduire. Elle fit crisser ses pneus sur la chaussée et introduisit une cassette dans l'autoradio.

Holiday de Madonna.

— *Celebraaa-aate,* chanta Maura avant de se faire la grimace.

Une fois à l'intérieur, Maura fit tourner nerveusement le présentoir à vernis à ongles. Les instituts de beauté la rendaient nerveuse car ils lui rappelaient toutes ces délicates zones de culture féminine qu'elle laissait en friche parce qu'elle ne voulait pas sacrifier ses grasses matinées ni ses folles soirées en boîte. En quelque sorte, sa position était comparable à celle de ces gens qui, craignant pour leur propre vie, détestent les hôpitaux. Mais si elle haïssait les salons de beauté, c'est aussi parce que Phil lui répétait sans cesse d'arrêter de se ronger les ongles.

Celui qu'elle avait choisi était situé dans le nord de Londres car elle ne connaissait personne qui habitait ce quartier, et Phil non plus, ce qui était encore plus important. Elle n'avait jamais mis les pieds à la Conque de Vénus. Elle avait simplement retenu l'adresse car, dans le guide, il était dit que les serviettes-éponges y étaient chaudes et agréables.

L'apprentie derrière l'accueil semblait chaleureuse et agréable elle aussi. Si chaleureuse, d'ailleurs, qu'elle reposa presque immédiatement sa lime à ongles pour demander à Maura :

— Puis-je vous débarrasser de votre – hum – manteau ? réussissant à taire la question qui, visiblement, lui brûlait les lèvres (« Mais pourquoi portez-vous un parka fourré par ce temps ? »).

Maura enleva son anorak. Un accessoire certes un peu chaud, mais comptant parmi les pièces indispensables du camouflage.

— Merci.

Dénudés, ses bras paraissaient très blancs et légèrement moites. Elle les frictionna consciencieusement, jusqu'à ce que Miss Manucure fasse courir son joli ongle rouge le long du carnet de rendez-vous avant de relever la tête en souriant.

— Vous êtes Maureen ?

— Non, je m'appelle Maura, désolée.

— C'est pour une préparation de voyage ?

— C'est ça.

— Fantastique. Généralement, on commence par le massage aux huiles essentielles et par l'épilation au sucre. Vous verrez, c'est très relaxant. Voulez-vous bien passer au salon de massage ? Debbie est en train de tout nettoyer pour vous.

C'est ça, se dit Maura. Elle veut peut-être me faire croire que les murs sont décapés entre chaque cliente. Ce serait une charmante attention.

— C'est très simple, vous vous déshabillez et vous vous allongez là, la guida l'hôtesse d'accueil, tout de jaune vêtue, en lui indiquant la table de massage.

Maura regarda la table d'un air dubitatif. La dernière fois qu'elle s'était allongée sur un lit recouvert de papier essuie-tout, cela n'avait pas été sans conséquence métallique pour ses organes internes. Et la fois d'avant…

Maura se mordit les lèvres et cligna rapidement des yeux. Cette mer intérieure ne s'assécherait-elle donc jamais ? C'était précisément pour cette raison qu'elle avait dû renoncer au mascara.

Elle se laissa aller au souvenir. La fois d'avant, c'était avec Phil, qui ne voyait pas pourquoi de simples fonctions naturelles – et féminines – auraient dû les priver d'un plaisir qui promettait d'être immense. Écoulements impurs ou pas, il ne s'était pas laissé démonter. Il en avait vu d'autres. Tuyaux bouchés, vases d'expansion fendus, vomissements post-tequila, rien ne lui faisait peur. Un petit ami modèle.

Elle se mordit les lèvres plus fort et se mit à loucher pour empêcher ses larmes de couler. Putain de merde ! Quelle arrogance ! Il avait même réussi à ce qu'elle l'associe, sans le vouloir, à ses règles.

— Maura ! Je suis Debbie !

Elle se retourna, le fond de ses pensées encore parasité par des images de Phil couvert de sueur et tout luisant, et vit une jeune femme au visage rond, vêtue d'une combinaison blanche, qui s'approchait vers elle en lui adressant un immense sourire australien. Maura se secoua pour prendre son attitude de cliente coopérante. Cela faisait des semaines qu'elle n'avait pas eu à s'en servir. Elle avait donc besoin d'être prise en main. Et s'il y avait quelqu'un pour l'y aider, c'était certainement cette énergique étrangère. Maura regarda ses paumes, puissantes et énergiques. Elle serait prise en main… de gorille.

— Allez, on s'installe ! lui dit Debbie en indiquant la table de massage.

Maura sourit faiblement. Quand elle se vit dans le miroir – les quatre murs de cette petite pièce étaient recouverts de glaces –, elle dut reconnaître qu'elle n'avait réussi qu'une pathétique imitation de son sourire habituel. Une prestation digne de *Stars in Their Eyes*[1].

Elle retira ses vêtements en évitant de se regarder ou de regarder Debbie et hissa son corps récalcitrant sur la table. Ce fut un soulagement de sentir les serviettes (chaudes, comme promis) posées sur son dos et un soulagement encore plus important de ne pas avoir à supporter la conversation de Debbie avant que le massage – exécuté par des mains puissantes et énergiques – ne l'ait plongée dans un état de semi-inconscience.

1. Émission de la télévision britannique où des inconnus proposent des imitations de chanteurs (*N.d.l.T.*).

L'image de Phil commençait à se dissiper. Et, d'abord, quel genre d'homme était-il pour vouloir faire l'amour quand elle avait ses règles ? Un détraqué. Et l'essuie-tout. Où est-ce qu'il se croyait, dans *Animal Hospital* ?

Debbie parvint à apaiser son dos crispé. Maura vit de petites étoiles danser sous ses paupières closes.

— Maintenant, je vais poser des pierres sur votre dos pour rafraîchir vos chakras, lui dit joyeusement Debbie.

Maura sentit trois gouttes rondes et froides sur sa colonne vertébrale, et les nœuds qui lui serraient le ventre disparurent comme par enchantement, en traversant son estomac, puis la table et le sol. Elle faillit se relever sous l'effet de la surprise, voulant tout d'abord les empêcher de partir. C'était rassurant de les sentir là.

— Vous êtes là pour les soins complets, c'est ça ?

— Oh, euh, oui. (Pour l'instant, Maura était trop surprise de sentir son estomac si léger pour faire la timide.) Épilation, autobronzant, mèches, la totale.

— Vous allez dans un bel endroit ?

— Euh...

Maura hésita. Que valait-il mieux répondre ? Oui ? Non ? Lui dire la vérité ?

Avant qu'elle ait eu le temps de se décider, elle ressentit une douleur lancinante dans le coccyx, si forte qu'elle lui arracha un cri. Quand elle s'appuya sur un coude et se retourna pour voir si Debbie ne lui avait pas arraché la colonne vertébrale comme on soulève l'arête centrale des poissons avant de les manger, Maura put constater que l'esthéticienne était seulement en train d'appliquer ses pouces sur un point délimité par quatre cailloux chauds.

— Cette zone est très tendue, lui dit Debbie. (Elle sentit des reproches dans sa voix et une désapprobation très nette dans ses doigts.) Vous vous êtes fait fouetter récemment ?

— Non !

Maura voulut commencer à se justifier mais, lorsque Debbie ajouta une nouvelle pierre, elle se ravisa. Ces derniers temps, son corps tenait plus du garage fermé à clef que du sanctuaire : des tas de vieux trucs pouvaient venir s'y entasser, elle s'en fichait, du moment que les portes restaient closes.

— Peines de cœur ?

— On peut dire ça comme ça-aa-aa-aa-aa-aa !

Debbie avait appuyé plus fort.

— Ma pauvre !

Maura tenta de résister à la douleur en pinçant ses lèvres. Comment doit-on appeler ça quand son ex décide du jour au lendemain de se marier à une parfaite inconnue ? Ou bien, pour revenir un peu plus en arrière, comment doit-on appeler ça quand on découvre que son ex – dont on a encore du sang séché sous les ongles – a annoncé ses fiançailles pendant qu'on était en vacances en France (et encore, on ne l'a découvert que parce qu'un vieux *Times* traînait dans le métro nous ramenant de l'aéroport) ?

Est-ce que ça rentre dans la catégorie des « peines de cœur » ?

Oui, pas de problème, ça rentre.

— Vous ne pouvez pas y aller un peu plus doucement avec ma colonne vertébrale, s'il vous plaît ? demanda faiblement Maura. Il faudra que je puisse sortir d'ici, tout à l'heure.

— Pas tant que je n'aurai pas réussi à vous faire évacuer... (Debbie ajouta une cinquième pierre chaude et fit un mouvement sec)... tout ce stress. D'accord ?

Maura se laissa aller et reposa son front sur les serviettes chaudes. Même si, au départ, les esthéticiennes n'ont pas affaire au côté le plus agréable de la féminité, elles doivent trouver quelque satisfaction professionnelle à constater les améliorations qui s'opèrent sous leurs doigts experts. En fait, Maura aurait fait un excellent cas d'école. Peut-être que Debbie pourrait s'attaquer à son esprit quand elle en aurait fini avec son dos. Mais cela risquerait de prendre un peu plus de temps.

Personne ne l'avait rencontrée cette Ruth, si belle et si parfaite, mais cela n'avait pas empêché les amies de Maura d'y aller de leurs remarques et conseils, du genre : « Tu verras qu'à Noël ce sera déjà terminé » (c'était ce qu'elle voulait entendre), ou bien du genre : « Ça peut arriver, un coup de foudre ? Allez, de toute façon, tu as toujours dit qu'il n'était pas vraiment fait pour toi, c'est pas vrai ? » Mais ça, c'était ce qu'elle ne voulait surtout pas entendre.

Elle ne voulait pas entendre, non plus, comment Ruth et Phil s'étaient rencontrés, lors du week-end qu'il avait passé à Dartmoor pour se remettre de leur rupture, moche et définitive. Ni comment, pendant qu'elle était retournée à l'appartement pour faire le tri entre les CD de Phil et les siens et que la vue de chacun d'entre eux la déchirait comme les douleurs de l'enfantement, il était en train de se promener à Bodmin Moor en tenant Ruth par la main, s'émerveillant devant sa belle carrière semi-professionnelle de coureuse de rallies et riant certainement de bon cœur à ses blagues sur les arbres à cames.

Mais pour être honnête avec elle-même – et elle se disait qu'elle pouvait bien l'être maintenant qu'il n'y avait plus aucun espoir –, Maura devait reconnaître que, pendant les six derniers mois de leur histoire, ça n'avait pas été le rêve. Sa mère, qui était irlandaise et qui ponctuait leurs rares conversations téléphoniques d'interminables proverbes (la rareté de ses coups de téléphone était précisément due au coût exorbitant de ces comparaisons à tiroirs en appels longue distance), lui avait rappelé que *l'amour était comme un champ de choux qui réclamait un sarclage régulier et une surveillance de tous les instants, sinon tout finissait par pourrir*. Merci du conseil...

Ce que Maura envisageait, alors qu'elle et Phil ne parlaient plus que du papier toilette qu'il fallait acheter et s'étaient peu à peu habitués à porter un pyjama toute l'année, c'était plutôt de laisser le champ en jachère pendant un an. En ne faisant rien, elle était sûre que les choses iraient mieux. N'était-ce pas ainsi que continuait cette vieille comparaison irlandaise entre les relations humaines et la culture des légumes ?

Apparemment non, car sa mère n'avait jamais mentionné le passage où le propriétaire récupère son champ pour en confier l'exploitation à quelqu'un d'autre. À quelqu'un qui possède sa propre moissonneuse-batteuse.

— Et par quoi on commence, maintenant, demanda Debbie d'une voix énergique. (Maura réalisa qu'elle n'avait plus une seule pierre sur le dos.) Par l'épilation ou par le bronzage ?

— Eh bien, par l'épilation, je pense, répondit-elle, beaucoup plus prise au dépourvu par une question si directe que par une interrogation sans grande signification, du style : « Vous allez dans un bel endroit ? », et sans autre fonction que celle d'engager la conversation. Sinon, le bronzage risque de partir avec le sucre, non?

— Très bonne réponse! (Des pierres s'entrechoquèrent bruyamment au-dessus de sa tête.) Je voulais être sûre que vous étiez toujours éveillée!

Toujours en vie, plutôt.

Maura s'appuya sur un coude et entendit tous les disques de sa colonne se remettre en place. Peu importait que Debbie tienne son don du diable en personne, elle se sentait détendue de partout. En plus, cela faisait dix bonnes minutes qu'elle pensait au mariage de Phil et de Ruth sans se mettre en transe. C'était un grand progrès.

— C'est parti! C'est pour une épilation complète, c'est ça?

Debbie était en train de remuer une spatule dans une cuve remplie de magma brûlant en regardant avec un plaisir non dissimulé la forêt de poils blonds qui avait poussé sur les jambes de Maura.

— Non, juste les demi-jambes et le, euh, maillot.

Ce n'était pas qu'elle avait réellement besoin de se faire faire le maillot, mais elle supposait que même les Allemandes s'épilaient le pubis avant de devoir porter un bikini en public. Et elle était justement censée en porter un. À ce moment précis.

Alors que Maura remontait les bords de sa culotte pour essayer de faire comme si elle portait un slip brésilien, elle pensa, non sans quelque amertume, qu'elle n'aurait jamais imaginé, six mois auparavant, préférer montrer ses poils pubiens que de penser au mariage de Phil et Ruth.

Debbie épila, adoucit, émit quelques sons énergiques et consolateurs, puis lui étala de l'autobronzant sur les jambes, alors que Maura était allongée, immobile et légèrement mal à l'aise, à écouter le sinistre chant des baleines diffusé dans la cabine.

Elle pensa à Chypre. L'hôtel de rêve. Les plages. Les ruines. Mais elle avait choisi la facilité. Phil lui avait toujours reproché d'avoir autant de combativité qu'un hérisson. Maura tressaillit: elle avait sa fierté – ou tout du moins, ce qu'il en restait... D'un autre côté, cette solution apparemment farfelue lui revenait moins cher que si elle avait dû surpasser par sa tenue toutes les femmes présentes à la mairie de Chelsea, y compris la mariée. (Pas de cérémonie religieuse pour Ruth, les bondieuseries, ce n'était pas pour Phil.)

Maura, écœurée, se demanda quel genre de tenue porterait Ruth. D'habitude, grâce à son imagination débordante et à ses aptitudes exceptionnelles pour le masochisme, Maura n'avait pas sa pareille pour se torturer avec ce genre de spéculations. Mais, elle ne savait pas du tout à quoi pouvait ressembler Ruth (elle pouvait tout de même supposer qu'elle devait être petite – car Phil voulait une fille qu'il puisse coincer sous son bras pour la ramener à la maison –, qu'elle devait avoir le sens pratique – ce qui n'était pas le cas de Maura –, et qu'elle devait être blonde – car il avait toujours été très clair sur ses préférences). Elle se mit donc plutôt à réfléchir à ce que porterait Phil.

La même redingote que David Beckham, probablement.

Plus qu'un jour !

Maura déglutit. Sa salive lui brûla la gorge.

— Voilà, c'est terminé ! déclara Debbie juste à temps, en lui donnant une dernière tape sur la cheville. On vous attend à l'Espace Cheveux qui est situé au quatrième niveau.

L'Espace Cheveux était, comme Maura l'avait deviné en traversant l'institut de beauté en peignoir, le salon de coiffure de la Conque de Vénus.

Elle s'installa dans un fauteuil et feuilleta négligemment un vieux numéro de *Hair Now*, espérant que la styliste se contenterait, comme Debbie, d'une conversation réduite au minimum et manifesterait aussi peu d'enthousiasme à l'idée de discuter des fabuleuses vacances qu'elle allait passer.

Son regard s'arrêta sur une couleur de cheveux appelée, avec beaucoup de bon sens, Alerte Rouge. Maura se demanda un instant si elle devait aller jusqu'au bout et se faire teindre en rousse.

Non, pensa-t-elle, ça ferait un peu trop « plaquée, certes, mais allumeuse toujours ».

En même temps, je me suis bien fait plaquer, mais…

Mais ?…

— Bonjour Maura, je suis Carys, votre styliste. Qu'est-ce qu'on fait aujourd'hui ? On veut commencer à entretenir son allure de vacancière ?

Quelqu'un lui posa une espèce de tapis lesté en plastique sur les épaules.

Maura se regarda dans le miroir. Carys (petite, peau mate, mince comme les filles qu'on voit dans les magazines) était déjà en train de démêler ses cheveux blonds mi-longs. Maura avait cultivé son propre style depuis que Phil avait disparu de sa vie : elle entortillait ses mèches pour en faire des nœuds avant que sa chevelure ne sèche, ce qui lui donnait une allure intéressante, un peu à la Crusty Mermaid.

Pendant que Carys démêlait et faisait quelques remarques d'ordre professionnel sur ses pointes fourchues, le visage de Maura était dégagé, de sorte que ses yeux – toujours rivés à son image dans la glace – paraissaient plus grands, plus tristes et plus jeunes, surtout depuis que son trait d'eye-liner avait disparu. Avant de passer à l'autobronzant, Debbie lui avait en effet retiré tout son maquillage pour lui étaler – ou plutôt jeter – un masque sur le visage. Ses joues la picotaient toujours.

Elle avait un peu l'air d'une petite fille chantant dans une chorale.

Je ne me ressemble pas, se dit tout à coup Maura. Puis une autre remarque suivit aussitôt : pourquoi est-ce qu'il y a des miroirs partout dans ces putains de salons ? Juste quand on n'a absolument pas envie de se voir.

— Vous allez dans un bel endroit ?

Hu, hu, hu…

— Euh, oui, à Chypre.

Maura continua à feuilleter *Hair Now* en se sentant coupable. D'habitude, elle aimait bavarder avec les coiffeuses. Mais cette fois, elle ne se sentait pas capable de s'en tenir à des lieux communs et tout ce qu'elle avait en tête se rapportait de près ou de loin à Phil.

— Ooh, splendide ! Vous partez seule ou c'est un voyage organisé ?

— Euh, je pars seule, lui répondit Maura.

Une petite boule vint se loger à nouveau dans son estomac. Debbie n'avait donc pas réussi à la dénouer totalement.

— La nourriture est délicieuse. On trouve des merveilles sur les marchés. Vous y êtes déjà allée ?

— Non, écoutez, euh, je... (Mais, in extremis, la politesse l'emporta sur l'irritation.) En fait, je suis un peu nerveuse à cause de l'avion, alors je n'ai pas trop envie d'en parler.

Puis elle lui adressa un petit sourire censé signifier : « Je suis un peu nerveuse, mais je me soigne. »

Carys se tut un instant.

— Il n'y a pas de mal. Mais laissez-moi vous dire que vos pointes sont vraiment fourchues, reprit-elle, en approchant une mèche de cheveux du miroir pour illustrer son propos. Vous avez souffert de stress, récemment ?

Maura se sentait prise au piège. Qui étaient vraiment ces femmes : des esthéticiennes ou des psychologues ?

— Oui, je suis stressée, répondit-elle sur un ton grave. Mon petit ami – ou, plutôt, mon ex-petit ami – a eu le coup de foudre pour une fille qu'il épouse demain matin. Je ne l'ai revu qu'une seule fois, quand il est venu récupérer sa couverture chauffante, celle qui se trouvait dans notre ancien nid d'amour à Vauxhall, et ce bien que son divan soit très chaud. Je n'ai jamais rencontré sa future petite femme, mais ça ne m'empêche pas de la haïr. Ça vous va ?

Il faut reconnaître que Carys, dans le miroir, avait l'air sincèrement désolée.

Maura aurait voulu avaler sa langue une bonne fois pour toutes.

— En les trempant une demi-heure dans l'huile d'olive, on devrait obtenir un bon résultat, suggéra Carys avec beaucoup de tact.

— En fait, tout ce que je veux aujourd'hui, dit Maura, sentant qu'elle devait essayer de retrouver le peu de dignité qu'elle avait avant de se faire peigner, c'est seulement – comment dire –, que vous donniez un coup de fouet à mes cheveux avant les vacances. Un peu comme si j'avais déjà passé une petite semaine au soleil.

Carys saisit une mèche de cheveux.

— Vous êtes déjà très blonde. (Silence. Légère impression de regret.) Peut-être quelques mèches, alors, mais pas trop nombreuses. Et puis je pourrais rafraîchir un peu votre coupe pour que vos cheveux bouclent dans le bout.

— C'est parfait, approuva Maura.

En vacances, toutefois, ses cheveux étaient plutôt malmenés : desséchés par le soleil, décolorés en verdâtre par la combinaison du chlore et de l'eau de mer, ternis par les applications – externes et internes – de cocktails douteux. Et elle savait que Carys le savait. Les coiffeurs sont capables de deviner ce genre de choses rien qu'en passant les doigts dans votre chevelure.

— Très bien, alors. Ça roule !

Carys laissa retomber devant les yeux de Maura les mèches qu'elle tenait encore et lui tapota l'épaule.

— Accordez-moi juste deux trois petites minutes, que j'aille voir mon autre cliente, et je suis à vous. Vous désirez un café ?

— S'il vous plaît.

Maura crut entendre comme un léger bourdonnement tout près d'elle et, lorsqu'elle baissa les yeux, elle vit que *Hair Now* oscillait de haut en bas tel un papillon entre ses mains, qui tremblaient comme celles d'une vieille femme.

Après tout, je devrais peut-être partir en vacances, se dit-elle en essayant de ne pas croiser son propre regard dans la glace.

Lorsque Carys revint, Maura, dont les cheveux avaient été lavés et essorés, était empêtrée dans les souvenirs gluants de ses dernières vacances en compagnie de Phil, quand ils étaient allés faire du vélo sur les îles d'Aran. Elle se demandait si son insistance à lui rendre Guinness pour Guinness – qui lui avait valu d'être ramenée dans une charrette tirée par un âne – avait vraiment marqué le début de la fin.

Très gênant ! Maura en rougit à nouveau de honte.

Elle n'avait pas remarqué que Carys avait commencé à lui démêler les cheveux.

Mais bon, lui murmura une voix lointaine – peut-être celle de sa mère –, c'était Phil qui avait dit que c'était très gênant.

En fait, la scène était surtout très drôle.

Maura se regarda dans le miroir, essayant de voir quelle partie de son visage la faisait ressembler à quelqu'un d'autre.

Depuis quand permettait-elle à quelqu'un d'autre de décider de ce qui était gênant pour elle ?

Non mais !

— Il fait presque trop beau ici pour partir à l'étranger en ce moment, vous ne trouvez pas ?

Dans le miroir, le regard de Carys était doux et interrogateur.

Maura cligna des yeux. Si *elle* avait bu, c'était parce que *lui* n'avait pas de conversation.

— Oui, il a fait beau ces derniers temps. Mais je n'ai... pas beaucoup pris le soleil.

Elle n'était pas sortie de la semaine, de peur que quelqu'un l'aperçoive à Vauxhall alors qu'elle était censée être à Chypre. (Dommage, mais impossible d'annuler ces vacances pour assister au mariage du siècle...) Soi-disant de retour de ces soi-disant vacances, elle apparaîtrait bronzée et indifférente aux accusations la désignant comme une dégonflée. En plus, ça lui permettrait par la suite de glisser dans les conversations quelques remarques évasives sur les amours de vacances. Quand les jeunes mariés seraient loin, à Montego Bay.

La Grande Évasion, en quelque sorte.

Mais, à présent, elle commençait à trouver que son idée était un peu stupide.

— Ce serait dommage de changer votre couleur, observa Carys en lui dégradant la nuque. Vous avez de splendides cheveux blonds naturels. C'est amusant, mon autre cliente, elle, tente une transformation complète.

— Ah oui ?

Surtout que, vu sa chance, il avait sans doute plu des cordes toute la semaine à Chypre. Avec ses jambes soigneusement hâlées et ses mèches décolorées par le soleil, c'étaient les regards compatissants et les murmures assurés. Elle qui, ainsi, espérait s'en protéger !

— Elle veut passer d'un brun à la Ava Gardner à un blond à la Jean Harlow. Il faut oser. C'est une surprise pour son petit ami.

— Mmm.

C'est vraiment stupide de changer pour un homme, se dit Maura, avant d'être frappée par le côté daté de sa réflexion. C'était le genre d'affirmation qu'elle aimait clamer haut et fort quand elle était à la fac. À l'époque, elle se nourrissait de grands principes féministes et n'avait pas vraiment les moyens de se faire épiler les jambes régulièrement.

C'était comme si une part d'elle-même, enfouie jusque-là, refaisait surface. Est-ce que j'ai changé pour Phil, se demanda-t-elle ? Oh mon Dieu ! Les doigts de Maura agrippèrent plus fort le magazine. M'a-t-il changée en femme modèle, capable de résister à une conversation ennuyeuse, avant de m'abandonner dans un monde où les hommes aiment que les filles parlent de musique plutôt que de la puissance du moteur de la dernière Lancia ? Certainement pas. Il m'aimait certainement comme j'étais.

Oui ?

Non ?

Oui ?

Maura évalua frénétiquement la force de sa personnalité alors que des flocons de cheveux coupés tombaient tout autour de son visage.

Conciliante, oui. Girouette, non.

Mais tu n'es plus aussi marrante qu'avant, lui fit observer l'un des mannequins acajou vif de la page Alerte Rouge.

Maura se regarda dans le miroir. Il y a trois ans, je n'aurais jamais voulu d'une couverture chauffante chez moi. J'aurais préféré mourir que de reconnaître que j'en avais besoin.

— De toute façon, je ne peux pas me permettre de partir, fit joyeusement remarquer Carys à personne en particulier.

Maura fut tout à coup prise d'un accès de sagesse, surprenant mais très stimulant. Mais oui, c'était évident !

Elle irait à Chypre !

Autant profiter de cette préparation !

On tire les avantages d'un voyage seulement si on part vraiment. Sans compter le bronzage qui dure plus longtemps.

Cette stimulante sagesse chassa la sage sagesse. C'était tellement plus efficace que les cassettes d'autosuggestion ! Les voyages de dernière minute étaient toujours bon marché. Elle réussirait bien à économiser mille livres en une semaine rien qu'en évitant de rester chez elle à siroter vodka-cranberry sur vodka-cranberry en s'apitoyant sur son sort. En plus, ce serait un investissement à long terme sur son amour-propre.

Elle vit avec plaisir la petite chanteuse de chorale se transformer en sale gamine. Elle montra ses incisives pointues à son reflet dans le miroir. Ce gros point de contracture à l'épaule, que même les mains expertes de Debbie n'avaient pas réussi à chasser commença à s'atténuer et à glisser rapidement le long de sa colonne vertébrale.

Et ce qui est bon pour l'un…

Maura frissonna de plaisir.

Carys prit ça pour un signe d'encouragement.

— Quand est-ce que vous partez ?

— Cet après-midi, lui répondit-elle, en contemplant joyeusement la nouvelle Maura. Juste le temps de passer prendre mes bagages chez moi.

— Splendide !

Carys débarrassa Maura de sa blouse et lui montra l'arrière de sa coupe de cheveux dans une glace. De petites boucles éclaircies encadraient ses oreilles, auxquelles Debbie avait soigneusement donné une belle couleur dorée.

— On dirait une autre femme, gazouilla Carys.

Maura sourit malicieusement.

— Vous avez tout à fait raison.

Admirative, elle inclina la tête et ses boucles eurent autant de ressort que dans une pub pour du shampooing.

— Je vous remercie.

— Il n'y a pas de quoi, répondit une Carys rayonnante en débarrassant sa combinaison des petites mèches de cheveux qui s'y étaient déposées. Vous m'excusez ? Mon autre cliente est sous le casque, mais ça va être terminé.

En payant, Maura laissa un pourboire généreux à Debbie et Carys : elle était en vacances et avait déjà l'humeur dépensière. Elle rangea dans son portefeuille les coordonnées de l'institut (les cartes étaient distribuées par une main en plastique située à côté du présentoir à vernis à ongles).

L'hôtesse d'accueil lui tendit son parka mouillé de sueur. Maura le regarda d'un œil distrait, le reconnut, puis le roula en boule et le fourra dans son sac. Plus besoin de ça, se dit-elle en contemplant ses bras dorés.

Au moment où la clochette placée au-dessus de la porte tintait, Maura se souvint qu'elle avait oublié ses boucles d'oreilles à l'« Espace Cheveux ».

Carys démêlait doucement les cheveux frais lavés de son autre cliente en évitant son regard. Bien que la chevelure fût mouillée, Maura put voir qu'elle était franchement platine, presque autant qu'elle. Mais ça n'allait pas si bien que ça avec ses sourcils, toujours très foncés.

Écoutant d'une oreille, Maura restait fascinée par la capacité des cosmétiques à transformer du tout au tout une personne. Mais à quoi bon, si tous les quinze jours, on était trahi par ses propres sourcils ? Même la teinture des sourcils faisait des racines...

Puis la femme s'adressa à la coiffeuse dans la glace.

— Oh mon Dieu, s'étrangla-t-elle.

— C'est splendide, lui dit Carys pour la réconforter. Il va adorer. Vous ne m'aviez pas dit qu'il vous avait fait comprendre que ça lui plairait ?

— Mais de quoi j'aurai l'air pour mon mariage ? Ma robe est couleur crème ! gémit-elle. Je vais ressembler à un Magnum au chocolat blanc ! Ça aura disparu demain après-midi ?

— Euh, non, reconnut Carys.

Maura passa un doigt dans ses belles boucles neuves, chaussa ses lunettes de soleil et fonça tout droit à l'aéroport.

MODERNE CENDRILLON

Anna Maxted

Anna Maxted

---

est âgée de trente-quatre ans et vit à Londres avec ses deux chats, Disco et Masha, et avec Phil, son mari. Son premier roman Getting Over It *est paru l'an passé – sa sœur a aimé, sa mère a aimé, sa grand-mère lui a envoyé un e-mail glacial (« ce n'est pas tout à fait ce que j'espérais »). Sans pour autant se décourager, elle travaille en ce moment à son deuxième roman.*

Traduit de l'anglais par Marie Blaison.

Quand on rencontre l'homme qu'on va épouser, on sait tout de suite que c'est le bon. Enfin, c'est ce qu'on dit. Pour ma part, j'imagine que c'est comme quand on rentre chez Whistles et qu'on sait tout de suite que ce petit dos-nu rose à paillettes est fait pour nous. À peine enfilé – dans ces boîtes d'allumettes qui servent de cabines – et voilà qu'apparaît une déesse de l'amour, étincelante et curieusement affamée. Ce n'est que plus tard, dans la lumière froide de sa chambre à coucher, qu'on s'aperçoit qu'on a l'air d'une saucisse de Francfort déguisée en fille à laquelle un savant fou aurait donné la vie. Dans le mariage, les choses peuvent se passer comme ça, sauf que dans ce cas, c'est le mari qui joue le rôle de la saucisse.

Excusez-moi si je vous parais triviale. Je n'ai rien contre les filles qui achètent des hauts à paillettes, ni contre celles qui décident de convoler – dans les deux cas, c'est l'excitation garantie dans l'entourage de la fille, à tel point qu'il n'y a personne pour lui dire si elle fait une connerie. C'est plutôt sympa. La raison pour laquelle cette histoire de flèches décochées par Cupidon me laisse sceptique, c'est que, dans mon propre cas, l'amour est loin d'être aussi instantané qu'une tasse de Nescafé. Au contraire, c'est un long processus qui s'éternise terriblement, en traînant des pieds... Tenez, c'est comme ces glaciers qui bougent d'un millimètre environ tous les siècles.

Moi, quand j'ai rencontré l'homme de ma vie, je ne l'ai même pas remarqué. J'étais trop occupée à me donner des airs, perchée sur une toute nouvelle paire d'époustouflants talons aiguilles. Et, lorsque lui-même a dû se manifester – « Euh, pardon, mais vous êtes en train de me marcher sur les pieds » –, je n'ai absolument pas pensé au mariage. Non, je n'ai pas eu ce réflexe de rabat-joie (non mais, vous me voyez en train de jeter la barbe à papa et de manger le bâton ?). Quand l'homme de ma vie s'est présenté à moi, je me suis tout de suite dit : « C'est donc pour ça que le sol me paraissait si irrégulier. »

Si je suis cynique au sujet du bonheur, c'est peut-être parce que j'appartiens à une famille particulièrement gratinée, genre les Simpsons, mais le charme en moins. (Mon mec, plutôt charmant lui, ne les supporte vraiment pas et fuit sa belle-famille comme la peste.) Ah oui. Mon mec. Vous vous attendiez à autre chose ? C'est grâce à ma sœur aînée, Gloria, que je l'ai rencontré. Maintenant, je vis dans une grande maison baignée de soleil où je n'ai pas à lever le petit doigt. Et je peux m'acheter autant de hauts roses à paillettes que Whistles peut me vendre.

Tout a commencé sous un ciel trop paresseux pour être franchement bleu. C'était le deuxième jour de l'été.

— Tu vois, fait remarquer Gloria à Denise, notre pimpante frangine, en reluquant la maison d'une célébrité s'étalant dans le magazine *Hello !* avant, je pensais que l'argent n'était pas important. Mais je veux pouvoir partir en vacances trois fois par an !

Je suggère qu'elle pourrait essayer de se les payer toute seule, ses vacances, mais elle me coupe tout de suite la parole.

— M.C. Magimix peut sans problème partir en vacances trois fois dans l'année, lui, fait-elle en bavant d'admiration. Il est tout le temps bronzé.

J'échange un regard avec Robert et lui dis :

— À ce rythme-là, il va bientôt être carbonisé. Très peu pour moi, je préfère gagner mes propres millions, qu'est-ce que t'en penses ?

— Personnellement, je n'ai rien contre me faire entretenir par un DJ plein aux as, me répond Robert.

Mais Gloria nous dit de la fermer et de nous remettre au boulot.

Ça nous fait bien rigoler, Robert et moi, de voir Gloria envisager sérieusement une histoire avec Magimix. Elle se croit irrésistible, pourtant avec sa voix de crécelle et son nez bosselé, il y a du travail... En plus c'est une vraie plaie, et je peux vous dire que ce serait bien plus agréable de bosser pour la boîte familiale sans elle. Au fait, autant vous le dire tout de suite – vous risqueriez d'être déçus : on a fondé une entreprise de nettoyage, pas de quoi s'émerveiller. Sale boulot et salaire de merde. Le seul avantage, c'est que ça me permet de passer du temps avec Robert, un vieux copain que ma belle-mère a bien voulu embaucher et payer une misère après qu'il se fut fait virer de chez Tesco. (Pendant tout un mois, il n'a pas changé l'huile de friture des beignets, qui a fini par devenir verte.)

Gloria balance *Hello !* sur la table et déclare :

— Je vais faire un tour chez Prada, j'ai besoin d'un nouveau tailleur pour le boulot. Appelez-moi si vous avez besoin de moi, (en se dépêchant de quitter la pièce).

Denise s'empare du magazine, le feuillette puis s'arrête sur une page qu'elle contemple fixement. Elle a du jaune d'œuf sur son gilet Laura Ashley – probablement un reste de son petit déjeuner – mais ne s'en est pas aperçue. Elle se met à loucher et son visage se plisse comme une vieille pomme.

— Mais qu'est-ce que tu fais ? lui dis-je en faisant des efforts pour ne pas paraître trop agacée. Tu pourrais faire semblant de travailler, au moins !

— J'essaie de repérer la poussière, me répond-elle.

Cette réponse étrange ne me surprend pas. Denise est souvent dans les nuages et ses propos sont rarement cohérents. Je jette un coup d'œil à ma montre. Douze mille misérables livres par an, divisées par quarante-huit, multipliées par cinq. Ça me fait cinquante livres par semaine. Je suis donc payée dix livres la journée. Il est quinze heures et je dis bien fort :

— Denise, j'ai rendez-vous avec le comptable. Je suis sûre qu'on en aura pour des heures, alors je rentrerai directement à la maison. Robert vient avec moi pour prendre des notes.

J'adresse un signe de tête complice à Robert qui sourit triomphalement en brandissant son petit carnet.

— Amusez-vous bien ! nous fait Denise, absente.

En profitant de cette faiblesse intellectuelle (qui dure tout de même depuis trente et un ans), on file droit au pub où on a vite fait de dépenser les dix livres de la journée. Robert me montre une façon d'allumer les allumettes qui épate les filles. Je ne suis pas fichue d'y arriver mais il entortille une boucle de mes cheveux autour de son doigt et me dit :

— Tu as d'autres talents. Tu es vraiment une menteuse exceptionnelle.

Pas de chance, quand je me pointe au boulot le lendemain, avec une gueule de bois carabinée, ma belle-mère est là pour lui donner tort. Je comprends que les carottes sont cuites quand je la vois faire les cent pas sur le tapis rouge, habillée en Christian Lacroix.

— Où qu' c'est qu' t'étais ? hurle-t-elle.

— Je suis désolée, Édith, murmuré-je, mais ma voiture ne voulait pas démarrer.

Elle pince ses lèvres et son rouge à lèvres rouge pétant déborde autour de sa bouche. Son visage exprime une violente colère. Elle s'écrie :

— Ne mens pas, t'as bu, j'le sens d'ici !

Je reste calme pour éviter d'avoir la nausée. Sa voix est si aiguë que mon cerveau pourrait bien exploser.

— Où sont les autres ? murmuré-je.

— Au centre commercial de Brent Cross, répond-elle sur un ton supérieur.

— Pourquoi ? lui demandé-je.

— Pasque, beugle Édith, contrairement à toi, tes sœurs elles ont une cervelle ! (Elle n'a pas tort : une pour deux.) Hier, pendant qu't'étais partie boire un coup, ajoute Édith, ben Denise, *elle porspectait* des clients !

Ce changement subit, de la part de Denise, me paraît difficile à croire et j'imagine qu'Édith est plutôt en train de commettre une nouvelle erreur de langage.

— Et l'agent de M.C. Magimix nous a rappelés pour nous dire que Crispian – c'est comme ça qu'i's'appelle en vrai : Crispian Bartholomew – cherche justement des agents de nettoyage, et pas n'importe lesquels. On a rendez-vous à quatorze heures, c'est pour ça qu'les filles sont parties acheter du matériel neuf.

La malédiction de *Hello !* a encore frappé.

Heureusement, l'heure H approchant, Édith décide que je mérite une punition et m'envoie chez un autre client, beaucoup moins important.

— Gloria a peur de la concurrence, me murmure Robert alors que je les salue d'un signe de la main.

Mais comment fait-il pour avoir l'air frais comme une pâquerette ? Il donne l'impression de n'avoir bu que de l'eau et d'être allé se coucher à neuf heures du soir.

— Rob ! lui dis-je, ce n'est pas la peine de me consoler. Je ne suis pas triste d'aller nettoyer les toilettes des célébrités de second rang, surtout si elles ont le teint orange.

Robert saute dans la Range Rover, derrière Denise. Alors qu'ils démarrent en faisant vrombir le moteur, il me crie :

— Orangiste !

Je souris dans le silence qui suit leur départ. Sans Robert, ma vie serait fastidieuse à en crever. Sa présence taquine et son humour de merde la rendent simplement fastidieuse, juste à la limite du supportable. Je dois commencer mon boulot de la journée, c'est-à-dire faire le ménage dans la maison de l'avocate Hattie Hayter, dans une heure. C'est assez pour piquer un petit somme sous mon bureau. Soulagée, je retourne à l'intérieur. Après je me souviens seulement d'une sonnerie stridente qui me réveille en sursaut. J'émerge péniblement d'en dessous de mon bureau, en cherchant le téléphone à tâtons. « Ouaip ? »

C'est Édith qui hurle à me rendre presque sourde :

— Pourquoi qu't'es pas chez Hattie Hayter, tu d'vrais y être depuis longtemps !

Mon cerveau est trop embrumé pour que je puisse mentir correctement et je me contente alors de balbutier :

— Oh !

Édith grommelle dans sa barbe puis siffle :

— Bouge ton cul, on a b'soin de toi, i' veut vraiment qu'on l'astique...

Je l'interromps.

— Pardon ? m'écrié-je. Je sais bien que les gens célèbres sont souvent débauchés, mais M.C. Magimix me semble particulièrement dégoûtant !

Édith s'énerve :

— Allez, amène-toi ! Robert i' s'occupe du jardin. Gloria elle parle argent et voit c' qu'y a à faire avec Crispian. Denise, ça fait une demi-heure qu'elle est dans sa chambre et qu'elle essaie de r'taper l'matelas à eau. Et il est pas question que j'me tape le sale boulot qui t' revient, alors appelle Hattie Hayter pour lui dire que tu t'occuperas d' sa baraque plus tard et amène-toi !

Je suis toujours comateuse, mais tant pis. Je griffonne l'adresse, me brosse les cheveux, me case dans ma Datsun verte et démarre bruyamment. Hattie Hayter se montre très compréhensive et, quand je lui propose de faire son ménage pour la moitié du prix normal, elle me dit de ne pas être ridicule. Vingt minutes plus tard, j'arrive à l'allée bordée d'arbres menant à la maison blanche de Crispian et gare ma Datsun dans un coin ombragé. Je m'attends à trouver un signe quelconque indiquant qu'il s'agit de la propriété de Magimix, des lions en pierre grise encadrant l'entrée, ou une sonnette jouant les premières notes de *Heartbreaker*. Mais rien : aucun signe particulier, pas de lions, pas de sonnette musicale. J'appuie sur une sonnette tout à fait ordinaire. Quatre secondes plus tard, la porte rouge est grande ouverte et je tombe sur les stupéfiantes lentilles de contact vertes de M.C. en personne.

— Ouah ! fait Magimix, mais avant que je puisse lui répondre, Gloria fait son apparition et me lance :

— Ah te voilà, tu as pensé à emmener ton tablier. Parce que Mr Bartholomew – oh, pardon [minauderies] Crispy, si vous insistez, c'est si gentil de votre part ! – Crispy, donc, organise une soirée aujourd'hui et il faut que sa maison soit parfaite. S'il est content, il fera appel à nous régulièrement. Allez Ella, ne reste pas plantée là, montre-nous ce que tu sais faire de tes dix doigts ! Dépêche-toi, le temps c'est de l'argent !

L'argent, l'argent, elle n'a que ce mot à la bouche. Je jette un regard mauvais à Gloria et souris à Crispian – enfin, Crispy – qui s'écarte pour me laisser entrer.

— Transporté d'avoir fait votre connaissance, dit-il en me faisant un clin d'œil.

Gloria le dévore des yeux comme un renard regarderait une poule. Puis elle me dit :

— Commence par le dernier étage et progresse en descendant. Tu as trois heures pour faire le boulot le plus nickel de ta vie. Je veux qu'il puisse recevoir ses invités sur le siège de ses toilettes.

Je ne peux m'empêcher de lui répondre que, de toute façon, il me semble que c'est monnaie courante dans le show-biz. Puis je monte les escaliers sans me presser. Je regarde à travers une verrière et vois Robert arracher les mauvaises herbes d'un parterre. Je lui fais toc-toc, ce qui le fait lever la tête. Mais il ne me voit pas. J'ouvre grand la fenêtre et me mets à chantonner :

— Ouh, ouh !

Il sourit, me fait un signe d'une main pleine de terre et m'envoie un baiser. Je referme la fenêtre en souriant toujours. Puis je lève les yeux et pousse un cri.

— Je suis désolée, balbutié-je, je ne vous avais pas vu.

M.C. Magimix me sourit et me dit :

— Suis-je donc si effrayant ?

Il respire la confiance tranquille et sa voix est riche et crémeuse comme un verre de Baileys. Je lui réponds en rougissant :

— Je faisais juste coucou à mon collègue.

M.C. Magimix me dit lentement :

— Osez vivre dangereusement, mon cœur.

Il me sourit à moitié.

— Vous le pensez vraiment ? lui dis-je.

Il découvre ses dents blanches et murmure :

— Je pense que votre sœur est une sorcière et que vous méritez bien mieux que ça.

Je ne peux m'empêcher de me laisser aller à ce flirt et m'apprête à lui répondre : « Crispian, vous avez tout à fait raison, mais en nous embauchant, vous contribuez à mon malheur. » Mais j'entends la voix de fausset de Gloria retentir depuis le bas des escaliers :

— ELLA ! Tu n'es pas en train de discuter, j'espère !

Je tressaille, m'excuse, me précipite au dernier étage que je commence à balayer illico.

J'y mets du cœur, assez pour convaincre Magimix. Gloria est partagée entre l'exultation et la colère. Elle et Édith sont aux anges parce que Crispy veut « qu'on l'astique » trois fois par semaine. Mais elles ne sont pas aux anges parce que Crispy a bien précisé qu'il voulait que ce soit moi qui vienne faire le ménage, car je me suis révélée être une « fantastique astiqueuse ». Si c'est censé être un compliment, je ne suis pas exactement aux anges moi non plus.

— Si t'as des vues sur Crispy, tu ferais mieux de laisser tomber, me dit Gloria en grimpant dans la Range Rover.

Robert – enfermé dans un silence lugubre et hostile depuis la remarque de Crispy – me regarde.

— C'est pas sérieux ? me demande-t-il, Ella ?

— Ne sois pas stupide, lui fais-je. Je l'ai croisé dans les escaliers et il m'a reluquée en me baratinant. Je parie qu'il fait la même chose avec tout le monde. Même avec son facteur. Je ne pouvais quand même pas l'envoyer promener.

Je me rends chez Hattie Hayter en compagnie de Robert. Il passe tout le trajet à gratter la terre qu'il a sous les ongles. Il a de belles mains. Je le taquine :

— T'es un dur, toi. T'as pas besoin de gants.

Mais pour toute réponse, il me jette à la figure un « Ha, ha ! » forcé. Une fois que nous sommes arrivés chez Hattie, il se précipite vers le jardin sans m'adresser le moindre regard. Je me sens anxieuse sans bien savoir pourquoi.

Je hausse les épaules, entre dans la maison et commence à m'occuper de l'armée de tasses de café stationnée un peu partout.

— Bonjour ! me lance Hattie alors que j'ouvre le robinet d'eau chaude et fais couler le liquide vaisselle dans l'évier de la cuisine.

— Hattie ! dis-je en sursautant.

— Alors ? me demande-t-elle, appuyée contre l'embrasure de la porte. Comment était Radio Man ? À blêmir d'horreur ?

Je secoue la tête.

— Pas si mal, en fait. Pas aussi orange que je le croyais.

Hattie prend une chaise.

— Ah bon ! s'exclame-t-elle. Racontez-moi ça !

Il n'y a pas grand-chose à raconter. Mais ça intéresse Hattie et nous bavardons pendant que je travaille. On pourrait être tenté de croire que Hattie, qui fréquente le gratin, s'amuse de ma vie banale.

Mais ce n'est vraiment pas son genre. Toutes les semaines, elle me réclame le récit des nouveaux épisodes. Alors, toutes les semaines, je lui parle de Crispy, qui lui aussi aime discuter avec moi pendant que je travaille. Je lui parle de Gloria qui dépense une fortune chez Michael john trois fois par semaine. Et je lui parle de Robert, qui ne supporte pas Crispy bien qu'il soit gentil avec lui, à tel point qu'il lui a offert des entrées gratuites – il nous en a distribué également – pour sa nouvelle soirée (« Deep et funky house par M.C. Magimix » entrée dix livres, première consommation gratuite avant minuit).

Quand Crispy les lui propose, Robert répond très vite :

— Merci beaucoup, mais je ne serai pas là cette semaine, je dois aller voir ma grand-mère à Seattle.

Un peu plus tard, dans la voiture, Gloria exulte. Elle s'empare de mon ticket en disant :

— N'imagine pas que je vais te laisser y aller, il te l'a proposé par simple politesse.

Je lui réponds en pétard :

— Même si tu me payais, j'y mettrais pas les pieds, je déteste la funky house. Je préfère Beethoven.

Alors que je prononce ces mots, Robert m'adresse un curieux regard. Ses yeux bruns frangés de longs cils me paraissent plus grands que jamais. Pendant une seconde, il est un petit garçon de 5 ans. Puis il me propose timidement :

— On pourrait sortir ce soir, si ça te dit, Ella – tu sais : *sex, drug* et concours du plus gros mangeur de glaces ?

Il m'a tellement soufflée que je me précipite sur cette invitation comme un chien errant se jetterait sur un morceau de poulet. Il vient me prendre sur sa mob d'occasion et nous allons chez Banners à Crouch End pour y boire des vodkas martinis, y manger du pain de maïs et des glaces, rire et s'approcher de plus en plus l'un de l'autre. C'est arrivé d'autres fois, mais ça n'est jamais allé plus loin.

Ce soir, pourtant, c'est différent, puisque nous voilà en train de nous embrasser. Une partie de moi s'exclame alors : « Mais c'est Robert ! », tandis qu'une autre s'interroge : « Est-ce bien Robert ? ! » Puis on abandonne la mob pour prendre un taxi. Et, comme je n'habite pas seule et que je n'ai guère envie d'avoir à jouer à cache-cache avec Gloria et Édith, on file tout droit à son appartement de Kilburn. On a à peine posé le pied dans l'entrée, qu'on est déjà en train de s'arracher nos vêtements. J'ai l'impression de vivre un genre de conte de fées.

Faire l'amour avec Robert me laisse absolument sans voix, de même que les choses magnifiques qu'il me dit. C'est merveilleux, mais c'est également étrange, parce que ça fait si longtemps qu'on se connaît. Bien sûr, je sais depuis toujours qu'il est beau, drôle et intelligent, mais nous sommes si proches que je n'ai jamais rien envisagé de la sorte. Si ça m'était arrivé, d'ailleurs, j'aurais eu vite fait de chasser cette pensée. Mais cette chaude nuit d'été change tout. C'est comme si mon cœur se remettait à battre sous l'effet de cette passion brûlante. Je suis plus timide et tétanisée en sa présence. C'est comme si j'étais née une seconde fois. Et il ressent exactement la même chose.

Il prétend être fou de moi depuis toujours, mais n'avoir jamais osé me l'avouer. Il me dit qu'il n'a pas un sou mais qu'il va devenir riche pour moi, qu'il va fonder sa propre boîte, dont on s'occupera tous les deux, et qu'on vivra dans une grande maison baignée de soleil – même s'il pourrait être heureux avec moi dans le plus insalubre des taudis. Il ne sera plus jamais question de ménage. Je ne lèverai pas le petit doigt. Il me dit qu'il n'a pas du tout envie d'aller à Seattle le lendemain mais qu'il ne peut pas faire ça à sa grand-mère. Il me promet que, depuis là-bas, il me téléphonera tous les jours.

Mais aucun coup de téléphone, ce qui me plonge dans des abîmes de perplexité.

Je raconte ça à Hattie qui me conseille de ne pas me faire de bilc. Jc me dis qu'il doit bien y avoir une raison à ce silence, mais je n'ai pas le numéro de sa grand-mère. Je n'arrive pas à croire qu'il ne m'a pas appelée. Trois jours passent et je me dis alors que je n'en ai rien à foutre de ce sale bâtard et que ça m'apprendra à coucher avec mes copains. Et, comme si ma vie n'était pas assez infernale, Gloria et Édith aggravent encore les choses car, la perspective d'assister à la soirée de Magimix les rendant hystériques, ces deux hyènes n'arrêtent pas de se défouler sur moi. Édith espère que Frank Butcher sera là (elle n'en a pas la moindre idée) et Gloria a déjà prévu de conclure avec Crispy. Denise est tout excitée parce que c'est tout ce qu'elle sait faire.

Je dis à Hattie que je n'irai pas, que je resterai à la maison et que je me réjouis d'avance de pouvoir visionner l'immense collection de cassettes vidéo de Denise. Mais Hattie me dit que c'est complètement stupide et qu'il faut que je me ressaisisse, que j'enfile une robe et que j'aille à cette soirée pour danser sur *I Will Survive* et tout ce qui peut passer en boîte de nos jours.

— Mais je n'ai rien à me mettre et je n'ai pas les moyens de m'acheter quoi que ce soit de neuf, lui réponds-je.

Hattie me dit d'attendre et disparaît dans une pièce, avant de revenir en brandissant un petit haut corseté argenté et un pantalon en cuir. Je reste bouche bée et Hattie me dit :

— Je vous rassure, ce n'est pas à moi, mais à ma sœur. Je suis sûre que ça vous ira parfaitement.

Je me maquille en nourrissant d'amères pensées anti-Robert quand le téléphone se met à sonner. C'est Gloria qui aboie :

— Ella, pourquoi t'es pas repassée au bureau après le ménage chez Hattie ? Il faut mettre de l'ordre dans les comptes avant demain matin, tu vas être obligée de travailler tard ce soir.

— Ah ? lui fais-je.

— Je te payerai en heures supplémentaires, précise-t-elle.

— D'accord, lui dis-je.

Puis elle ajoute d'une voix pincée :

— Tu n'avais pas d'autre projet ?

Je lui dis que non. Puis je raccroche et m'apprête à m'attaquer aux comptes. C'est vrai qu'il faut absolument qu'ils soient faits avant demain. Et que j'aurais dû m'y prendre la semaine dernière. Puis, soudain, je me ravise. Ma vie est trop nulle, je vais à la soirée !

Il y a une immense queue à l'entrée de la boîte. Qu'à cela ne tienne : je me dirige tout droit vers l'entrée, je montre mon invitation et, ni une ni deux, me voilà à l'intérieur. Je fais partie des VIP et je trouve ça très agréable. Mais ce qui est encore plus agréable, c'est de sentir des mains chaudes se poser sur mes épaules alors que je m'approche du bar pour y commander une boisson. Je me retourne : c'est Crispy et son sourire fluorescent dans la lumière stroboscopique. Il crie d'une voix très grave :

— Gloria m'a dit que vous ne viendriez pas.

Et je crie à mon tour :

— Je suis censée travailler, si elle me voit, je suis foutue.

Crispy me prend alors par la main et se fraie un chemin parmi la foule. Des filles s'agrippent à son tee-shirt. Il les détache et me conduit à l'étage. Il ouvre une porte et salue tout le monde. C'est une pièce pleine de canapés rouges et mous et de gens magnifiques.

— Elles ne nous trouveront jamais ici, mon cœur, me dit Crispy. Puis-je avoir le plaisir de vous offrir à boire ?

Je fais ce plaisir à Crispy. Son bronzage est vraiment superbe, sans être *orange*. En plus, il a des dents splendides et d'exquises manières.

— Vous ne devriez pas être en train d'animer la soirée ? lui dis-je.

— Pas avant minuit, me répond-il. Ne vous réjouissez pas trop vite : vous ne vous débarrasserez pas de moi aussi facilement.

Je glousse et lui demande :

— Ça ne vous gêne pas qu'on puisse vous voir en compagnie de votre femme de ménage ?

Crispy me répond d'un ton solennel :

— Certainement pas si la femme de ménage en question a le visage d'un ange.

Je me dis qu'il en fait un peu trop mais je pense à Gloria et ne peux m'empêcher de sourire.

Après ça, on discute du petit monde de la musique. Crispy me confie qu'il adore la musique mais déteste tout ce qui gravite autour, que c'est un milieu pourri où l'hypocrisie et la jalousie font loi. Mais bon, il ne faut pas qu'il se plaigne, il arrive à mener sa barque en dehors de tout ça. Sinon, il en mourrait d'ennui. Et moi alors ? Pourquoi diable suis-je obligée de nettoyer les toilettes des gens pour gagner ma vie alors que je pourrais être mannequin. Je lui dis :

— Justement, parce que des gens comme vous font appel à moi ! Et il me répond :

— Mais moi, c'est uniquement pour vous voir. (Je rougis et Crispy continue.) Mon cœur, vous croyez vraiment que ma maison a besoin d'être nettoyée trois fois par semaine ?

Je suis flattée et je ne sais quoi dire. Mais il m'embrasse, ce qui résout mon problème.

Est-ce que j'aime ça ? Oui et non. Mais surtout, cela contrarie mon cœur meurtri. On n'arrête pas de s'embrasser jusqu'à ce que minuit sonne et que Crispy s'écrie :

— Merde !

Il porte ma main à ses lèvres, l'embrasse et me dit :

— Je t'appelle !

Je pense « Oui, si tu veux », mais l'alcool et le désir m'embrouillent tellement l'esprit que j'ai la tête qui tourne et que je ne parviens pas à articuler ma réponse. Je saute dans un taxi et file au bureau où je fais les comptes dans mon pantalon en cuir et mon haut argenté. Je m'écroule enfin dans mon lit à cinq heures du matin et, lorsque le réveil sonne, deux heures plus tard, je me lève comme un zombie, me lave le visage et me rends au bureau en titubant. Gloria est d'une humeur massacrante parce que Crispy est arrivé à la boîte à vingt et une heures trente, a disparu à vingt-deux heures pour ne réapparaître qu'à minuit. Mais, bordel, c'était trop tard, parce qu'il s'occupait des disques et qu'il était totalement inabordable. Impossible, pourtant, de passer ses nerfs sur moi car, quand elle aboie : « Où sont les comptes ? », je lui réponds : « Sur ton bureau. » Forcément, ça lui cloue le bec.

Je crois être tirée d'affaire, mais en revenant d'aller manger un sandwich, je découvre Gloria en train de renifler et de moucher son nez bosselé dans un morceau de tissu violet. Denise est comme assommée. Édith m'attrape par le poignet, me conduit dans le couloir où elle se met à hurler : « À quoi qu' tu joues, bordel ? » Je me dégage et lui dis : « Pardon ? » Édith me répond : « Tu l' savais bien qu'il était pas pour toi. C'était Gloria qui s' le réservait ! Et fais pas l'innocente avec moi ! Tu peux me dire pourquoi que Crispy i' vient d'appeler ici trois fois en une heure et qu'i' voulait TE parler ? »

Ho, ho...

Je raconte à ma belle-mère que la semaine passée, alors que je m'occupais de la salle de bains, Crispy m'a dit qu'il cherchait des robinets art déco et m'a demandé si je savais où il pouvait en trouver. J'avais justement une idée et il m'a chargée de les lui acheter. Voilà, c'est certainement pour ça qu'il a appelé. Je sais qu'Édith ne me croit pas et, quand je ressers mon baratin à Gloria, elle me jette le regard le plus méchant que j'ai jamais vu (peut-être un peu moins mauvais quand même que celui du phacochère souffrant d'indigestion au zoo de Londres). Puis elle me dit :

— Donne-moi le numéro de ce magasin de robinetterie et je me chargerai moi-même d'apporter tout ça à Crispy.

Je lui file un téléphone bidon puis je m'excuse car Hattie m'attend. J'aimerais bien appeler Crispy mais je n'ose pas.

Mais finalement, ce n'est pas grave parce que le lendemain, alors que Gloria et Édith sont à Ascot, que Denise est chez le dentiste, et que je me retrouve toute seule au bureau à trier des papiers, le téléphone se met à sonner. À l'autre bout du fil, la réceptionniste est si excitée qu'elle a du mal à parler. J'arrive quand même à comprendre qu'un visiteur de marque est là pour moi et qu'elle veut savoir si elle peut le laisser monter. J'ai tout à coup chaud et je sais que ça n'a rien à voir avec la température estivale. Non, c'est le désir et l'importance de l'enjeu qui me donnent chaud. Je vérifie dans le miroir que mon nez ne brille pas et je cherche à tâtons un petit bonbon à la menthc sur le bureau poussiéreux de Denise. Vite, je le croque et voilà qu'apparaît Crispy, à moitié caché derrière le plus gros bouquet de lis que vous puissiez imaginer (je vous assure qu'ils viennent de chez un fleuriste qui sait en mettre plein la vue). En posant les fleurs sur une chaise, il me demande si ça arrive parfois à mes sœurs de passer les messages.

Il porte un pantalon et un tee-shirt moulants, ce qui n'est pas exactement ce que je préfère sur un homme. Robert, par exemple, ne porte que des fringues vagues. Mais qu'importe Robert, pâle et absent, lorsque j'ai à mes côtés Crispy, bronzé et plutôt tentant, malgré son pantalon moulant. Pendant un instant, je me sens démoniaque parce qu'il y a quatre jours Robert et moi, c'était pour la vie et qu'il avait vraiment l'air d'être sincère. Je l'ai cru parce que je connais Robert et que je sais qu'il ne ment jamais. Et, bien qu'Hattie m'ait dit que si Robert et moi étions vraiment faits l'un pour l'autre, ce serait arrivé bien plus tôt, je pense, pour ma part, que certaines personnes peuvent *peu à peu* apprendre à s'aimer. Pour moi, ce type d'amour n'est pas moins beau que le coup de foudre. Mais, en l'occurrence, Robert n'est pas là. Contrairement à Crispy.

Notre bureau est équipé du dispositif de sécurité minimum, c'est-à-dire qu'il n'y a aucune caméra. Quand Crispy me plaque contre le bureau et me demande de me pencher, je sais donc que personne ne peut nous voir. Cependant, la jeune fille prude qui sommeille en moi se dit qu'il y a plus romantique pour une première partie de jambes en l'air. Je me souviens de l'autre nuit avec Robert, quand il voulait absolument me regarder dans les yeux. Mais je chasse vite cette pensée. Pourtant, c'est bizarre, de la part de Crispy, qui est si bien élevé, je me serais plutôt attendue à la position du missionnaire. Enfin, la salope qui sommeille en moi pense très fort « oh oui vas-y, oh oui c'est bon », et c'est bon jusqu'à ce que Robert vienne refaire un petit tour dans le bureau avant de disparaître à nouveau. Je me dégage de l'étreinte de Crispy et cours pour essayer de le rattraper. Mais il est déjà loin.

Lorsque Denise rentre de chez le dentiste, elle est très étonnée de me trouver en train de pleurer dans la rue. Et, quand je lui explique pourquoi, elle me dit que *bien sûr*, Robert m'a téléphoné depuis Seattle. Il a appelé à la maison et au bureau. Gloria ne m'a rien dit ? Robert a téléphoné pour dire que sa grand-mère avait eu une attaque et qu'il essayerait de rappeler quand il pourrait, mais que ce serait difficile. Denise me raconte que c'est elle qui a pris note de son troisième appel et que Gloria lui a dit qu'elle m'avait passé le message qui disait : « Je suis sûr que tu comprendras et que tu sauras m'attendre. » À ces mots, mon cœur se désagrège comme un vieux morceau de tissu.

J'ai laissé Crispy se dépatouiller avec son pantalon moulant et je me suis précipitée à la maison pour appeler Robert. Je lui ai tout expliqué, mais rien à faire, il n'a pas voulu me pardonner. Il ne voulait pas oublier cette aventure. C'était trop cruel. À ses yeux, j'avais changé à jamais. Il s'était trompé sur moi. J'ai pleuré et je l'ai supplié. Mais j'ai compris ce qu'il voulait dire : après sept ans, j'aurais pu patienter cinq jours de plus. Il ne me restait alors plus qu'une chose à faire : choisir ce qui pouvait le plus faire enrager Gloria.

Une fois qu'on a tiré un trait sur le bonheur, Crispy est d'une compagnie plutôt agréable. Il est gentil, même s'il donne un peu trop dans l'autosatisfaction. Mais notre vie sexuelle n'est pas top. À chaque fois que Crispy commence à m'entreprendre, je vois Robert entrer dans la pièce. Et la douleur que je lis sur son visage me ramène quelques années en arrière, quand il m'a tapoté sur l'épaule pour la première fois en me disant :

— Euh, pardon, mais vous êtes en train de me marcher sur les pieds.

POISSON

Linda Jaivin

Linda JAIVIN,

---

australienne, vit à Sydney. Elle est l'auteur de plusieurs best-sellers dont Mange-moi *(Florent Massot Présente, 1999 ; J'ai lu, 2001),* Les envahisseuses *(Florent Massot Présente, 2000 ; J'ai lu, 2002) et* Un accro dans la toile *(Florent Massot Présente, 2001 ; J'ai lu, 2003). Elle promène sa bonne humeur dans ses trois romans et deux essais. Elle écrit en ce moment un livre sur une star du rock chinois.*

Traduit de l'anglais (Australie)
par Nathalie Vernay.

J'étais en train de coudre des poissons dans l'ourlet des rideaux chez mon ex-petit ami quand mon portable a sonné. C'était lui, justement.

— Oh, salut Tony, dis-je froidement.

Je calai le téléphone entre mon épaule et mon menton pour pouvoir continuer à coudre.

— Qu'est-ce que tu veux ? demandai-je. Je croyais qu'on ne devait plus se contacter pendant un mois pour que je puisse – comment tu as dit, déjà ? – ah oui, « me calmer ». Et c'était quoi, l'autre expression que tu as utilisée ? « Prendre du recul ». C'est ça.

Il voulait que je lui rende la clef. Typique.

— Pourquoi, tu n'as pas confiance en moi ? répondis-je d'un ton enjoué.

Sur ce, je sortis du seau une nouvelle sardine à l'œil vitreux et la plaçai sur l'ourlet défait du tissu. Un petit filet d'eau trouble s'écoula du poisson et goutta sur l'oreiller. Ahhhh. Quel dommage. Je souris.

Un avion passa au-dessus de la maison. Tony me demanda où j'étais. Il habitait en plein passage aérien. Pas moi. Gnaf gnaf gnaf gnaf gnaf. Mais ce n'était pas le moment de se frotter les mains.

— Chez Sue, mentis-je.

Sue était l'amie chez qui nous nous étions rencontrés. Autre quartier, mêmes effets sonores. C'était une bonne réponse. Il n'apprécierait pas du tout l'idée de me savoir avec Sue. Il s'imaginerait que nous parlions de lui et que je faisais encore une « crise », comme il disait.

Je l'entendis respirer profondément. Avec cette voix délibérément posée que je l'avais souvent entendu employer avec ses patients les plus difficiles, il dit :

— Ce n'est pas une question de confiance, Stéphanie. C'est ce que tout le monde fait après une rupture. On rend la clef. C'est aussi simple que ça.

Ce n'est pas simple du tout, pensai-je en glissant un hareng à côté de la sardine. Je pris le fil et l'aiguille et me remis à coudre. J'examinai mon ouvrage. J'avais fait du beau travail. Pour un psychiatre, Tony n'était pas très observateur. S'il mettait autant de temps à voir le bourrelet au bas du rideau qu'il lui en avait fallu pour remarquer que Judy, la femme avec qui il couchait derrière mon dos, était en cloque, eh bien les poissons auraient tout le temps d'arriver à terme eux aussi.

— Excuse-moi, Tony, dis-je au bout d'un moment. J'étais tellement en colère après toi que je suis allée à Bronte, là où nous nous asseyions pour regarder le soleil couchant, et j'ai balancé la clef à la mer.

Il me demanda si ça m'avait fait du bien. Putain de psychiatres. Ils n'arrêtent pas de poser des questions comme ça.

— Non, répondis-je d'une voix douce. Il y a sûrement un dauphin qui est en train de s'étrangler avec, à l'heure où on parle. Je préférerais que ce soit toi qui t'étrangles.

Il m'informa que ce n'était pas vraiment ce que je voulais dire. Ah bon. Tu le sais mieux que moi. Ce n'est pas vraiment ce que je voulais dire. Je levai les yeux au ciel et soupesai un morceau de filet de cabillaud. Pendant que Tony me rappelait tous les bons moments que nous avions soi-disant passés ensemble, j'essayai de faire entrer le cabillaud dans le lecteur de disquettes de son Mac. Ça n'entrait pas. Qu'est-ce que c'est pratique, les téléphones portables, quand même. Tandis qu'il continuait à m'expliquer ce que je ressentais, j'allai chercher à la cuisine un couteau pointu. Je retournai dans sa chambre, où son bureau fit une planche à découper idéale. Après en avoir fini avec l'ordinateur, je mis le reste du filet, ainsi que quelques goujons, dans la chaîne hi-fi. C'était une de ces chaînes sophistiquées avec cinq lecteurs de CD. Il a fallu pas mal de poissons.

Tony soupirait, maintenant. C'était un soupir sans émotion. Je le savais bien. Tony était le genre de type à rester en contact avec ses sentiments en leur envoyant une carte de bonne année.

Il dit qu'il avait besoin d'avoir une plus grande liberté de mouvement, qu'il se sentait confiné dans notre relation. Il mit ensuite l'accent sur le fait que c'était son problème, pas le mien.

— J'adore les hommes qui disent ça, répondis-je en ouvrant son tiroir de sous-vêtements puis je le singeai : « C'est mon problème, pas le tien. » Est-ce que tu as déjà pensé à quel point ça pouvait être avilissant, ça ? C'est comme si la femme n'avait même pas le droit de revendiquer sa part du problème. Reconnais-le, Tony, implorai-je en passant le couteau sur ses slips avant de les découper en filets. C'est mon problème aussi.

Ah, il avait besoin d'une plus grande liberté de mouvement ? Je savais exactement quelle partie de son corps avait besoin de liberté et j'étais plus qu'heureuse de la libérer de sa prison. Je jetai les fermetures Éclair dans le seau de poissons.

— C'est mon problème aussi, Tony.

— Je t'ai souvent conseillé de te faire aider, répondit-il platement. Tu as tendance à faire des fixations. Ce n'est pas sain.

Des fixations ? Moi ? Ça me laissait sans voix.

Je portai le seau jusqu'au salon. Je fourrai un maquereau ou deux sous les coussins du canapé, mis quelques goujons dans son bang, et dispersai le reste au hasard sur le tapis. Après, je sortis l'aimant de mon sac et le passai soigneusement sur la télévision. Tony était en train de dire que je n'étais pas équilibrée ou je ne sais quoi, mais je n'ai pas tout compris parce que j'avais posé le téléphone, le temps que j'étale des copeaux de métal sous le plateau de verre de son micro-ondes.

Quand je repris le téléphone, je lui demandai si sa notion de l'équilibre avait quelque chose à voir avec le fait d'avoir deux maîtresses et de les monter l'une contre l'autre. Silence.

— Comme si je n'allais pas m'en rendre compte, persiflai-je. Judy est quand même ma secrétaire.

Je sortis de mon sac une boîte de pâtée pour chat – au thon – et cherchai un ouvre-boîte.

Je n'ai pas saisi ce qu'il dit ensuite parce qu'il se mit tout à coup à y avoir de la friture sur la ligne. Quand la ligne revint à la normale, il m'expliqua qu'il m'appelait de son portable. Il était en voiture, il rentrait chez lui. Je jetai un coup d'œil à ma montre.

— Tu sais ce qui me déçoit vraiment ? demandai-je.

Là-dessus, je me dirigeai vers le téléphone rétro du salon et dévissai le combiné. Il fallait faire vite, maintenant.

— C'est que tu as toujours dit que tu serais là pour moi. Qu'il pleuve ou qu'il vente. Et maintenant que c'est la tempête, il n'y a plus personne.

Ma voix se brisa.

— Je ne peux pas parler de tout ça avec toi pour l'instant, dit Tony. Tu es trop émotive.

— Trop émotive pour quoi ? demandai-je. Tu n'as jamais été capable de me parler.

Les larmes me montèrent aux yeux. Je les essuyai du revers de la manche. Je me dis de me ressaisir. Je mis de la pâtée pour chat dans le combiné. Après quoi je composai le numéro d'une messagerie rose à San Francisco et laissai le téléphone décroché.

— Tu refuses d'admettre que tu as des émotions, l'accusai-je. Tu te contrôles en permanence.

— Tu essaies de me provoquer ? demanda-t-il d'une voix neutre.

— Et pourquoi je te provoquerais ?

Je fis l'inventaire. Je n'aurais sans doute pas le temps de raser le chien ni de lui teindre les poils d'une couleur loufoque, ni d'enduire les poignées de porte de mélasse. Mais les choses ne se déroulent pas toujours comme prévu. Au moment où je mettais une anguille vivante dans la machine à laver, j'entendis une voiture arriver dans l'allée. Merde.

— Écoute, Tony, je ne peux pas te parler, là. Je te souhaite une bonne vie, d'accord ?

J'ai raccroché, attrapé mon sac et je suis sortie à toutes jambes par la porte de derrière. J'ai jeté la clef dans le compost et me suis faufilée le long de la maison pour jeter un coup d'œil dans l'allée.

Ouf.

Judy sortit la tête par la vitre du taxi.

— Mission accomplie ? demanda-t-elle.

— Mission accomplie.

J'ai balancé mon sac dans le coffre et mis mes deux pouces en l'air. Un avion est passé au-dessus de nous. Nous avons toutes les deux levé la tête. Nous nous sommes souri. Je lui ai pris la main et nous nous sommes embrassées.

— À l'aéroport, s'il vous plaît, ai-je dit au chauffeur.

SAUVER AMSTERDAM

Chris Manby

Chris MANBY

---

a grandi à Gloucester. Son premier récit est paru dans Just Seventeen *alors qu'elle n'avait que quatorze ans.* Flatmates, Second Prize *et* Deep Heat, *ses trois premières comédies drôles et romantiques, ont été publiées par Coronet paperback. Son dernier roman,* Lizzie Jordan's Secret Life, *est sorti en août 2000. Elle vit dans les quartiers sud-ouest de Londres.*

Traduit de l'anglais par Marie Blaison.

Il y a quelques avantages à être célibataire, se dit Lisa. Pour commencer, elle n'était pas obligée d'aller voir le nouvel épisode de *La Guerre des étoiles*. Elle n'était pas obligée de faire semblant de ne pas savoir jouer à *Goldeneye* sur la console Nintendo 64 pour éviter de le battre et pour ménager sa susceptibilité. Elle n'était pas obligée de renifler ses chaussettes pour voir si elles étaient propres, ni de repasser ses chemises et de se faire reprocher d'avoir laissé un faux pli dans un endroit totalement invisible. Elle n'était pas obligée de se coltiner ses amis chiants à mourir, ni de garder les plus jeunes membres de son abominable famille pendant que lui se défilait et se payait du bon temps en prétendant que c'était pour le travail. En bref, elle n'était pas obligée de faire quoi que ce soit qui lui déplaise.

Et elle savait qu'il était temps de renouer avec la joie de vivre, à présent. Elle se dit que six mois s'étaient déjà écoulés depuis ce jour où, de façon pour le moins laconique, il avait mis fin à leur histoire et à une vie où tout était programmé de bout en bout.

— Je crois que je ne t'aime plus.

Lisa l'avait regardé comme si elle avait mal entendu. D'une seconde à l'autre, s'était-elle dit, il va me faire un grand sourire et me serrer dans ses bras. Peut-être, avait-elle follement espéré, me joue-t-il un dernier tour – le cruel ! –, avant de me demander de l'épouser. Mais il ne lui avait pas souri. Et il ne lui avait pas demandé de l'épouser. Il voulait vraiment mettre fin à leur histoire et il voulait aussi qu'elle quitte l'appartement le plus tôt possible.

Grand seigneur, il lui avait dit qu'il l'aiderait à emballer ses affaires.

Il lui avait même proposé de la conduire chez ses parents si ça pouvait l'arranger. Plus tard, sa meilleure amie lui avait fait remarquer que celui qu'elle avait couronné roi des Salauds avait fait en sorte que Lisa ait fini de lui remplir sa déclaration d'impôts avant de la quitter.

La merde noire. Elle n'avait rien vu venir. Absolument rien. Elle l'avait cru quand il lui avait dit que cette irritabilité chronique était liée au stress du bureau. Il avait justement choisi, pour lui annoncer la terrible nouvelle, cet après-midi où elle avait dépensé une fortune pour acheter tous ses plats préférés et en remplir le frigo. Comme ça, s'il n'en avait pas eu envie, ils n'auraient pas eu besoin de ressortir du week-end. Comme toujours, elle avait voulu lui faciliter la vie. Il avait su récompenser cette sollicitude avec grandeur : elle avait vingt-quatre heures pour quitter l'appartement.

Elle crut mourir de douleur. Malgré cette agonie, quelques-unes de ses meilleures amies murmurèrent que c'était mieux pour elle.

Six mois plus tard, elle réussissait à passer des semaines entières sans pleurer. Ses amies lui avaient bien dit qu'elle s'en sortirait ! Et, parfois, elle se surprenait même à rire avec une étrange insouciance, bien inhabituelle, comme s'il n'avait jamais fait partie de sa vie, comme s'il n'avait pas mis son cœur en miettes. Parfois, elle redevenait l'ancienne Lisa. Celle qui se serait étranglée de rire à l'idée d'avoir, un jour, à repasser une chemise d'homme en prétendant aimer cela. Celle qui se serait moquée d'une fille qui préférait éviter certaines rues de Londres, non pas parce qu'elle risquait de tomber sur celui qui l'avait brisée mais parce qu'elle était sûre d'y voir quelque chose qui lui ferait penser à lui.

Dans sa solitude, c'était ça qui lui était le plus difficile à supporter. Dans les derniers temps, ils partageaient si peu de choses qu'elle n'eut pas tout de suite la sensation d'un vide immense dans son existence. Elle devait sentir, inconsciemment, que son amour pour elle était en perte de vitesse et elle s'était mis à revoir plus souvent ses anciens amis. Mais il y avait toutes ces choses, inextricablement liées à leurs meilleurs moments. Ces choses qui lui rappelaient l'époque heureuse de leurs débuts, quand il lui ouvrait encore les portières des voitures et qu'il l'aidait à enfiler son manteau. Ces choses qui n'auraient jamais laissé supposer qu'il passerait les derniers mois de leur histoire assis devant la télévision comme un singe de laboratoire à qui on aurait ouvert la moitié du crâne, alors qu'elle rentrait du supermarché à pied en ramenant toutes les courses.

Sûr que, dans ses bons jours, Lisa se rendait bien compte qu'elle avait quelque raison de se sentir mieux sans lui. Vers la fin, l'épicier du coin en savait plus long sur ses rêves et ses projets que lui, qui s'en fichait pas mal. Mais comme le dit la chanson, il y a toujours quelque chose pour vous rappeler les jours heureux, au moment où on s'y attend le moins. C'est bête la vie, parfois...

Le vin rouge, par exemple. Le bouquet d'un bon merlot lui faisait repenser à ses premières tentatives, maladroites, pour la séduire. Le poulet aux épices lui faisait repenser à ces soirées passées chez lui, à regarder *Friends*, en espérant vraiment que Rachel et Ross se remettent ensemble car ils souhaitaient que tout le monde connaisse le bonheur d'être à deux et de s'aimer. Certaines chansons – écho d'un passé heureux – pouvaient l'anéantir. Il suffisait qu'elle entende *Wonderwall* pour que ses genoux se dérobent sous elle, comme cette fois où elle s'était retrouvée dans une situation particulièrement embarrassante en plein centre commercial de Wimbledon. Mais il y avait également les airs stupides, sur lesquels ils se trémoussaient dans la cuisine, lorsque chacun imitait le style de l'autre en faisant des grimaces. C'était fou comme il réussissait toujours à danser en rythme, même en pleine imitation...

Voilà... Maintenant, Lisa s'était mise à la vodka-tonic, était devenue végétarienne, ne regardait plus *Friends* et ne pouvait plus écouter *Bewitched*. Mais, à la rigueur, ce n'était pas encore trop gênant. En revanche, son cœur se serrait dès que le métro dépassait Sloane Square, et ça c'était très embêtant. Elle n'avait pas emprunté King's Road une seule fois depuis ce soir où il lui avait dit qu'il ne l'aimait plus. Elle avait l'impression qu'elle pourrait, à tout moment, rencontrer leur fantôme en train de détailler la vitrine d'une bijouterie. Il regardait toujours les montres, même s'il était incapable d'être ponctuel quand Lisa le lui demandait. Elle avait caressé le fol espoir qu'un jour, au lieu d'examiner la dernière Breitling, il consacrerait quelques minutes aux diamants qu'il aurait pu lui passer à la main gauche.

Exit King's Road. Jusqu'à ce que son cœur en morceaux cicatrise un peu, en tout cas. Dix ans plus tard, peut-être pourrait-elle se risquer à nouveau dans les salles sacrées de Peter Jones. Mais en ce qui concernait Amsterdam... Elle n'aurait jamais la force d'y remettre les pieds. Parce que LE grand moment de leur histoire fut le week-end qu'ils y passèrent en décembre 1996. Le soleil brillait et la température était glaciale. Les trottoirs, recouverts de cristaux de givre, scintillaient. Des petites lumières blanches étaient suspendues aux branches fières et nues des arbres bordant les canaux. Elle avait trouvé l'âme sœur et *ils s'aimaient*.

En fermant les yeux, Lisa pouvait presque sentir le bout de son nez glacé sur sa peau, comme pendant leur baiser sur un pont pittoresque près de la grand-place. Elle se revoyait en train de lui donner la becquée – des frites trempées dans de la mayonnaise – dans un petit café sous le regard désapprobateur d'une vieille bonne femme. Elle se souvenait d'avoir ri avec lui au musée Van Gogh, devant les tableaux bruns et sombres de la période « pommes de terre » du peintre. Elle se rappelait leurs tentatives pour baragouiner du néerlandais et pour retenir comment dire chambre à coucher et crème fouettée... Il l'aimait vraiment à l'époque, non ? Maintenant, les derniers mots qu'ils avaient échangés résonnaient constamment dans sa tête, si bien qu'elle n'était plus sûre de rien... Peu de temps avant la fin, elle avait suggéré qu'ils pourraient retourner à Amsterdam pour y fêter leur anniversaire. Elle savait à présent qu'elle n'y remettrait plus jamais les pieds.

Malheureusement, son patron n'y entendait rien à la carte des cœurs brisés.

Aéroport de Schipol, Amsterdam. Il ne restait que vingt minutes à Lisa avant de devoir faire la présentation de la société devant leurs nouveaux clients hollandais. Elle saisit au vol sa Samsonite bleue à roulettes dès qu'elle l'aperçut sur le tapis roulant, ce qui faillit lui coûter une luxation de l'épaule. Elle ne s'était pas rendu compte que ses bagages étaient si lourds. En gardant constamment un œil sur sa montre – comme si, de la sorte, elle pouvait empêcher que les minutes passent si vite – elle traversa le hall d'arrivée à toute allure. Quelques agents étaient appuyés contre les portillons séparant les nouveaux arrivants de leurs proches qui les attendaient avec beaucoup d'impatience. Avec son regard bionique, Lisa essaya de repérer son nom pour voir dans quelle file elle devait s'engager, lança son sac à main au-dessus du portillon et le suivit en bondissant de façon plutôt spectaculaire.

En taxi, deux minutes lui suffirent pour aller jusqu'aux bureaux austères de l'agence publicitaire H & P, situés hors de la ville. Sur ses hauts talons, elle courut vers l'immeuble en priant le ciel pour qu'elle puisse avoir l'air dynamique et enthousiaste plutôt que de sembler totalement dépressive. Elle avait prévu d'arriver deux bonnes heures à l'avance. Évidemment, il n'y avait qu'à Heathrow que le brouillard pouvait empêcher un avion de décoller début juin.

Un assistant au visage rond lui indiqua le chemin vers la salle de conférences. Elle enleva sa veste, afficha son plus beau sourire et ouvrit sa valise pour sortir ses notes. Mais pas de notes ! Elle trouva, à la place, trois paires de boxers avec motifs de bannières étoilées.

Arrivée à l'Hôtel Américain (décidément, rien ne lui était épargné), Lisa laissa couler les larmes qu'elle avait retenues pendant toute cette réunion catastrophique. Elle avait l'impression d'avoir les yeux exorbités des personnages de dessins animés. Elle s'était débrouillée comme elle avait pu sans ses notes et son plan bien structuré, mais elle n'avait pas réussi à se souvenir des chiffres exacts. Elle avait bien son ordinateur portable dans ses bagages à main, mais la batterie était vide et impossible de brancher son adaptateur sur les prises hollandaises.

— Ne vous inquiétez pas. Ça peut arriver à tout le monde de se tromper de valise, lui avait dit le P-DG pour la mettre à l'aise.

Mais Lisa savait bien qu'il était impensable que lui commette une telle bourde.

— Imagine la tête qu'a dû faire le mec qui a récupéré ta valise en sortant tes petites culottes pendant une réunion super-importante, lui avait dit Jane quand elle avait appelé le bureau à Londres pour avoir ses messages.

Mais cela ne la consola guère. Lisa avait emmené ses slips les plus abominables. Si abominables que rien que d'y penser, elle était presque prête à renoncer à récupérer sa valise. S'il venait la lui rapporter, comment pourrait-elle assumer ?

— Qu'est-ce qu'il y avait d'autre dans ta valise ? demanda Jane qui essayait d'évaluer un peu mieux l'étendue de la catastrophe. Un vibromasseur ?

— Pire que ça ! lui répondit Lisa. Si je te disais que j'avais emmené un guide pour trouver l'homme idéal ?

— Aïe ! fit Jane. Effectivement, tu ferais mieux de laisser tomber.

Il faisait chaud dans cette chambre d'hôtel. Lisa appuya son front contre la vitre fraîche et regarda par la fenêtre ce qui se passait sur la place, en bas. Bien qu'il fût dix-neuf heures, il faisait encore jour. C'était une belle fin d'après-midi estivale. Des touristes flânaient, à la recherche d'un endroit où passer la soirée. Les propriétaires de restaurants les interpellaient. Les fanas de culture, en nage et ayant fort à faire, étaient tentés d'abréger leur circuit des musées de la ville pour s'accorder une bonne bière bien fraîche.

Le souvenir des frites et de la mayonnaise vint soudain heurter la pauvre Lisa de plein fouet. La fenêtre de sa chambre était presque en face du restaurant où le « roi des Salauds » lui avait léché les doigts en lui susurrant à l'oreille des promesses pour la nuit à venir. Comme un fait exprès, un garçon et une fille choisirent de s'installer à la table qui était juste dans l'axe de sa fenêtre et se blottirent l'un contre l'autre. Lisa se sentit alors rétrospectivement désolée pour la femme entre deux âges qui avait eu à supporter un tel spectacle, et elle préféra tirer ses rideaux.

Et il faudrait encore endurer tout ça pendant trois autres soirées. Une chambre avec vue sur la place où elle avait été, jadis, si heureuse. Des souvenirs douloureux et même pas un slip propre dans lequel se vautrer. Elle avait téléphoné à la compagnie aérienne mais personne n'avait ramené sa valise. Le réceptionniste de l'hôtel lui avait promis de la prévenir si jamais quelqu'un la rapportait ici. En attendant,

Lisa n'avait rien à se mettre, hormis le tailleur – son plus beau – qu'elle avait mis pour la réunion. Le voyage en avion l'avait froissé et sa folle course contre la montre l'avait trempé de sueur. Par-dessus le marché, alors qu'elle inspectait l'étendue des dégâts, elle réussit à renverser la moitié de sa tasse de café sur sa jupe.

Elle s'empressa de l'enlever mais il avait suffi de quelques secondes pour que ses jambes soient ébouillantées par ce liquide brûlant. Inconfortablement penchée au-dessus de la baignoire, Lisa se remit à pleurer en essayant de faire disparaître cette tache. Du café marron foncé sur du lin bleu pâle. Elle frottait sans se faire la moindre illusion.

Lisa s'assit sur le bord de la baignoire et ferma doucement les yeux. Elle allait peut-être se réveiller. Elle allait peut-être ouvrir les yeux et se retrouver dans sa petite chambre, prête à attaquer une journée où elle ne se tromperait pas de sac. Mais quand elle ouvrit les yeux, la valise de cet inconnu gisait toujours dans un coin et la tache, qui avait maintenant la forme des Îles Britanniques, était en train de sécher.

Lisa fit courir ses doigts sur le couvercle de cette maudite valise.

Et si son propriétaire possédait un jean – ou n'importe quoi d'autre – dans lequel elle pouvait rentrer ? Elle pourrait l'enfiler et aller s'acheter quelque chose. Il n'était pas encore vingt heures.

Lisa ouvrit la valise pour examiner son contenu. Les trois paires de boxers n'avaient pas bougé de place. En les saisissant avec précaution par la ceinture, elle les empila sur le lit et poursuivit ses investigations. Toutes les affaires étaient bien pliées, elle en déduisit que, au moins, elle avait affaire à des vêtements propres. Elle sortit un tee-shirt, beau souvenir d'une soirée sur une plage de Thaïlande, par une nuit de pleine lune. Comme ça, le propriétaire de cette valise avait voyagé. Ou bien quelqu'un le lui avait ramené. Des chaussettes Ralph Lauren Polo. Visiblement, il ne devait pas être dans le besoin. Lisa admira sa belle trousse de toilette en cuir. Elle sentit son eau de toilette. Jean-Paul Gaultier pour hommes. Agréable. Différent. Son ex aurait détesté.

Sous la trousse de toilette : bingo ! Lisa approuva de la tête en sortant un 501 délavé. Le propriétaire de cette valise devait avoir un beau petit cul. Et de grandes jambes. Grand. Mince. Agréablement parfumé. Il pourrait correspondre à son type d'homme idéal.

Mais c'était stupide de commencer à s'intéresser à quelqu'un qu'elle ne rencontrerait jamais. Cet idiot n'avait même pas pris le temps d'inscrire ses nom et adresse sur l'étiquette prévue à cet effet. Lisa décida qu'elle laisserait la valise à l'aéroport en allant prendre l'avion qui la ramènerait chez elle. Puis elle la referma. En gardant le jean.

Elle portait un ensemble – jean, petits escarpins noirs et belle veste de tailleur – que n'aurait pas renié Sarah Fawcett Majors.

Mais au moins, elle arborait à nouveau une tenue complète. En route vers le hall, elle avait réussi à se persuader que tout ça avait un petit style rétro du meilleur effet.

Elle voulut rendre ses clefs au bureau d'accueil, mais dut patienter derrière un homme aux mèches blondes. Lisa put apprécier son beau petit cul pendant quelques secondes avant de réaliser qu'elle avait devant les yeux les fesses qui l'avaient fait fantasmer lorsqu'elle avait passé au peigne fin la valise de ce pauvre homme.

Au même moment, le concierge remarqua la présence de Lisa et annonça, avec une efficacité terriblement malvenue :

— D'ailleurs, voici justement miss Glover.

Le sourire déconcertant qu'il lui adressa la prit au dépourvu.

— Je crois que j'ai votre valise, lui dit-il.

— Je crois, en effet, lui répondit Lisa.

— C'est mon jean que vous portez ? lui demanda-t-il.

À cet instant, Lisa comprit que Dieu n'existait pas. Quelle créature céleste bienveillante aurait permis que son slip le plus atroce et que la copie, tout écornée par l'usage, de *Comment trouver le grand amour grâce à la méditation et à l'autosuggestion ?* tombent entre des mains si magnifiques ? Et qu'il la surprenne ensuite en train de porter son jean ?

L'inconnu lui souriait toujours.

— Mark Law, se présenta-t-il. Et il me semble bien que je porte votre slip.

Après cela, il aurait été impoli de refuser d'aller boire un verre avec lui. À peine plus à l'aise – bien qu'elle ait pu remettre ses propres vêtements –, elle le rejoignit au bar de l'hôtel. En le cherchant du regard dans la salle, elle fut surprise de se sentir frissonner lorsqu'elle l'aperçut enfin. C'était une sensation qu'elle pensait avoir oubliée. Il lui sourit comme s'il avait vraiment voulu passer cette soirée en sa compagnie alors qu'elle n'était rien d'autre qu'une tête-en-l'air qui avait réussi à lui chiper sa valise. Quand il lui dit qu'elle était beaucoup plus belle dans ses vêtements à elle, elle devint aussi rose que son pull.

— Le rose vous va bien, lui dit-il.

Elle était maintenant franchement écarlate.

Ils commandèrent tous les deux un martini et parlèrent travail.

Il était américain. Il espérait trouver en Europe les capitaux nécessaires pour monter sa start-up. Elle lui raconta sa réunion catastrophique chez H & P. Il lui raconta la tête qu'avait faite la réceptionniste de l'hôtel quand il avait ouvert sa valise pour en sortir sa réservation et qu'il n'avait trouvé qu'une pile de vêtements féminins.

— C'est votre premier séjour à Amsterdam ? lui demanda-t-il.

Lisa avait ri en se figurant la scène et la réaction de la bonne femme de l'hôtel. Mais elle sentit son visage s'assombrir.

— Non, répondit-elle calmement. Ce n'est pas la première fois.

— Alors, vous pouvez me faire visiter, lui dit-il.

Et, avant qu'elle eût pu lui expliquer qu'il y avait trop d'endroits, dans cette ville, qu'elle ne voulait revoir pour rien au monde, Mark avait déplié son plan sur la table.

— Je pars pour la Suisse demain matin, alors il faut que j'en profite un maximum ce soir. Vous aimez l'art ? lui demanda-t-il. Certains musées sont ouverts tard. On devrait regarder ce que propose le guide, suggéra-t-il.

Lisa se mit à faire la moue.

— Vous savez, ce tableau est...

— ... une des œuvres majeures de la peinture du XVIIe siècle.

Lisa haussa les épaules. Il avait raison. C'était même un de ses tableaux préférés. Mais c'était également une des œuvres qu'elle et son ex avaient admirées ensemble la dernière fois. Elle se rappelait la scène comme si elle venait de se produire. Ils étaient en train de regarder la peinture et il avait eu ce geste qu'elle aimait tant : il lui avait passé son bras autour des épaules. Il l'avait embrassée devant ce tableau. D'ailleurs, il lui semblait qu'il n'y avait pas une seule œuvre d'art majeure d'Amsterdam devant laquelle il ne l'avait pas embrassée.

— Ça ne vous fait rien de le revoir ? lui demanda Mark. Si on se dépêche, on arrivera à temps avant la fermeture du musée. Comme ça on n'a qu'à y aller et après on mangera un morceau. Si ça vous va.

À la façon dont il la regarda en souriant, elle comprit qu'il ne devait pas avoir l'habitude d'essuyer des refus.

Un quart d'heure plus tard, ils étaient devant le célèbre tableau. Ils se tenaient rapprochés et murmuraient de peur de troubler le silence solennel qui régnait dans la galerie. Lisa attira l'attention de Mark sur les petites filles qui se trouvaient au milieu de ces hommes en armes.

Tout à coup, elle se rendit compte qu'il lui avait posé la main sur l'épaule.

— Quelle maîtrise de l'ombre et de la lumière chez Rembrandt !

Elle s'était tournée vers lui pour lui murmurer ses impressions à l'oreille. Mais ses lèvres n'arrivèrent jamais jusque-là. Elles rencontrèrent la bouche – toujours souriante – de Mark et effleurèrent très légèrement ses lèvres à lui. Lisa recula en trébuchant. Mais Mark la prit dans ses bras.

— Tu crois que les gens pensent qu'on se connaît depuis longtemps ? lui demanda-t-il lorsqu'il la serra contre lui.

Lisa ne savait quoi répondre. Ni où regarder. Leurs visages étaient si proches qu'elle ne pouvait plus en distinguer les traits.

— Moi je crois que tout le monde pense qu'on s'aime, lui dit-il.

Elle se sentit fondre de l'intérieur.

Ils ne laissèrent aucune chance à Van Gogh. La visite des musées était finie. Lorsqu'ils furent dans sa chambre d'hôtel, Lisa chercha l'interrupteur à tâtons.

— Oui, allume la lumière ! souffla Mark d'une voix très sensuelle. Tu sais, j'ai déjà vu ta culotte.

Le sexe avec son ex était devenu une routine. Tout commençait et se terminait exactement de la même façon. Elle s'était dit que ça marchait parfaitement bien. Mais, depuis très longtemps, c'était absolument sans surprise.

À présent, avec Mark, Lisa sentait un picotement lui parcourir la nuque, comme si des doigts invisibles la pinçaient légèrement. Elle sentait que les pointes de ses seins se durcissaient de plus en plus sous l'effet du désir. Elle sentait que l'intérieur de ses cuisses devenait hyperréceptif à ses caresses. Elle avait l'impression que les mains de Mark étaient si chaudes qu'elle s'attendait à découvrir plus tard des traces de brûlures sur toutes les parties de ses jambes qu'il avait touchées. Et leurs langues étaient toujours entremêlées. En glissant ses cuisses entre celles de Lisa, il les avait doucement écartées. Elle se demanda si c'était le manque d'oxygène ou cette chaleur – qui ne cessait d'augmenter – entre leurs deux corps qui lui donnait le vertige. Il saisit la main de Lisa et la plaça sur son sexe. Avec douceur, il positionna ses doigts autour de son manche long et dur, et l'encouragea à le caresser.

Elle jouit avant lui. Elle passa ses jambes autour de sa taille, en serrant fort pour l'amener à l'orgasme. En le regardant jouir, elle se sentit à la fois intimidée et puissante. Les réactions – inconnues – d'un nouvel amant... Un nouvel amant. Cette pensée était presque insupportable...

Toujours immobilisée entre Mark et les fins draps blancs, Lisa se mit à pleurer. Des larmes sur ses joues et dans son cou. Dans son cou et sur les mains de Mark, toujours enfouies dans ses cheveux bruns et soyeux.

Mark se releva doucement, s'appuya sur ses coudes et considéra le visage de Lisa, baigné de larmes.

— Est-ce qu'on a fait quelque chose qu'il ne fallait pas ? lui demanda-t-il.

Elle-même ne savait pas. Elle voulait lui répondre « non », pour le rassurer, et pour se rassurer également. En même temps, elle avait envie de lui dire « oui » et, contrariée, éclata en sanglots. Elle éteignit la lampe de chevet pour qu'il ne puisse pas la voir.

— Tu veux m'en parler ?

Cette fois, elle répondit par l'affirmative. Dans l'obscurité, elle sentait qu'elle pouvait tout lui dire. S'il ne pouvait voir distinctement ses lèvres bouger, il ne ferait peut-être pas directement le lien entre elle et l'histoire qu'elle allait lui raconter. Peut-être que, de toute façon, peu importait qu'il la juge trop sombre, ou folle. Ils ne se reverraient certainement jamais.

— La dernière fois que je suis venue dans cette ville, commença-t-elle, c'était avec quelqu'un dont j'étais très amoureuse.

Il fallait que cela sorte. Et Mark l'écouta. Sans jamais l'interrompre. Il se contenta de lui caresser les cheveux et l'écouta lui raconter les projets qu'elle nourrissait pour son couple. Le choc de la rupture. La torpeur qui l'avait saisie depuis. Le vin rouge qu'elle ne réussissait plus à avaler, le curry de poulet auquel elle avait dû renoncer, la télévision qu'elle ne regardait plus, la musique qu'elle ne pouvait plus écouter.

— Il faut te fabriquer des nouveaux souvenirs, lui dit-il après qu'elle se fut tue. C'est la seule façon de sauver les choses que tu aimes.

— Je l'ai compris, à présent, lui répondit-elle. Et j'ai comme l'impression que tu m'as aidée à sauver Amsterdam.

— T'aider à sauver le monde. Ce sera ma mission, lui dit-il.

Quand Lisa se réveilla, elle savait que Mark était déjà parti. Son avion pour la Suisse décollait de Schipol à huit heures du matin. Il était huit heures trois. Avait-il réussi à l'avoir ? Lorsqu'elle entendit un avion passer loin au-dessus de la ville, Lisa écarta ses cheveux de devant ses yeux et regarda le plafond blanc de sa chambre d'hôtel. Sur les oreillers traînait encore l'odeur de son eau de toilette. Son menton, irrité par le contact des poils de barbe sur sa peau blanche pendant leurs baisers, était douloureux au toucher.

« Idiote ! se dit-elle. Six mois de célibat prudent, six mois de rééducation sentimentale balayés par une folle nuit avec un inconnu. » Mais ce n'était vraiment pas le moment de ressasser ça. Lisa avait une seconde réunion à neuf heures et demie.

Elle ouvrit sa valise. Sur ses vêtements était posé un boxer avec bannière étoilée et un petit mot griffonné sur du papier à l'en-tête de l'hôtel.

Lisa s'attendait à lire « Merci pour tout », tout au plus. Une phrase gentille, mais pas de numéro de téléphone. Au lieu de cela, elle trouva non seulement un numéro, mais également l'adresse d'un hôtel.

« Ta mission, avait-il écrit. En espérant que tu l'acceptes. Le week-end prochain. Sauver Paris. »

UN NOUVEAU DÉPART

Daisy Waugh

Daisy Waugh

---

est l'auteur d'un roman, What is the Matter With Mary Jane?, *et d'un livre relatant son expérience d'enseignante au Kenya,* A Small Town in Africa. *Ces deux ouvrages sont parus chez Heinemann. Elle a collaboré, en écrivant des articles, à la plupart des quotidiens et magazines anglais, dans lesquels elle s'est également vu confier de nombreuses rubriques (critique gastronomique, courrier du cœur...). Elle a aussi été animatrice à la radio et à la télévision et prépare actuellement son second roman,* The New You Survival Kit. *Elle est la maman d'une petite fille appelée Panda.*

Traduit de l'anglais par Marie Blaison.

Ce matin-là, Cocà di Cocà se réveilla au son de sa propre voix, douce et mélodieuse. La radio diffusait la chanson qui, jadis, avait presque remplacé l'hymne national. C'était la chanson qui l'avait fait sortir de dix-neuf ans d'anonymat et d'innocence. La chanson que Danny avait écrite pour elle. La chanson qu'elle lui avait volée. La chanson qui, à jamais, avait assimilé le nom Cocà di Cocà à un moment court et insignifiant de l'histoire de la Grande-Bretagne.

À l'époque où cette chanson passait (fin avril, début mai 1985), Cocà n'apparaissait jamais sans son béret en crochet qui rendait fous tous les adolescents. Pendant un mois ou deux, elle n'avait pas pu sortir d'un taxi sans provoquer d'émeute. Elle ne pouvait plus traverser la rue. Elle ne pouvait plus sortir acheter du papier toilette.

Oh ! Sasha dooo
Sasha doo Sasha daa
The ja-ja jolting in your heart
Has me a gaga from my start – Sasha !
Oh ! Sasha daa-doo-daa[1]

Quelques années plus tard – une éternité –, elle était toute seule dans son immense lit éthiopien en argent. La chanson qui passait à la radio se mêlait à ses rêves. Elle se trou-

1. Oh ! Sasha dooo / Sasha doo Sasha daa / Le cahotement qui cahote dans ton cœur / Me remue depuis toujours – Sasha ! / Oh ! Sasha daa-doo-daa (*N.d.l.T.*).

vait à nouveau dans la salle de réunion de son ancien lycée. Danny était là, plus preste et élégant que jamais. Ils étaient tous les deux sur l'estrade. Comme ils l'avaient été lors de cette magnifique nuit de juillet, pendant cette inoubliable soirée d'adieu, à la fin de la terminale. Comme ils auraient toujours dû rester. Il la regardait pendant qu'ils chantaient tous les deux ensemble. Il lui adressait un sourire plein d'amour et de malice. Et puis la voix de l'animateur fit irruption dans son rêve. On aurait dit que c'était Danny qui parlait, avec un stupide accent américain: « Oh, oh, vous vous souvenez ? Trop cool, ce vieux tube ! Huit heures dix-sept, l'heure du point info routes: pas mal de problèmes ce matin, n'est-ce pas Jerry ? »

Cela faisait des années que Cocà di Cocà ne s'était pas réveillée au son de son propre succès. Deux solutions s'offraient alors à elle: soit elle se souvenait, avec douce nostalgie, que sa vie, jadis, avait été heureuse et facile, soit elle se disait avec amertume qu'elle avait tout perdu. Cela revenait au même, de toute façon. Cocà di Cocà s'était réveillée dans une HLM de South Kensington alors qu'un torrent de larmes inondait ses joues.

C'était le premier jour de la campagne de relance. Le premier jour de la deuxième campagne, plus précisément. Ou même le premier jour de la troisième campagne. Et cette fois, elle s'en occupait toute seule: pas de maison de disques, pas de conseiller en relations publiques derrière elle. Et, surtout, pas de manager.

Mais c'était un peu exagéré, dans ce cas, de parler de « relance ». Cette nouvelle campagne se résumait à une seule interview. Une charmante demoiselle – Annabelle quelque chose – du *Saturday Express Magazine* l'avait appelée, on ne sait trop par quel hasard. Elle lui proposait d'être la première célébrité interviewée pour une série qui allait devenir hebdomadaire. Il s'agissait, en échange d'une belle photo couleur en pleine page, d'évoquer, *in situ*, ses souvenirs de lycée.

— Ce sera très surprenant, lui avait expliqué la charmante demoiselle, car, si vous y réfléchissez bien, le lycée est vraiment le dernier endroit où on peut s'attendre à trouver une célébrité.

Cocà avait répondu qu'elle trouvait que c'était une idée géniale et avait accepté la proposition sur-le-champ.

— Mais j'insiste sur un point – et vous avez dû voir dans votre dossier de presse que c'est une chose à laquelle je tiens beaucoup : je ne travaille qu'avec ma propre maquilleuse.

Annabelle lui répondit que leur budget ne leur permettait pas d'engager une maquilleuse.

— Si vous voulez vraiment faire venir la vôtre, pas de problème, mais on ne pourra pas la payer.

Cocà di Cocà bafouilla pendant quelques secondes, fit machine arrière et le rendez-vous fut fixé.

L'interview du *Saturday Express* survenait au milieu d'un désert de misère, d'inactivité et de regret. Au moins, Cocà avait un but, à présent. Mais, cela eut également pour conséquence de faire resurgir bon nombre de vieux souvenirs. C'était inévitable. Quelques jours après qu'Annabelle l'eut contactée, elle était dans son lit, à réfléchir à ses erreurs passées quand elle se rendit compte qu'elle avait tant de choses à dire aux lecteurs qu'une seule page ne suffirait jamais. Elle décida alors d'écrire son autobiographie et se précipita hors du lit pour la commencer sur-le-champ.

Mademoiselle Sasha-Doo, écrivit-elle (au moins, elle était sûre que ce nom dirait quelque chose à tout le monde). *Autobiographie, par Cocà di Cocà.*

Et elle dédierait ce livre à Danny. *Mes excuses*, pensa-t-elle. *Pour Danny. Mes excuses à Danny après toutes ces années*. Ou bien : *Pour Danny. Je t'aime toujours. Après toutes ces années*.

Elle travailla toute la nuit sur la formulation de la dédicace. Mais cela faisait des mois qu'elle ne s'était pas sentie aussi bien. C'était merveilleux d'avoir à nouveau un projet.

Le lecteur aura certainement deviné qu'à trente-quatre ans, Cocà di Cocà était déjà complètement fichue. Elle s'était fait avoir en beauté. Peu de temps après son premier succès, pour des raisons qui lui sont restées assez obscures – sans doute parce qu'elles étaient fondamentalement obscures –, sa maison de disques la laissa tomber. La veille de la sortie de son deuxième titre, un coursier arriva à son appartement avec une lettre sèche qui suspendait tout contact entre elle et sa maison de disques.

— C'est comme ça que ça se passe dans le monde pourri du show-biz, lui avait lancé gaiement Charlie, son manager. On va te trouver un meilleur contrat ailleurs. Arrête de t'en faire et viens plutôt au lit.

Mais peu de temps après, Lionel, le patron de Charlie, se dit fort à propos que la relation exclusive que Charlie entretenait avec la drogue risquait d'affecter son jugement. C'est comme ça qu'il le vira.

Charlie et Cocà passèrent la fin des années 1980 à vieillir prématurément ensemble. Ils allaient de soirée en soirée et prenaient beaucoup de cocaïne. Dans les toilettes, ils côtoyaient les plus grands noms de l'industrie du disque mais aucun d'entre eux ne voulait travailler avec eux. Charlie aurait bien aimé créer sa propre boîte de production, mais il ne leur restait pas un centime en poche. C'était la ruine totale. À l'hiver 1989, ça avait fait pas mal de bruit quand mademoiselle Sasha-Doo et son ancien manager, connu dans le métier sous le nom du Beau Charlie, s'étaient fait admettre ensemble en cure de désintoxication.

MADEMOISELLE SASHA-DOO
AUTOBIOGRAPHIE
PAR COCÀ DI COCÀ
page 43

À dix-neuf ans, Cocà di Cocà (ou Mélanie, comme je m'appelais avant que Charlie ne vienne mettre son grain de sel) avait le monde à ses pieds. J'étais intrépide et insouciante et – même si ce n'est pas à moi de le dire –, j'étais belle comme le jour. Je buvais et, oui, je l'avoue, je me droguais. La vie était une grande fête !

Danny et moi, nous nous connaissions depuis l'âge de cinq ans, mais ce n'est qu'en terminale que nous sommes tombés amoureux l'un de l'autre. Danny avait toujours été un garçon intelligent, calme et plutôt petit. Mais, pendant l'été 1981, il avait grandi tout d'un coup. Je me rappelle l'avoir regardé de la tête aux pieds le jour de la rentrée. Je ne réussissais pas à détacher mes yeux de lui. Tout d'un coup, je le découvrais avec de larges épaules, de longues et belles jambes et des mèches bouclées qui retombaient devant ses yeux bleus. J'ai cru m'évanouir ! Il avait l'air si doux et si assuré, comme s'il pensait à quelque chose de très important. Il pensait à l'amour, j'imagine. J'ai senti une boule dans ma gorge. Il y avait quelque chose dans son calme et dans sa maîtrise qui me faisait me sentir terriblement seule.

Il se tourna vers moi juste au moment où je le dévisageais. Il me sourit et je rougis. Moi rougir ?! Moi qui, d'habitude, faisais rougir les garçons ?! C'est ainsi que naquit une amitié très particulière, qui nous comblait au point que nous n'avions besoin de personne d'autre. Peu après, nous avons monté notre groupe. Enfin, Danny s'était beaucoup plus impliqué que moi dans cette aventure. Après le lycée, j'aurais volontiers tout laissé tomber. Mais Danny, lui, voulait absolument continuer. Il écrivait les chansons, nous décrochait des petits boulots, me harcelait à propos des répétitions. Et, quand nous jouions, nous nous aimions tellement que nous dégagions une espèce de magie. Tous ceux qui nous regardaient, m'a-t-on dit, ne pouvaient s'empêcher de penser que la vie était belle. Si seulement Charlie n'était pas venu tout foutre en l'air, nous aurions pu être si heureux tous les deux. Nous aurions pu mener notre carrière comme nous l'entendions. Danny et Moi. Comme Sonny et Cher (en un peu plus calmes !). Toujours en tête des hit-parades…

La première fois que Charlie vit Mélanie – la jeune fille que tout le monde, à partir de ce jour-là, allait connaître sous le nom de Cocà di Cocà – elle balançait ses jolies hanches en rythme, sur la chanson de Danny. Ils se produisaient dans un pub d'Earls Court, sur une pauvre petite scène planquée dans un coin. Ce soir-là, le Beau Charlie, avec sa peau hâlée, ses cheveux décolorés par le soleil et sa Rolex (cette montre, il ne l'avait pas gardée bien longtemps), recherchait de toute urgence un jeune talent. En effet, une semaine plus tôt, Lionel, le directeur de la boîte, l'avait mis en garde on ne peut plus explicitement. Ça faisait un bail que le Beau Charlie n'avait rien fait qui puisse justifier son beau salaire et Lionel commençait à perdre patience. Lionel voulait du concret. Lionel voulait du nouveau, du sensationnel. Lionel voulait une gosse géniale, qui sache onduler des hanches, avec des dents bien blanches, un petit cul et un joli sourire. Et si le Beau Charlie voulait garder son travail, il avait plutôt intérêt à ouvrir grandes ses oreilles, parce que Lionel la voulait dans son bureau vendredi matin.

Charlie pénétra dans ce pub d'Earls Court le jeudi en fin d'après-midi. C'était la trente-troisième fille aux dents blanches qu'il avait vue en quatre jours, et les filles, il commençait à en avoir jusque-là. Sa secrétaire avait noté leur tour de poitrine, la longueur de leurs cheveux, la largeur de leur sourire, le numéro de leur agent, etc. Mais à dix-huit heures trente, alors que Charlie allait en appeler une au hasard, sa secrétaire dut reconnaître qu'elle avait « temporairement égaré » la liste. Allons bon. Un vendredi sans nouveauté sensationnelle et un futur proche sans salaire s'annonçaient.

Jusqu'à ce qu'il tombe sur Mélanie. On était jeudi soir, il était vingt-deux heures trente et, franchement, elle n'était pas pire que la meilleure de toutes celles qu'il avait vues. Des hanches qui ondulaient gracieusement. Grande et blonde. De grands yeux bleus et un joli petit nez à la retrousse. Oui. Une femme idéale, se dit Charlie. Elle ressemblait un peu à une poupée Barbie. C'était la bonne.

MADEMOISELLE SASHA-DOO
AUTOBIOGRAPHIE
PAR COCÀ DI COCÀ
page 82

Ce fut horrible la façon dont Charlie et Lionel ont essayé de nous séparer. Pendant nos toutes premières rencontres, Charlie n'a rien laissé paraître de ce qu'ils avaient derrière la tête. Ce ne fut qu'à notre quatrième visite dans leurs bureaux que Danny fut écarté, le plus tranquillement du monde…

— Danny, mon vieux, fit le gros Lionel derrière son gros bureau brillant. Asseyez-vous, je vous en prie.

Danny savait. Il avait toujours su. Mais… mais il ne voulait pas que…

— Où sont les toilettes, s'il vous plaît monsieur ?

— Je pense que vous êtes un jeune homme exceptionnellement doué.

— Oh !

— Je pense que vous êtes un musicien remarquable – un musicien exceptionnel – et que vous êtes également capable d'écrire de bonnes chansons.

— Oh !

— Cependant, je ne pense pas qu'il est dans votre intérêt de continuer à vous produire aux côtés de Mélanie. Vous y avez déjà réfléchi ?

— Eh bien…

— Je pense que votre personnalité est bien plus complexe que ça. Vous êtes, comme je viens de vous le dire, un jeune homme exceptionnellement doué et il me paraît difficile de réussir à tirer le meilleur de vous deux à la fois… Ça ne va peut-être pas vous plaire, mon cher Danny, mais je vois plutôt pour vous une carrière en solo. Vous pourriez être, en quelque sorte, le Bob Dylan des années quatre-vingt. Je voudrais que vous vous sépariez…

— Mais, c'est…

— Pour parler franchement, j'imagine votre carrière solo un peu plus consistante et un peu plus longue que celle de notre chère Mélanie. (Il lui adressa un sourire de conspirateur.) Maintenant, je voudrais que vous rentriez chez vous et que vous réfléchissiez à de futures chansons. Je veux que vous écriviez jusqu'à vous écorcher les doigts ! Est-ce que vous m'avez compris ?

— Est-ce que ?… *Moi* ?… Oui !

— Je veux que vous tiriez vos rideaux, que vous fermiez votre porte à clef, que vous décrochiez votre téléphone. Je veux que vous viviez en ermite pendant six mois. Et dans six mois vous reviendrez me voir et on s'occupera de ce qu'on voudra mettre sur votre album. Qu'est-ce que vous en pensez ?

— Terrible… enfin, je veux dire, terriblement génial !

Lionel eut un petit rire.

— Mais d'abord, j'aimerais beaucoup acheter la chanson que vous et Mélanie nous avez chantée cet après-midi. Est-ce que ça vous irait ?

— Bien sûr !… Et comment !… Bien sûr !

— Fantastique… J'espère que vous allez me faire du bon boulot, mon garçon. J'ai de grands projets pour vous.

MADEMOISELLE SASHA-DOO
AUTOBIOGRAPHIE
PAR COCÀ DI COCÀ
page 84

— … signez ici, s'il vous plaît.

Je n'ai jamais su ce qui s'était vraiment passé dans ce bureau, mais la chanson qu'il a vendue ce jour-là est celle-là même que fredonnait le pays tout entier cinq mois plus tard. Il l'avait vendue pour deux cent vingt livres !

Visiblement, Danny a compris très vite qu'il s'était fait avoir. Ça devait être pour ça qu'il était si bizarre quand il est venu me dire au revoir. Je me rappelle que j'étais en train d'assister à l'analyse d'une vidéo d'un de mes numéros de danse que Charlie avait faite. Danny m'a posé la main sur l'épaule et est resté debout derrière moi, à regarder l'écran.

Au bout d'un moment, il me dit :

— C'est vraiment bon, Mel.

Le ton de sa voix était vraiment étrange. Je me suis retournée pour le regarder et j'ai vu des larmes dans ses yeux. C'était la première fois que je le voyais pleurer.

— Je crois que je vais partir, me fit-il avant que je puisse dire quoi que ce soit. Je viens de parler avec Lionel…

Il m'a dit que Lionel voulait qu'il se concentre sur l'écriture pendant un petit moment. Il m'a dit :

— Lionel pense que ce serait mieux pour notre carrière à tous les deux si… si on arrêtait de se voir pendant quelques mois. Il faut que je m'enferme pour écrire.

— Pour écrire quoi ? lui ai-je demandé.

Je suppose que cette question lui a paru stupide, mais je le connaissais mieux que quiconque. Danny n'était pas fait pour l'écriture, mais alors pas du tout ! Danny était né pour jouer de la musique !

— Pour écrire des trucs, m'a-t-il répondu. Quoi qu'il arrive, Mel, je penserai à toi. Je t'aime. Pour toujours. Tu ne m'oublieras pas, hein ?

— Ne dis pas de bêtises, lui fis-je. Je suis sûre qu'on pourra se revoir dans une semaine ou deux. Une fois que tout ça se sera un peu calmé.

Mais je n'arrivais pas à le regarder en face. Dans le fond de mon cœur – et je suis toujours hantée par ce souvenir –, je comprenais. Je comprenais exactement ce que Danny était en train de dire.

On l'avait congédié.

Je ne l'ai jamais revu depuis ce jour-là.

Cocà di Cocà épousa le Beau Charlie peu de temps après la fin de leur cure de désintoxication. Dans une de ses rêveries tristes et romantiques, elle avait espéré que Danny l'apprendrait par les journaux et viendrait l'enlever avant le jour fatidique. Mais l'événement n'éveilla pas le moindre soupçon d'intérêt chez les médias et ils se marièrent à l'hôtel de ville de Chelsea dans l'indifférence totale. Charlie, désintoxiqué et débordant d'enthousiasme pour sa seule et unique cliente, voulut absolument la relancer. Ce fut très humiliant. Charlie – qui n'était plus solvable – convainquit Cocà d'emprunter deux cent mille livres à la banque pour pouvoir organiser une grande soirée, où elle était censée se produire devant un parterre constitué de toutes les stars du moment. Ils louèrent une salle au Café Royal et s'arrangèrent pour que toutes les serveuses portent des bérets mademoiselle Sasha-Doo spécialement confectionnés pour l'occasion. Pas la moindre vedette ni le moindre journaliste ne daigna se déplacer. (Danny non plus, ne put s'empêcher de remarquer Cocà. Pourtant, elle avait envoyé une invitation chez ses parents en espérant qu'ils feraient suivre.)

Cocà et Charlie ne s'en remirent jamais totalement. Elle vendit tout ce qu'elle avait – à l'exception du lit éthiopien – pour pouvoir rembourser l'emprunt et devint vite une habituée des services sociaux de son quartier. Ce pauvre vieux Charlie se mit à dealer de la cocaïne.

Oh ! Sasha dooo
Sasha doo Sasha daa
The ja-ja jolting in your heart
Has me a gaga from my start – Sasha !
Oh ! Sasha daa-doo-daa

Cocà di Cocà, donc, réveillée au son de son échec, essuya ses larmes et extirpa son corps osseux hors du lit. Elle avait mal à la tête. Elle était restée debout jusqu'à quatre heures du matin pour écrire ses mémoires et, d'après ce qui traînait sur son bureau, elle avait dû siffler deux bouteilles et demie de vin pendant qu'elle écrivait. Elle était censée rencontrer cette Annabelle du *Saturday Express* deux heures plus tard, et elle faisait peur. Pendant la nuit, un gros bouton avait poussé entre ses sourcils, ses cheveux blonds étaient complètement filasse et sa peau était jaune et cireuse.

Le téléphone se mit à sonner. Mais ce n'était que le Beau Charlie, séducteur dévastateur, ex-manager, ex-mari et ex-être humain. Elle n'avait plus que lui comme ami. Il était le seul à continuer à lui téléphoner. Il était en ce moment dans une phase où il essayait de décrocher, ce qui voulait dire qu'il ne dormait jamais. Elle laissa son répondeur se mettre en route.

— Cocà, c'est moi. Allez, décroche ce putain de téléphone. Je sais bien que tu es là. Tu as entendu ? Hein ? Je sais bien que tu es là. Bon sang, espèce de crétine, tu viens de passer à la radio !

Elle décrocha.

— Laisse-moi tranquille, Charlie… J'ai un rendez-vous.

— Un rendez-vous ! (Il eut un petit rire incrédule.) Et avec qui ?

Et, même si elle s'était juré qu'elle ne le lui dirait pas, même si elle s'était absolument promis qu'elle ne le laisserait pas tout gâcher cette fois encore, elle ne réussit pas à tenir sa langue.

— Allez, Cocà ! Bon sang ! Avec ton dentiste ? Avec ton médecin ? Avec ton coiffeur ? Allez, dis-moi, avec qui ?

— Avec la presse !

— La presse ? (Il y avait de la panique dans sa voix.) *La presse ?*

Qu'est-ce que c'est que cette connerie ? (Et puis il se reprit immédiatement.) Mais c'est génial ! Ça tombe vraiment pile. Ils ont dû entendre la chanson. Je pense que ça peut jouer en notre faveur. En fait, ce qu'il faut faire…

Et, peut-être parce que ses joues creuses étaient encore baignées de larmes, parce qu'elle se sentait si seule, parce qu'elle avait pitié de lui, ou encore parce qu'elle n'arrivait pas à se défaire d'habitudes vieilles de quinze ans, elle lui dit tout. L'heure, l'endroit, ce qu'elle avait raconté à la journaliste, ce que la journaliste lui avait raconté. Il répondit à Cocà qu'elle avait eu faux sur toute la ligne, et qu'il la rejoindrait au lycée pour essayer de rattraper le coup.

Lorsqu'il raccrocha, elle était toujours en train de le supplier – en hurlant – de rester en dehors de tout ça.

Charlie appela trois fois sur son portable pendant qu'elle se rendait de South Kensington à son ancien lycée d'Ealing. Au quatrième coup de téléphone, elle éteignit son appareil et essaya de se concentrer sur ce qui l'attendait... *La dernière fois qu'elle avait mis les pieds au lycée, c'était pour la soirée d'adieu en terminale. Elle avait seize ans. Elle était amoureuse. Elle était avec Danny...*

(Charlie avait raison, bien sûr. Il se pouvait très bien que la journaliste ait entendu sa chanson passer ce matin à la radio. Dans ce cas, Cocà pourrait peut-être lui demander des conseils pour son autobiographie. Peut-être que la charmante demoiselle connaissait un éditeur sympa.)... *Et Danny et elle avaient chanté la chanson qui avait fait d'elle une star. Danny et elle étaient sur l'estrade de la vieille salle de réunion et Danny la regardait. Jamais elle ne s'était sentie plus belle, ni plus vivante...* (En plus, le *Saturday Express* devait avoir – quoi ? – un million de lecteurs ? Sept millions ? Qui sait ? Qui savait où tout cela pourrait la conduire ?) C'était une nouvelle chance. Une dernière chance de faire quelque chose de sa vie.

Elle gara sa voiture sale sur le parking des professeurs (il était vide puisqu'on était samedi), sortit un miroir de poche et rajouta un soupçon de fard à joues par-dessus la fine couche qu'elle avait déjà étalée.

— Cola de Coco ? C'est bien vous ?

Une jolie fille en tailleur pantalon rouge lui adressa un sourire inexpressif à travers la vitre de sa portière. Cocà sortit de sa voiture aussi vite que possible. Elle aurait préféré que la journaliste ne la surprenne pas en train de retoucher son maquillage.

— Vous êtes à l'heure, c'est génial ! lui dit la fille. Je suis Annabelle ! Vous êtes prête ? Je crois qu'on va bien s'amuser, pas vous ? Mon Dieu, mais vous êtes splendide !.... On y va ? (Cocà sourit.) Le – euh... – le photographe est en train d'installer les lumières dans la grande salle. Et je crois que le proviseur traîne également dans le coin, gloussa-t-elle. Il est très impatient. Il se souvient bien de vous. Apparemment, vous étiez une élève plutôt agitée !

Mais Cocà n'écoutait plus. Elle regardait ce bâtiment familier et sa bouche, déjà desséchée par le vin de la veille, semblait à présent se remplir d'une glu épaisse.

— J'avais pensé, dit Annabelle, que nous pourrions commencer par aller voir votre ancienne salle de cours... Ça vous va ?

Cocà acquiesça en silence. Elle souhaitait désespérément lancer l'offensive de séduction, mais dès qu'elle eut franchi la porte qui menait au couloir principal, elle fut prise de vertiges. C'était l'odeur, sans aucun doute. L'odeur de son passé, l'odeur de Danny.

Elle gémit. Un long gémissement sourd et contenu. C'était le premier son qu'elle proférait.

— Vous vous sentez bien ?... Colo ? Ça va ?...

Cocà s'appuya contre le distributeur de boissons pour essayer de reprendre ses esprits.

— Je suis vraiment désolée, dit-elle. C'est... hésita-t-elle.

L'heure de la confession était venue. Le moment qu'elle attendait depuis si longtemps. Il la lirait. Et il lui pardonnerait. Alors il... enfin, ils...

— C'est... à cause d'un type que je voyais ici. Un type que j'ai déçu... C'est moche ce que je lui ai fait...

Mais Annabelle lui dit :

— Oh. Tiens, pendant qu'on y est. Vous voulez bien signer ici ? (Cocà prit le papier qu'on lui tendait.) Je suis désolée. C'est vraiment pénible, n'est-ce pas ? Saleté de paperasserie. Ça me rend folle ! Oui, juste là... Fantastique ! Merci ! Maintenant, on peut y aller !

Le téléphone portable d'Annabelle se mit à sonner. Elle s'éloigna et, quand elle revint, elle avait l'air emporté. Elle dit :

— Vous savez quoi, Colon ? Je crois qu'on va dire au revoir à cette vieille salle de classe ! On vient de m'apprendre qu'il y a, dans la salle de réunion, un homme terriblement séduisant qui demande à vous parler !

— Déjà... C'est pas vrai... Moi qui lui avais pourtant dit... À qui est-ce qu'il est en train de parler ? Il ne faut surtout pas croire un seul mot de ce qu'il dit. Et je l'avais prévenu...

Cocà s'interrompit. Elle entendait distinctement s'élever depuis la vieille salle de réunion, puis s'amplifier en rebondissant sur les murs du couloir, une musique qu'elle connaissait.

Oh ! Sasha dooo
Sasha doo Sasha daa…

Annabelle sourit.

— Vous voulez bien me précéder ?

Cocà marmonna quelque chose d'inintelligible, franchit les deux ou trois petites marches qui menaient à la grande salle et se mit tout à coup à courir.

— Je crois, haleta Annabelle qui essayait de la suivre, qu'il est temps que vous sachiez. Parce que vous allez bientôt comprendre que je ne travaille pas du tout pour le *Saturday Express Magazine*, mais pour une nouvelle émission de télé géniale qui s'appelle…

Au moment où Cocà fit irruption dans la salle sombre, la vieille estrade du lycée se retrouva éclairée comme par magie. C'était exactement ce qui s'était passé ce fameux soir de juillet… *Sasha doo Sasha daa…* les grandes jambes toujours en mouvement, les larges épaules (plus larges encore, à présent), et les longs cheveux bruns frisés… Une silhouette familière était là, devant elle, une silhouette qui hantait ses rêves depuis quinze ans et qui semblait plus irrésistible que jamais. D'un sourire, il l'invita à le rejoindre et elle traversa la salle à sa rencontre comme un automate. Elle se moquait de tout, du cameraman, de l'ingénieur du son, de la présentatrice en tailleur rouge qui s'appelait Annabelle, du proviseur. Elle n'avait d'yeux que pour Danny.

The ja-ja jolting in your heart…

Il chantait à nouveau pour elle. Rien que pour elle. Pour Mélanie.

Elle grimpa sur l'estrade et resta derrière lui. Elle attendait.

Has me a gaga from my start – Sasha !
Oh ! Sasha daa-doo-daa

Lorsque la chanson prit fin, le cameraman était planté entre eux deux. Il y eut un moment de silence pendant que les anciens amoureux se regardaient. Les yeux de Danny brillaient. Il était magnifique : mince, beau, libre et heureux.

— Salut Cocà, murmura-t-il. Tu te souviens de moi ? (Il s'approcha pour essuyer ses joues.) Ça fait quinze ans que je pense à ce moment.

— Oh Danny !

Elle se heurta à la caméra avant de tomber dans les bras de Danny.

Soudain, l'auditoire s'anima de façon inexplicable. La salle fut entièrement éclairée et le millier de personnes qui formait le public de l'émission partit d'un grand éclat de rire gras.

Danny se dégagea rapidement, comme on le lui avait dit pendant la répétition, pour qu'Annabelle puisse venir s'interposer entre eux deux.

— Bienvenue ! dit Annabelle. On applaudit Danny bien fort ! Il a été formidable, n'est-ce pas ?

Elle expliqua qu'on avait fait venir Cocà dans son ancien lycée pour qu'elle participe à une nouvelle émission géniale diffusée en prime-time dans laquelle – comment dire ? – les vieux amis ont l'occasion de régler leurs comptes. Un nouveau départ, en quelque sorte. Aujourd'hui, poursuivit-elle, il est question d'un amour de jeunesse… et de…, elle regarda l'assistance en ayant l'air d'attendre quelque chose.

— … DE VENGEANCE !!!! hurla le public comme un seul homme.

— Exactement !

Annabelle sourit.

— Danny est opérateur chez Swindon et il est aussi fana de musique, n'est-ce pas Danny ? Il s'avère que c'est également le plus furibard des sujets de sa Gracieuse Majesté ! Racontez-nous ce qui s'est passé, Danny !

— Eh bien, voyez-vous, Annabelle…, commença Danny.

Une semaine après la diffusion de l'émission, Cocà di Cocà était terrée dans son HLM de South Kensington. Elle faisait semblant d'écouter Charlie qui s'épanchait au téléphone au sujet de la phase numéro deux de cette énième campagne de relance.

— Il faut vraiment qu'on retravaille ton image, lui disait-il.

Derrière, la radio diffusait un vieil air familier :

Oh ! Sasha dooo,

C'était Danny qui chantait.

Sasha doo Sasha daa
The ja-ja jolting in your heart
Has me a gaga...

Elle éteignit son poste.

RE : LE MONDE

Amy Jenkins

Amy JENKINS

---

est la créatrice de la série télé This Life, *diffusée sur BBC 2. Auteur et productrice d'un long métrage pour la Hal-Miramax (Elephant Juice), elle a également écrit et dirigé deux courts métrages. Son premier roman,* Honeymoon, *est paru en 2001 aux Éditions Florent Massot Présente.*

Traduit de l'anglais par Marie Blaison.

Je suis une femme splendide. Mes cheveux sont sombres et brillants, mon visage n'a rien à envier à celui de Marilyn Monroe, mon corps est un assemblage de longues courbes affriolantes, comme un meuble design ergonomique. Je dois faire attention à la façon dont je m'habille si je ne veux pas perturber la circulation.

Mais je ne suis pas qu'une jolie poupée. J'ai un master de psychologie et je prépare ma thèse de doctorat. Je suis fille unique. Ma mère est morte d'une maladie tropicale rare quand j'avais treize ans. Mon père est neurochirurgien. Il travaille bien qu'il n'en ait pas besoin car notre famille est riche. Nous sommes riches.

Mais ne me haïssez pas. Je vous en prie, ne me haïssez pas. Si vous me croisiez dans la rue, vous penseriez peut-être que j'ai tout pour être heureuse, que je suis une de ces filles à qui tout sourit.

Mais je vous assure que ce n'est pas tout à fait le cas.

Vous penseriez peut-être également que les hommes se bousculent autour du pâté de maisons pour me voir. Ça, en revanche, c'est exact. Une foule hétéroclite se tient en rang serré derrière les grilles entourant ma maison. Ces hommes sont exposés aux éléments et quand il fait du vent, ils sont obligés de s'agripper aux barreaux, comme les grands-mères dans *Mary Poppins*, pour ne pas s'envoler. Je me suis habituée à leur présence, maintenant. Sinon, il n'y a que les très téméraires ou les très beaux qui osent m'aborder. Mais je ne veux pas passer le reste de ma vie avec quelqu'un de très téméraire ou de très beau.

Bien entendu, à la fac, j'ai eu des aventures. J'ai fréquenté un garçon qui a fait une chute du haut d'une falaise en Cornouailles pendant les vacances d'été. Après ça, je me suis concentrée sur mes études. Je n'ai pas décidé, consciemment, de faire abstinence, mais j'ai toujours réussi à trouver de bonnes raisons pour refuser les invitations. J'étais ce que vous appelleriez difficile.

Un jour, j'ai décidé qu'il était temps de me trouver quelqu'un à aimer. Je vais vous raconter ce qui s'est passé et comment j'ai réussi à trouver le seul homme de l'Europe tout entière qui ne voulait pas de moi. Le seul homme de l'Occident tout entier. Le seul homme de la planète tout entière.

Il m'a prise en photo. D'habitude, je n'autorise jamais les magazines à me prendre en photo. J'ai refusé de devenir mannequin, à quinze ans, quand on me suppliait d'accepter. Mais cette fois, c'était différent. Une collection de robes de créateurs devait être mise aux enchères dans une vente de charité. Et l'une de ces robes avait appartenu à ma mère.

Nous nous sommes rencontrés sur le lit caillouteux de la Tamise à marée basse. Le ciel était gris et le vent soufflait. J'ai dit que, d'habitude, je ne portais pas ce genre de robe. Mais c'était pour la bonne cause.

— Mettez un genou à terre, sur les graviers, m'a-t-il demandé.

— D'habitude, je ne prends pas ce genre de pose. Mais c'est pour la bonne cause.

Ma robe s'est gonflée et s'est soulevée jusqu'à mon visage. Mes jambes. Est-ce que je vous ai parlé de mes jambes ? Je me dis parfois que mes jambes mènent leur existence propre. Parfois, je m'empiffre de gâteau pour voir si elles vont faire attention à moi. Mais rien à faire. Mes jambes se préoccupent uniquement de rester belles quoi qu'il arrive. J'ai rabattu la robe sur mes cuisses.

— J'aime bien vos chaussures, m'a-t-il dit.

— Vous aimez mes chaussures ? C'est bien ça ? Mes chaussures ?

Je vais vous dire une chose : de toute ma vie, je n'avais jamais rencontré quelqu'un qui m'aimait pour mes chaussures. Je les avais achetées dans une boutique de fripes quand j'étais étudiante. Très hautes, jaune très pâle et très à lanières. Elles allaient avec la robe.

— Vous êtes marié ? lui ai-je demandé.

— Non. Mais ça pourrait venir. Comment vous vous en sortez avec les enfants et les chiens ?

— Les chiens ?

Mais il fallait qu'il parte. Il était pressé. Il avait des choses plus importantes à régler et un avion à prendre. Je lui ai attrapé le pied quand il est arrivé en haut de l'échelle comme si j'avais peur qu'il disparaisse, une fois sur le quai. Je me trouvais quelques barreaux en dessous de lui et il s'est retourné pour me regarder de haut.

— Mes chaussures, ai-je répété.

Je les avais enlevées pour pouvoir monter plus facilement. Je les ai agitées, pour essayer de remettre le sujet sur le tapis. Mais il est resté de marbre. Il était déjà parti.

J'ai appelé la rédaction du magazine pour avoir son numéro de téléphone. On ne peut pas dire qu'il était vraiment beau. Il avait tout de celui qui parvient à ses fins avec les femmes grâce à l'opiniâtreté de sa volonté. Il était petit et musclé, un peu comme un terrier. Je lui ai laissé un message. Je lui disais que je n'avais jamais rencontré personne qui lui ressemblait. Quelque temps après – deux mois plus tard –, il m'a rappelée.

— Qu'est-ce que vous devenez ? m'a-t-il demandé.

— Oh, pas grand-chose. Rien d'extraordinaire. Et vous, qu'est-ce que vous devenez ?

— Je viens de passer trente jours à marcher dans les montagnes pour photographier une tribu qui n'avait jamais vu d'homme blanc, m'a-t-il dit.

Que voulez-vous répondre à ça ?

— Je serai à Londres le 20, m'a-t-il dit.

Il n'y a pas grand-chose à répondre à ça non plus.

Il est donc venu à Londres et il m'a fait jouir après deux minutes passées dans mon lit. Sa langue était audacieuse et très sûre d'elle.

— Tu es toujours aussi rapide ?

— Et toi, toujours aussi lent ?

Il me regarda d'un air perplexe.

— Deux minutes ! m'a-t-il dit.

— Deux mois ! ai-je rétorqué.

Il ne m'a pas répondu.
— J'aime tes seins, m'a-t-il dit. Tu as de très beaux seins.
Mes seins et mes chaussures. C'était comme ça avec lui. L'amour partiel.
Nous avons fait l'amour. Au lieu de dormir, nous avons parlé de la vie.
— Tu as couché avec des femmes du monde entier ? lui ai-je demandé.
Il m'a raconté qu'une Afghane était venue le rejoindre dans sa chambre en pleine nuit et, ce faisant, qu'elle avait couru le risque d'être lapidée à mort. J'ai essayé de l'imaginer avec elle. Je me suis demandé si les Afghanes s'épilaient les jambes.
Nous avons dormi une heure et nous sommes réveillés en même temps. Nous avons fait la divine expérience de jouir dans les bras l'un de l'autre.
— C'est étrange, m'a-t-il dit.
— Quoi ?
— On est bien ensemble.
Je suis tombée amoureuse.
Pendant le petit déjeuner, le lendemain matin, il m'a parlé d'un homme au Kosovo dont on avait coupé les oreilles pour les donner à un chien. Puis il a fallu qu'il parte. Il était pressé. Il avait des choses importantes à régler et un avion à prendre. Il se dépêcha de partir et n'accorda pas un seul regard à la file d'hommes trempés plantés devant ma porte d'entrée. Ils le regardèrent s'éloigner, désespérés.
Il m'a envoyé des mails passionnés. *Re : je te veux*. Il disait qu'il rêvait de moi intensément. Quand l'occasion se présentait, il m'appelait depuis les aéroports. Essoufflé, n'ayant que deux minutes à m'accorder.
J'étais tout feu tout flamme. Les gens disaient que j'illuminais. J'ai causé un carambolage impliquant sept voitures en descendant Cromwell Road. J'étais obligée de sortir en pourdah comme mon amie afghane qui s'épilait les jambes, ou ne se les épilait pas.
Les heures, les jours, les semaines passèrent.
— J'ai beaucoup pensé à cette Afghane, lui ai-je dit de but en blanc quand il m'a appelée. Celle qui était venue dans ta chambre en pleine nuit. Qu'est-elle devenue ?
— Ça a mal tourné.

— Vous avez fait l'amour ?
— Oui.
— Et alors ?
— Elle voulait m'épouser pour quitter son pays.
— Et tu ne voulais pas la sauver ? Après avoir couché avec elle ?
— Je serai à Londres le 3.
Quand il est venu chez moi, nous avons dansé.
— Où étais-tu aujourd'hui ? lui ai-je demandé.
— À un gala de charité. À Stockholm.
— C'était ennuyeux ?
— Le désir que j'avais de te voir était presque insupportable.
Il a enlevé ma chemise et j'ai dansé un slow avec lui dans cette tenue.
— Ce sont les femmes qui ont tout le pouvoir, m'a-t-il dit.
— Comment ça ?
— Elles seules ont le contrôle de ce qui se passe.
— On fait des choses horribles aux femmes en Afghanistan.
Mon amie est réapparue. Avec ses jambes poilues.
— Oui, m'a-t-il répondu.
— Précisément parce qu'on croit que les femmes ont tout le pouvoir, lui ai-je dit.
— Je n'avais pas pensé à ça.
— Ah non ?
— Moi je ne fais que prendre des photos.
Son visage s'est fermé d'un coup comme le diaphragme de son appareil photo. J'ai enlevé davantage de vêtements pour qu'il s'ouvre à nouveau et s'embrase.
— Tu pourrais avoir tous les hommes que tu veux, a-t-il observé.
— Ceux que je veux ? Vraiment ? Tu me le promets ?
Pendant le petit déjeuner, il m'a parlé d'une femme condamnée à mort, qui allait être pendue dans cinq heures quarante. Puis il a fallu qu'il parte. Il était pressé. Il avait des choses importantes à régler et un avion à prendre.
Elle s'est épilé les jambes avant sa pendaison ?
— C'est un ange, disais-je à qui voulait l'entendre.
— Les anges sont au ciel, me répondait-on.
Pas évident.

— Eh bien, c'est un héros.
— Idem.
— C'est *mon* héros.
C'est ce que j'ai dit aux types devant les grilles. Ils étaient heureux pour moi, même si leurs vêtements, à force d'être soumis aux éléments, étaient en haillons.
Il a appelé de l'aéroport.
— Je serai à Londres le 12.
Nous avons à nouveau dansé.
— Qui a été la dernière femme avant moi ? lui ai-je demandé.
— J'étais amoureux d'une évangélique, elle habitait dans le Bible Belt. Dieu lui a dit de ne pas coucher avec moi.
— Est-ce que tu aimes les femmes qui t'aiment ?
— Qu'est-ce que tu veux dire ?
— C'est juste une question. Peut-être que tu n'aimes que les femmes qui ne t'aiment pas.
— Où veux-tu en venir ?
— Je t'aime.
Quand il a joui, il a émis un gémissement semblable à un râle d'agonie.
— C'est la première fois que je t'entends gémir comme ça, lui ai-je dit.
Pendant le petit déjeuner, il m'a parlé d'un médecin qu'on obligeait à couper les bras des voleurs dans un stade de football. Puis il a fallu qu'il parte. Il était pressé. Il avait des choses importantes à régler et un avion à prendre.
Il ne m'a pas dit quand je le reverrais. D'ailleurs, je ne l'ai jamais plus revu.
— Je pars faire une marche de trente jours pour photographier la construction de l'école de la tribu qui n'a jamais vu d'homme blanc, m'a-t-il dit.
— Mais pour quoi faire, une école ?
Il ne m'a pas répondu.
— Quand est-ce que je te reverrai ? lui ai-je demandé.
— Tu ne préfères pas qu'on en reste là ? m'a-t-il demandé, en espérant visiblement que je serais d'accord.
Mais je n'ai pas voulu me soumettre.
— Je t'appelle, m'a-t-il dit.
Il mentait. Il m'a envoyé une lettre à Noël.

« Malheureusement, je crois que ça ne va pas être possible », m'a-t-il écrit. Avec la lettre, il y avait un cadeau : un couteau en bois gravé. « Malheureusement, il a fallu amputer. »

J'ai lu la lettre aux types devant les grilles. « Mes meilleurs vœux pour la nouvelle année. » Ils ont haussé les sourcils, étonnés.

— C'est tout, leur ai-je dit. Fin de la lettre. Pas d'amour, pas de baisers, pas de regrets.

C'est à ce moment que je me suis aperçue que leurs vêtements étaient arrachés et en lambeaux, comme mon cœur.

— Ne suis-je pas la plus magnifique des créatures que vous ayez jamais vue ? leur ai-je demandé.

— Si. Mais est-ce ça qui t'a fait croire qu'il t'aimerait ?

Puis ils me demandèrent ce qu'il avait fait pour que je tombe amoureuse de lui.

— Il aimait mes chaussures, leur ai-je répondu.

— Tu n'es décidément pas banale.

— Non, pas banale.

REMERCIEMENTS

Par Jessica Adams,
Chris Manby et Fiona Walker

Il y a certainement de la noblesse à demeurer un héros de l'ombre. Nous préférons néanmoins ouvrir grands les rideaux, allumer toutes les lumières et braquer les projecteurs sur tous ces gens qui ont mouillé leur chemise – et même leur linge de corps – pour que ce livre puisse voir le jour. Qu'ils reçoivent des kilomètres et des kilomètres de remerciements !

Les auteurs qui ont fait don de leurs merveilleuses histoires[1] sont toutes des écrivains renommés. Nous leur resterons éternellement reconnaissantes pour nous avoir fait profité de leur talent, de leurs relations et pour nous avoir consacré tant de temps. Une mention spéciale va à Freya North, qui, par un heureux hasard, se trouvait dans le même bar que nous le soir où cette idée a germé, et qui a immédiatement accepté de participer à l'aventure. Leur enthousiasme a servi de détonateur. Que Jane Owen, notre sacrée doyenne et cathodique pratiquante soit remerciée pour avoir usé de son influence auprès de la BBC et pour nous y avoir fait de la pub. Et nous levons nos verres aux trois Allumées – Jenny Frielich, July Wright et Joanne Finnie – qui ont su rendre nos soirées entre filles si drôles.

---

1. La première édition de ce livre a été vendue au profit de l'association War Child.

Nous avons eu beaucoup de chance que Jonathan Lloyd, de chez Curtis Brown, soit notre agent sur ce projet : cela valait la peine de le tirer du lit à une heure indue en Australie pour qu'il nous donne son accord. Énormes remerciements à Jonathan, donc, mais aussi à Tara Wynne et à Carol Jackson.

Aucune autre maison d'édition que HarperCollins pour l'édition anglaise n'aurait mieux servi la cause d'*Une soirée entre filles* : dès le début, elle déborda d'enthousiasme et de confiance. Elle fit preuve d'une implication, d'une compréhension et d'une énergie phénoménales. Hammersmith Massive est un groupe éminemment sympathique et le fait que son Allumée maison, Rachel Hore, ait accepté de s'occuper d'une vingtaine de maîtresses de la plume mérite un prix de bravoure et un diplôme de diplomatie. Immense merci à elle, ainsi qu'à Yvette Cowles, Fiona McIntosh, Claire Round, Jennifer Parr, Georgina Hawtrey-Woore et à l'imperturbable Anne O'Brien. Hip hip hip hourra, également, pour Martin Palmer, Jane Harris, Karen Davies et Katherine Ball qui ont permis de récolter encore plus d'argent, ce qui signifie encore plus de terrains de jeu et de dortoirs.

Nous voulons également remercier, en Australie, Julie « Jewels » Gibbs et Fiona Inglis, qui ont participé à la création de Stage Two, une nouvelle version de cet incroyable bouquin qui va paraître aux antipodes cette année.

Liz Sich et Melody Odusanya de chez Colman Getty PR méritent à elles seules d'être sous le feu des projecteurs pour avoir su jongler avec les différents auteurs, en tenant compte des emplois du temps et des egos délicats, pour mettre sur pied une campagne de publicité sensationnelle.

Le grand prix d'héroïsme revient à Neil Morrissey dont le travail pour War Child va bien au-delà de tout ce qu'on peut imaginer. Nous braquons notre poursuite sur lui.

Pour finir, que la lumière la plus vive éclaire durablement tous ceux pour qui ce livre n'est qu'un petit pas accompli sur une longue route. Dès que Jessica s'est rendue dans les bureaux londoniens de War Child, elle a compris qu'il s'y passait quelque chose de spécial. Des piles de médicaments contre le diabète étaient posées par terre, près des téléphones, et des tas de sacs de couchage étaient rassemblés à côté de la bouilloire. C'était clairement une organisation où tout le monde retroussait ses manches, et ça l'est toujours. Merci à Heather, James, Johnnie, Nicky, Sue, Anne-Marie, et un merci tout particulier à Lynne Kuschel, bras droit de War Child, qui s'est occupée de notre projet.

Merci également à Bill Leeson, cofondateur de War Child, pour ses dons de visionnaire.

Et bien sûr pour l'édition française aux cinq nouveaux auteurs – deux Françaises, une Italienne, une Allemande et une Australienne, ce qui démontre que les soirées entre filles n'ont pas de frontières.

6481

Composition Chesteroc International Graphics
Achevé d'imprimer en Europe (France)
par Brodard et Taupin à La Flèche (Sarthe)
le 11 juillet 2003 – 19743.
Dépôt légal juillet 2003. ISBN 2-290-32319-5
1er dépot légal dans la collection : janvier 2003

Éditions J'ai lu
84, rue de Grenelle, 75007 Paris
Diffusion France et étranger : Flammarion